Mit der Wissenschaft hinter die Schleier der Natur

Gottfried von Purucker

Gottfried von Purucker
Mit der Wissenschaft hinter die Schleier der Natur

2., überarbeitete Auflage 2020
ISBN 978-3-924849-81-8 (Paperback-Ausgabe)
ISBN 978-3-924849-82-5 (Hardcover-Ausgabe)

Titel der Originalausgabe:
The Esoteric Tradition

Die deutsche Ausgabe umfasst folgende Bände:
Sichtbare und unsichtbare Welten
Der Mensch in der Unendlichkeit
Mit der Wissenschaft hinter die Schleier der Natur
Geburt und Wiedergeburt
Tod – was kommt danach?
Mysterienschulen und Lehren

Übersetzung der englischen Originalausgabe
Herausgeber: Hermann Knoblauch und Bärbel Ackermann
Cheflektorat und Überarbeitung: Bärbel Ackermann
Lektorat: Heidrun Bethge, Dietmar Hepper, Hans-Joachim-Ritz

Design, Umschlag: Matthias Winter
Satz: Heidrun Bethge
Umschlagbild: antishock · Adobe Stock
Herstellung: Books on Demand GmbH, Norderstedt
Printed in Germany

Verlag Esoterische Philosophie GmbH, Hannover
www.Esoterische-Philosophie.de

Mit der Wissenschaft hinter die Schleier der Natur

Neue Dimensionen der Naturerkenntnis

Gottfried von Purucker

Prof. Dr. Gottfried von Purucker
1874 – 1942

Inhalt

Vorwort des Herausgebers

Zeitalter beenden ihren Lauf, neue beginnen sich anzukündigen. Der Umbruch vom Gewohnten zum Neuen bringt stets gravierende Änderungen nicht nur der äußeren Verhältnisse mit sich, auch unser Denken erfährt eine Neuorientierung. So verändern weltweite Pandemien im Gefolge des unübersehbaren Klimawandels strukturelle Lebensbedingungen mit verheerenden Auswirkungen für Mensch und Natur. Und ohne uns dessen bewusst zu sein, befinden wir uns mit einem unübersehbaren Tempo inmitten technischer und geistiger Revolutionen, deren ganzes Ausmaß noch gar nicht abzusehen ist. Ständig wächst daher das Bedürfnis nach einer Neuausrichtung, die wegweisend und inspirierend ist. Doch welchen Herausforderungen gilt es sich zu stellen, um aus gewohnter Normalität herauszufinden? Wie können wir unsere Lebensgrundlagen für eine lebenswerte Zukunft sichern?

Eines der größten Hemmnisse in heutiger Zeit liegt im Schubladendenken: In die eine Schublade werden Wissenschaften gezwängt, in eine andere Religionen und in die nächste Philosophien. So lassen diese drei Denkmöglichkeiten des menschlichen Bewusstseins wenig Kommunikation und Koordination untereinander zu. Die Folge sind separierte Teil-Erkenntnisse, die einander widersprechen. Um jedoch die „gesamte" Natur und die Ursachen unseres Daseins erkennen und verstehen zu können, ist die Verbindung wissenschaftlicher Disziplinen erforderlich. Die Natur ist der beste Lehrmeister: Nur infolge des In- und Miteinanderwirkens aller Naturreiche ist das grandiose Zusammenspiel in der Natur möglich, in das wir Menschen eingebettet sind.

Blättern wir in den Annalen der Menschheitsgeschichte zurück, finden wir genügend Hinweise für ein übergeordnetes grundlegendes Wissen. Das Ägyptische Totenbuch, die alten Schriften der Hindus, die Upanishaden, die Bhagavad-Gîtâ und die nordische Edda zeugen hinter Mythologie und Symbolik übereinstimmend von einer universalen Weisheit, die allen großen Weltreligionen und Philosophien zugrunde liegt. Essenziell liegen in ihr Antworten zu jenen Prinzipien, die kosmisch wie irdisch für jede Manifestation ausschlaggebend sind. Diese von Bewusstsein, Geist und Intelligenz getragene Weisheit spiegelt die Weisheit der Zeitalter – Theosophie – wider.

Auf der Basis unveränderbarer Naturprinzipien dringt von Purucker hinter das materiell Sicht- und Messbare der physischen Erscheinungswelt und in die Realität immaterieller Daseinsbereiche vor. Ausführlich nimmt er Stellung zu wissenschaftlich noch ungeklärten Fragen und erfüllt sie mit Leben. Hierin liegt die Faszination seiner Aussagen, die für jeden Leser gleichzeitig an Bedeutung für das eigene Leben gewinnen. Viele seiner Aussagen machen ihn zum Vorreiter einer richtungweisenden Denkkultur. Er hinterfragt den seelenlosen Materialismus, dem er Bewusstsein gegenüberstellt: Bewusstsein als das kosmische Fundament des Universums; Geist und Substanz als die Wurzel von Leben. Hieraus ergeben sich nachhaltige Impulse für ein von Verantwortung geprägtes, ethisch orientiertes Weltbild.

Die Aussagen von Puruckers sind weder spekulativ, noch fügt er bestehenden Theorien neue hinzu. Sie gründen sich allein auf nachvollziehbare Naturprinzipien, die unantastbar die Zeitalter hindurch existieren und in naher und ferner Zukunft durch den Menschen nicht veränderbar sind. Sie bestimmen unser aller Leben sowie die wechselseitigen Beziehungen zwischen Körper, Seele und Geist im Einklang mit der Natur. Als Brücke zwischen Naturerkenntnis und moderner Forschung kommt ihnen daher eine überragende Rolle zu.

Mit dem vorliegenden Werk, das sechs Bände umfasst, beabsichtigte von Purucker das Fundament für ein tiefgreifendes Naturverständnis zu legen. Jeder zum Gesamtwerk gehörende Band kann als in sich abgeschlossen betrachtet werden, jedoch ergibt das Werk in seiner Vollständigkeit ein abgerundetes Bild, das maßgebende Bereiche unseres Denkens umfasst. Die Titel der Bände des Gesamtwerks sind in aufbauender Reihenfolge: *Sichtbare und unsichtbare Welten; Der Mensch in der Unendlichkeit; Mit der Wissenschaft hinter die Schleier der Natur; Geburt und Wiedergeburt; Tod – was kommt danach?* und *Mysterienschulen und Lehren.* Der vorliegende Band wurde sorgsam überarbeitet und dem heutigen Sprachgebrauch angepasst.[1]

Das kaum beachtete, allen Lebensvorgängen innewohnende „Ursache-Wirkungsgeflecht“ behandelt von Purucker in diesem Band aufgrund seiner immensen Tragweite sehr ausführlich. Er deckt die gravierende Bedeutung von Gedanken als *verursachende* Kräfte auf, die sich sowohl kollektiv als auch individuell auf das Schicksal des Menschen auswirken. Gedanken sind die stärksten in Anwendung gebrachten Kräfte, sie sind weltbeherrschend und bestimmen unseren Alltag. Sie leiten und lenken maßgeblich unsere Evolution im zyklischen Verlauf von Geburt und Wiedergeburt.

Mit diesen grenzüberschreitenden Einblicken in sichtbare und verborgene Lebenszusammenhänge erhält der nach Erkenntnis Suchende ein Fundament an Wissen hinter dem Wissen, das Zeitalter überdauert. Es gibt Antworten auf die großen Lebensfragen, ohne dogmatisch einzuengen.

Zu wissenschaftlichen Axiomen, Hypothesen und Theorien, wie zum Beispiel der Urknall- und der Evolutionstheorie, zeigt von Purucker neue Denkmöglichkeiten auf, die wegweisend für eine vernetzte Wissenschaft der Zukunft sind und Maßstäbe für wissenschaftliche Innovationen schaffen.

Die Herausforderungen unserer Zeit sind enorm. Damit einher geht die Notwendigkeit der Bereitschaft zu einem Umdenken, das zugleich neue Möglichkeiten offen legt und Hoffnung gibt. So entsteht

---

[1] Die umfangreichen Fußnoten des englischen Originals wurden in einer anderen Schriftart in den Fließtext eingefügt, um eine bessere Lesbarkeit zu erreichen.

vor dem Leser ein faszinierendes „Schicksalsgewebe“, das zeigt, wie alles in der Natur, einschließlich des Menschen, durch unzertrennbare Bande miteinander vernetzt ist.

Das fundamentale Ursache-Wirkungs-Prinzip setzt den „Zufall“ außer Kraft. *Diese Aussage ist revolutionär!* An die Stelle von „Zufall“ tritt die Verantwortung des Menschen – die Erkenntnis von Ursache und Wirkung im ewigen Stirb und Werde.

Würde diese Erkenntnis weltweit Eingang in das Denken der Menschen finden, wie anders sähe unsere Welt dann aus! Denn wahrlich – wir sind keine Eintagsfliegen!

Hannover, 1988
Hermann Knoblauch
Bärbel Ackermann

Hannover, Sommer 2020
Überarbeitete Neuauflage
Bärbel Ackermann

Gottfried von Purucker – Pionier des Geistes

Leben und Werk

Hobart Lorenz Gottfried von Purucker[1]
✶15.1.1874 Suffern (USA) †27.9.1942 Covina (USA)

Sohn einer irischen Mutter und eines deutschen Vaters. Die Grundlagen seiner Bildung erhielt er in Genf. Promotion in Literaturwissenschaft. Sanskṛitgelehrter von internationalem Ruf. 1919 Lehrstuhl für Sanskṛit[2] und östliche Religionen an der Theosophischen Universität Point Loma, San Diego, Kalifornien, deren Leitung und Präsidentschaft er 1929 übernahm und bis zu seinem Tode innehatte.

Als Naturwissenschaftler, bedeutender Sanskṛitgelehrter und Experte für alte Sprachen erkannte von Purucker schon früh die Notwendigkeit eines interdisziplinären Denkens und verknüpfte Wissenschaft, Philosophie und Religion zu einer Synthese. Insbesondere verband er östliche Weisheit mit westlicher Wissenschaft. Außergewöhnliche Sprachkenntnisse[3] ermöglichten von Purucker ein umfassendes Studium der alten Philosophien und Religionen in ihren Originalsprachen. Er führte sie auf ihre Kernaussagen zurück und deckte so die hinter Allegorie, Symbolik und Mystizismus verborgenen Wahrheiten auf. Übersetzungsfehler sowie falsche Interpretationen stellte er

---

1 www.Purucker.de

2 Judith M. Tyberg studierte unter Prof. Dr. G. von Purucker Sanskṛit und östliche Religionen. Autorin von *Die Sprache der Götter. Sanskṛit als Schlüssel zu den Mysterienlehren.* Hannover, 2014.

3 Von Purucker beherrschte Sanskṛit, Althebräisch, Neuhebräisch, Latein, Italienisch, Spanisch, Portugiesisch, Französisch, Deutsch und Englisch.

mithilfe der Urtexte richtig. Hierdurch befreite er viele zu reinen Dogmen erstarrte Glaubenssätze von ihrer degenerativen Ummantelung, sodass sie ihre ursprüngliche Aussagekraft zurückerhielten.

Dem Leser offenbart sich eine faszinierende Welt, die hinter allem materiell Sichtbaren wirksam ist. Wie kaum ein Anderer vor oder nach ihm zeigte von Purucker die tieferen Hintergründe und den Ursprung unseres Lebens in ihrer ganzen Tragweite auf. Er machte deutlich, dass Hypothesen heutiger Zeit wie zum Beispiel die der Vererbung, des Darwinismus und die der Urknalltheorie *grundlegender* Korrekturen bedürfen. Gemäß von Purucker ist die darwinistische Evolutionstheorie eine Irrlehre mit fatalen Auswirkungen auf das menschliche Denken und Handeln. Tatsächlich bedeutet sie lediglich die „Transformation der Formen", die mit wahrer, von Intelligenz und Geist geleiteter „Evolution" wenig gemeinsam hat.

Auch die Theorien und Spekulationen über die Entstehung des Sonnensystems einschließlich unseres Planeten Erde werden gemäß von Purucker unweigerlich neuen, grundlegend geänderten Einsichten und Erkenntnissen weichen müssen. Die Annahme eines aus dem Nichts entstandenen „Urknalls" vor ca. 13,8 Milliarden Jahren oder der Entstehung von Leben aus einer „Ursuppe" ist selbst für viele Wissenschaftler nicht die Lösung des Rätsels.

Die Entstehung jeglichen Lebens ist durch *ursächlich* wirkende Kräfte bedingt.[1] Sie kann daher weder allein auf der Grundlage rein materialistischen Denkens ergründet noch mit modernster Technik erforscht werden.

Zu diesen und anderen wissenschaftlichen Axiomen bietet von Purucker in seinen naturwissenschaftlich fundierten Werken ein breites Spektrum an Hintergrundinformationen. Viele seiner Aussagen haben bereits Eingang in Wissenschaft und Forschung gefunden. Es ist nur noch eine Frage der Zeit, wann sich der menschliche Geist von

---

[1] Gottfried von Purucker: *Grundlagen der Esoterischen Philosophie.* Hannover, 2003.

den Fesseln eines einseitig intellektuell ausgerichteten und auf automatische Wirksamkeit setzenden Materialismus befreit.

Von Purucker macht revolutionäre Aussagen, die eine völlige Neuorientierung des Denkens anstoßen. Auch auf dem Gebiet der Medizin und der Psychologie ist er ein Vorreiter, indem er die inneren Zusammenhänge unseres Lebens und die wechselseitigen Beziehungen zwischen Körper, Seele und Geist *im Einklang mit der Natur* in ihrer ganzen Fülle und Tiefe aufdeckt. Seine Erkenntnisse eröffnen neue Perspektiven. Sie sprengen die begrenzenden Schranken des materiell Sichtbaren und Nachweisbaren und führen in die vernetzten Zusammenhänge von Natur, Mensch und Kosmos. Beeindruckend legt er dar, wie die gesamte Natur von Leben und Bewusstsein durchdrungen ist und dass es diese inneren, ursächlichen Kräfte sind, die unsere Welt der Erscheinungen erst ermöglichen. Hiermit widerspricht er auch der These von der Existenz unbelebter Materie. Es gibt nichts Totes, so sein eindeutiger Appell an Wissenschaft und Forschung, denn Leben setzt Leben voraus – Leben kann nicht aus Totem hervorgehen.

Das durch von Purucker erneut erschlossene umfassende Lehr- und Gedankengebäude der zeitalteralten originären Theosophie erläutert die unveränderbaren Naturgesetzmäßigkeiten. Der Leser erhält tiefgehende Einblicke in die Verzahnungen und Vernetzungen aller miteinander und ineinander wirkenden kosmischen und irdischen Kräfte, in die der Mensch untrennbar eingebettet ist.

Angesichts der ständig weiter fortschreitenden Natur- und Umweltzerstörung ist ein Umdenken in Wissenschaft, Forschung und Gesellschaft existenziell. Solange die Natur jedoch nur als materieller Ausdruck eines mehr oder weniger seelenlos wirkenden Automatismus angesehen wird und sich die Sichtweisen lediglich auf *ein* vergängliches menschliches Leben beschränken, können alle Anstrengungen, dem rapide fortschreitenden Klimawandel entgegenzuwirken, nur Tropfen auf den heißen Stein sein.

Von Puruckers literarische Werke sind der Entwicklung gegenwärtigen Denkens weit voraus und gelten als Pionierleistung der besonderen Art. Sie sind Wegweiser, zugleich aber auch Hoffnungsträger für eine menschenwürdigere Zukunft, deren Verwirklichung er sein Leben widmete.

Hermann Knoblauch
Bärbel Ackermann

Kapitel 1

Mit der Wissenschaft hinter die Schleier der Natur – I

Wir leben in der Natur in einem wunderbaren Gewebe von Welten. Diese Welten werden, soweit ihre physischen Teile infrage kommen, dem abendländischen Denken verständlicher durch die bemerkenswerten Entdeckungen, die gegenwärtig von Wissenschaftlern gemacht werden und in vieler Hinsicht die Alte Weisheit, die Theosophie, die Esoterische Tradition, auffallend bestätigen. Hierdurch zeigen Forscher in immer stärkerem Maße, wie erstaunlich präzise die großen Denker und Weisen alter Zeiten die Natur interpretiert haben, wenn ihre Interpretationen im Lichte moderner Forschung geprüft werden. Besonders die aktuellen „Erfindungen" unserer Wissenschaftler haben großen Einfluss darauf, die Ursachen, die hinter den Phänomenen der uns umgebenden materiellen Natur wirksam sind, zu erhellen. Sie bringen auf erstaunliche Weise die tatsächliche Bedeutung zeitalteralten Wissens ans Licht, das von jenen Denkern und Weisen vergangener Zeiten formuliert wurde. Doch in unserer Epoche werden die Ursachen von den Neunmalklugen neuer Generationen nur allzu oft als Fantasien verspottet, die den Träumen der Kindheit des Menschengeschlechts entspringen. Würde dies zutreffen, wären es wahrlich höchst wunderbare Kinder des Menschengeschlechts! Wunderkinder, deren Genie alles übertrifft, was in unserer eigenen Ära an Forschungen und daraus resultierenden Erkenntnissen so hoch geschätzt wird!

Die Geschichte der Menschheit weist die interessante Tatsache auf, und deren Bedeutung wird selbst von angesehenen europäischen Gelehrten nur allzu oft ignoriert, dass die weitreichendsten Philosophien, die menschliches Genie jemals hervorgebracht und ausgearbeitet hat, zeitloses Wissen sind und in längst vergangenen Jahrtausenden ihren Ursprung haben. Es hieße zu viel von der Leichtgläubigkeit der Menschen zu verlangen oder anzunehmen, dass der „ungeschulte Geist“ und das „kindhafte Vertrauen“ des einstigen, primitiv genannten und wildlebenden Menschen oder seiner relativ modernen Nachkommen derart folgerichtige und höchst wissenschaftliche Systeme erdacht haben könnten. Das Gleiche kann von den großen, weitverbreiteten religiösen Systemen archaischer Zeitalter gesagt werden. Doch je mehr diese alten philosophischen und religiösen Systeme geprüft, studiert und analysiert werden, desto mehr nehmen sie die moderne Vorstellungskraft aufgrund ihrer subtilen Psychologie gefangen. Die oft erstaunliche intellektuelle Folgerichtigkeit und die spirituelle Tiefe, von der sie durchdrungen sind und die sie offenbaren, sind bemerkenswert. Derart hochentwickelte, gleichlautende Systeme menschlichen Denkens, die in derart vielen Zeitaltern die Gemüter so vieler Millionen beeinflusst haben, können offensichtlich nur das Geistesprodukt von Menschen sein, die den Besten, die unser Jahrhundert hervorgebracht hat, nicht nachstehen.

Auch in Bezug auf die menschlichen Sprachen haben Philologen und Linguisten oft ihre Verwunderung darüber zum Ausdruck gebracht, dass einige Sprachen heute noch, wenn auch unvollkommen, von vielen jetzt wild lebenden Völkern auf Erden gesprochen werden. Sowohl dem Wortschatz als auch dem Satzgefüge nach handelt es sich um hoch entwickelte Sprachen. Welchen denkbaren Nutzen könnten Sprachen dieser Art für die unzivilisierten oder wild lebenden Völker unserer Tage haben? Ihr schlichtes Leben und ihre einfachen physischen Ansprüche zeigen keine kausalen Ursachen für diese ausgedehnten Vokabularien und die Kompliziertheit der Grammatik. Wenn Sprachen das Produkt menschlichen Genies und menschlicher

Erfahrung sind, was fraglos der Fall ist, welchen Grund hätte dann jener urtümliche „Wilde", der weder ein Bedürfnis nach so vielen Wörtern noch nach derart komplizierten grammatischen und syntaktischen Beziehungen hatte, sie zu erzeugen? Wenn ein Mensch weder von einem Auto, einem Flugzeug noch von elektrischem Licht gehört oder gesehen hat, wäre es erstaunlich, komplizierte Wörter in dem Vokabelschatz der Sprache zu finden, derer er sich nur unvollkommen bedient. Natürlich würde sich die Frage stellen: Wie kamen diese Vokabularien in seine Sprache?

Der springende Punkt ist hier nicht, ob der „Wildlebende" diese Ausdrücke versteht, sondern dass er sie *nicht* versteht, da es sich um Wörter und Bezeichnungen handelt, die aus der Vorgeschichte in seiner Sprache erhalten geblieben sind. Aus seiner Sicht sind sie entweder völlig unerklärlich, oder aber sie werden bei mystischen Stammeszeremonien und -einweihungen angewandt. Auch in seiner Mythologie finden sie zur Bezeichnung der Gottheiten oder der Kräfte, Werkzeuge und Instrumente der Götter ihren Ausdruck. Die Wörter sind geblieben, aber ihre tatsächliche Bedeutung ist völlig in Vergessenheit geraten.

Dennoch darf nicht übersehen werden, dass derartige linguistische Fossilien ungewöhnlich selten vorkommen bei Dingen oder Ereignissen von rein physischem oder materiellem Charakter. Sehr zahlreich sind dagegen jene vorgeschichtlichen Vokabularien, die insbesondere von abstrakten Dingen handeln, die der Philosophie, der Religion, der Mystik oder dergleichen angehören. Der Grund hierfür ist, dass Wörter, die von physischen Dingen handeln, eher und wahrscheinlicher aussterben, und zwar mit dem Verschwinden der Dinge selbst, wenn diese nicht mehr in Gebrauch sind. Wörter aus der Religion oder Mystik bleiben hingegen bestehen.

Nicht nur die Sprache, sondern auch der Fortbestand dieser hoch entwickelten und metaphysisch zutreffenden religiösen und philosophischen Systeme beweisen, dass „wild lebende" Völker, anstatt primitiv zu sein, die degenerierten Nachkommen, die modernen menschlichen Überreste von Zivilisationen längst vergangener Zeiten sind. Die bloße Existenz dieser Zivilisationen, ihre Spur, ist in der Nacht der Vorgeschichte verloren gegangen. Nur die Reste einer einst hoch entwickelten Kultur haben überlebt und sind geblieben.

Wohl existieren diese Zivilisationen vorgeschichtlicher Zeit unbestritten, doch Beweise ihrer historischen Existenz, mit Ausnahme etwaiger Überreste oder halb vergessener und degenerierter Vorstellungen, sind nur schwer zugänglich. Doch außer Frage steht, dass jede dieser großen Zivilisationen der archaischen Vorgeschichte zu verschiedenen Zeiten und auf verschiedene Art und Weise von großen Männern geleitet und geführt wurde, die zweckmäßig als die *Großen* und *Weisen* bezeichnet werden. Kein Menschengeschlecht und kein Teil des Erdballs hat jemals ohne hohe spirituelle und intellektuelle Führung und Aufsicht existiert. Die Kontinente, auf denen einige dieser weit fortgeschrittenen, edlen und kultivierten Zivilisationen geboren wurden und ihre Bestimmung auslebten, sind jedoch seit Zeitaltern unter den Wassern versunken. Ihre Kontinente bedecken jetzt die Meere mit ihren dahinrollenden Wogen, unter denen einst der archaische Mensch lebte und wirkte.

Diese *großen Weisen* sind das Resultat der Evolution, der Entfaltung und Enthüllung des eingeborenen und latenten Genies. Auch die spirituell und intellektuell hervorragenden Großen unserer Zeit sowie jene in den Annalen der bekannten Geschichte sind das Resultat ihrer selbstgeleiteten Evolution. Ihre spirituellen und intellektuellen Fähigkeiten, die sie teils durch Initiation und teils kraft natürlicher evolutionärer Entfaltung erlangt haben, sind überdurchschnittlich. Sie können hinter, in oder durch die materiellen Schleier, die uns umhüllen, dringen und so die kausalen Welten unmittelbar wahrnehmen und sie aus erster Hand studieren. Mit den angesammelten Erfahrungen bereichert, kehren sie von diesen wunderbarsten menschlichen Erlebnissen zurück.

Die *großen Weisen* senden ihr wahrnehmendes Bewusstsein hinter die Schleier des äußeren Scheins, und zwar tun sie dies selbst-bewusst.

Sie sehen die Dinge so, wie sie im Herzen der Natur sind. Sie verfolgen die Fäden, das wunderbare Geflecht, das komplexe Netzwerk der unsichtbaren Natur bis in die innersten ihnen erreichbaren Winkel und an alle Stellen, an denen dieses Netzwerk existiert, das heißt überallhin. Nach ihrer Rückkehr ins allgemeine Leben gießen sie ihr so erlangtes Wissen in die systematische philosophische, religiöse und wissenschaftliche Formulierung. Zu allen Zeitaltern der Vergangenheit bildete dieses der Natur zugrunde liegende Netzwerk das *Muttersystem* der großen Weltreligionen und Weltphilosophien. In seiner modernen Darlegung ist es *Theosophie* – die Weisheit der Götter, mit anderen Worten: die Esoterische Tradition.

Zu bedenken ist, dass jene *Alten* die sie umgebende Natur mehr oder weniger mit den gleichen Augen betrachtet haben, wie wir selbst es heute noch tun. Doch unter ihnen lebten die schon erwähnten großen Weisen, *höhere Menschen,* wie sie im alten China genannt wurden. In gleicher Weise umfassten die menschlichen Scharen in der Vergangenheit, und zwar all die Hunderttausende von Jahren der Vergangenheit hindurch, als Majorität offenbar auch den Durchschnittsmenschen, wie wir ihn heute kennen. Die großen Weisen jedoch, diese stark intuitiven Menschen, diese Menschen mit erweitertem Bewusstsein, titanischem Intellekt und aufleuchtender spiritueller Vision sind es, die sehend verstehen und imstande sind, das *Muttersystem* zu formulieren.

Sie wissen daher, dass das Universum von unsichtbaren Ursachen aufgebaut und hervorgebracht wird – dass es infolge seiner inhärenten Qualitäten, Attribute und Energien funktioniert und wirkt, die aus jenen unsichtbaren Ursachen in die äußere, physische Manifestation hervorströmen. Sie sagen, das materielle, sichtbare Universum sei nur die Hülle oder der Schleier von den sich auswirkenden Eigenschaften und Energien, die aus den anfänglichen Ursachen hervorströmen und in den Hierarchien unsichtbarer Welten und ihrer Bewohner enthalten sind. Durch sie werden sie versinnbildlicht, manifestiert und übertragen beziehungsweise sichtbar gemacht. Ferner sagen sie, dass diese unsichtbaren Ursachen sehr häufig von höchst selbstbewussten unsichtbaren Wesenheiten ausgehen, von lebenden spirituellen und mit Intelligenz begabten Wesenheiten. Auch der Mensch ist eine lebendige, selbst-bewusste und intellektuelle Wesenheit. Er ist somit der Verursacher kausaler Wirkungen, die sich aus seinen eigenen Gedanken und Energieimpulsen in konkrete Manifestation ergießen. Der Mensch denkt und fühlt; er hat Intuition und ist bewusst, weil das Universum selbst eine Manifestation von Bewusstsein und Willen ist, also von bewussten Kräften und selbstbewussten Mächten. Tatsächlich besteht das Universum, so sagen sie, nur aus verkörperten Bewusstheiten. Das Heer der Menschen ist lediglich eine der Hierarchien bewusster Wesenheiten, die das Universum erfüllen, ja in Wahrheit dieses Universum ausmachen und es spirituell und intellektuell beseelen.

Was ist nun Naturwissenschaft, auf die der moderne Mensch seine Hoffnung setzt? Sie ist das Resultat von vier Dingen zugleich: Erfahrung, Experiment oder Forschung, Nachdenken und schließlich der Umsetzung des so gewonnenen Wissens in strukturierte Form.

Dieses System ist das Resultat unzähliger Zeitalter menschlicher Erfahrung, Forschung und Erprobung seitens der großen Weisen, der Meister des Lebens und der Weisheit. Ihr tiefes Wissen übermitteln sie als die Weisheit der Zeitalter, die sowohl die kosmische als auch die irdische Evolution in systematischer Formulierung enthält. Sie ist das Resultat ihrer Erfahrungen, die sie dem Schoße der Natur abgerungen haben. Große Menschen wie diese gab es zu allen Zeiten und sie leben auch heute als eine *Bruderschaft.* Aufgrund ihrer relativ gewaltigen spirituellen und intellektuellen Größe sowie ihrer umfassenden Visionen sind sie in der Lage, in das tiefste Arkanum der Materie oder Substanz sowie der Kraft oder Energie einzudringen. Sie sind dazu imstande, weil die ihnen innewohnenden Kräfte und Fähigkeiten unmittelbar von denselben Energien und Qualitäten abstammen, die auch im Universum wirksam sind. In diesem Sinne entdecken sie nur das, was sie selbst essenziell sind, oder, wie gesagt werden könnte, sie erkennen, was der *Kosmos* selbst essenziell ist. Diese Fähigkeit entspringt der Tatsache, dass die Konstitution des Menschen sowohl im Allgemeinen als auch im Besonderen gänzlich vom Universum abstammt, in dem er lebt und webt und sein Dasein hat. Der Mensch als Mikrokosmos wiederholt nur in sich selbst und im Kleinen, was die große Natur oder der Makrokosmos ist und enthält.

Der Mystiker Jakob Böhme schrieb:

> Denn das Buch, da alle Heimlichkeiten innen lieget, ist der Mensch selber. Er ist selber das Buch des Wesens aller Wesen, dieweilen er die Gleichheit der Gottheit ist. Das große Arcanum lieget in ihm. Allein das Offenbaren gehöret dem Geiste Gottes.
>
> *Theosophische Sendbiefe,* Brief 20, Abschnitt 3

Der Mensch als ein Strahl des göttlichen Geistes kann sozusagen auf diesem Strahl emporsteigen, bis er imstande ist, in dem Buch des Lebens und des Seins zu lesen. Er kann dann über das ihn umgebende Universum und über sich selbst alle die Seiten lesen, die sein entwickeltes Bewusstsein ihm zu lesen erlaubt.

Die großen Weisen erkennen Wahrheit unmittelbar, denn ihr Bewusstsein weitet sich universal aus im Verhältnis und gemäß ihrer inneren Entwicklung oder Evolution. Nachdem sie sich in größerem oder geringerem Grade zu selbstbewusster Einheit mit dem SELBST des Alls erhoben haben, werden sie entsprechend vertraut mit ihm und wirken auf den Gefilden, auf denen das All-Selbst ist und wirkt: überall. Sie brauchen nicht mühsam unzählige und zeitraubende Forschungen durchzuführen, um daraus schließlich Tatsachen, die bereits überliefertes Wissen sind, sorgsam auszusieben.

Dieses durch Erfahrung bestätigte und gesammelte Wissen ist ebenso sicher in seinen Grundlagen, wie die Prinzipien der Mathematik es sind – die ein Zweig dieser Weisheit ist. Gleich der Mathematik ist sie völlig folgerichtig. Ihre Beweise liegen in ihr selbst, oder, was dasselbe besagt, *sie sind in der Natur zu finden.* Somit ist die zeitlose Weisheit geordnetes Wissen, mit anderen Worten, Wissenschaft *an sich.*

I

Wie nahe die moderne Wissenschaft der heiligen, geheim gehaltenen Wissenschaft der archaischen Zeitalter schon gekommen ist und auch weiterhin noch kommen wird, soll in diesem und dem folgenden Kapitel aufgezeigt werden. Wir leben tatsächlich in einem wunderbaren Zeitalter. Fortschrittliche Wissenschaftler sind dabei, mehr als Wissenschaftler zu werden: sie werden zu wissenschaftlichen Metaphysikern. Die Chemie wird zur Alchemie, einer Super-Chemie. Die Astronomie wird mehr und mehr der alten Astrologie ähnlich, denn die Astronomen berechnen dann nicht mehr allein die exakten Bewegungsarten der Himmelskörper, deren mehr oder weniger physische Zusammensetzung sowie deren zeitlichen Aufenthaltsort. Gleich den alten *Weisen* werden ihre Bemühungen darauf ausgerichtet sein, die Schleier des phänomenalen Scheins nach allen Seiten hin zu durchdringen. Schon allein dieses Bemühen ist eine der edelsten Übungen des menschlichen Intellekts. Es ist das sehnende Streben, über das bloße Gehirnverstand-Denken hinaus in die Bereiche unsichtbarer Ursachen vorzudringen, hinein in den Bereich dessen, was in Wahrheit das Reich der Metaphysik ist.

> Es ist deutlich zu erkennen, dass der Physiker auf dem Wege ist, tief in die Metaphysik hineingezogen zu werden [...] Der Physiker hätte sich bei den Philosophen Rat holen können, doch wäre er in diesem Fall verwirrter denn je geworden, da die Philosophie keine definitive Methode verfolgt und zum größten Teil unter dem beherrschenden Einfluss der alten,

> jetzt zusammengebrochenen Physik steht. Wir dürfen hoffen, dass aus der neuen Physik eine intelligentere Metaphysik hervorgeht.
>
> *Three Interpretations of the Universe,* S. 168 f. (Macmillan, 1934); mit freundlicher Erlaubnis des Verfassers, J. E. Boodin, Professor der Philosophie an der Kalifornischen Universität zu Los Angeles.

Wissenschaftler anderer Zweige der Forschung sind dabei – vielleicht nur halb-bewusst –, das Gleiche zu versuchen.

Professor A. S. Eddington[1] schrieb über Raum und Zeit sowie über Gravitation und erklärte offen, dass die Theorien der materialistischen Physik keine letzten Realitäten erreichen – was natürlich die Feststellung einer offensichtlichen Tatsache ist. Von einem der eminentesten Männer auf dem Gebiet wissenschaftlicher Forschung dieses Zugeständnis zu erhalten ist schon sehr bedeutsam. Es zeigt, dass heutige Wissenschaftler über die materialistische Auffassung von der Natur hinausgehen. Sie machen sich damit weitgehend frei von der früher allgemein herrschenden Haltung wissenschaftlich geprägter egoistischer Selbstzufriedenheit, wenn sie ihre Ansichten als kosmische Realitäten proklamierten.

Der aufrichtige Beobachter wissenschaftlicher Denkrichtung – insbesondere der aktuell bevorzugten mathematischen Ausrichtung – muss gestehen, dass auch heute noch eine nicht geringe Neigung besteht, Schlüsse, die aus mathematischen Überlegungen gezogen werden und die oft auf sehr wackligen Voraussetzungen beruhen, als Tatsachen *an sich* zu betrachten. Dabei sollte nicht vergessen werden,

---

[1] Arthur Stanley Eddington (1882 – 1944) war einer der bedeutendsten Astrophysiker des frühen 20. Jahrhunderts. Er entdeckte 1919 die Lichtkrümmung von Sternenlicht in der Nähe einer Sonnenfinsternis (d. Hrsg.).

dass die Mathematik letzten Endes nur das hervorbringt, was in sie hineingesteckt wird. Mit anderen Worten: mathematische Deduktionen oder die aus der Mathematik gezogenen Schlussfolgerungen basieren logischerweise auf bestimmten Prämissen, auf deren Grundlage gewisse mathematische Operationen durchgeführt werden. Wenn nun diese Prämissen hypothetisch, spekulativ oder tatsächlich nicht gänzlich auf natürliche Tatsachen gegründet sind, so müssen die daraus abgeleiteten Schlussfolgerungen notgedrungen den Stempel oder den Makel jener Fehler tragen, die die Prämissen selbst enthalten. Die Mathematik *an sich* ist daher kein absolut sicheres Instrument zur Aufdeckung, Entdeckung oder Entschleierung von Realitäten der Natur. Mathematik ist vielmehr eine Methode abstrakten Denkens in Bezug auf die Beziehungen der Objekte untereinander, sie kann jedoch nicht unabhängig von den ursprünglichen Voraussetzungen angewandt werden, auf denen sich mathematische Arbeit aufbaut.

> Physiker als Mathematikexperten erfreuen sich der Atmosphäre der Mystifizierung, die ihre komplizierten Formeln ermöglichen. Ihnen zufolge darf nicht versucht werden, irgendwelche sinnlich wahrnehmbaren Modelle des ursprünglichen Naturzustandes herzustellen. Wir dürfen uns diesen nur als mathematische Wellen oder Wahrscheinlichkeitskurven vorstellen, nicht aber fragen, welcher Art die Wellen sind. Es sind eben Wellen in den Gleichungen. Inzwischen gab es eine Reaktion gegen diese Mystifizierung. Physiker beginnen anzuerkennen [...], dass mathematische Modelle, so kompliziert sie auch sein mögen, lediglich symbolische Aussagen sind zu Daten, die wir aus Sinneserfahrung herleiten [...] Die Chemiker haben sich hingegen der mathematischen Berauschtheit enthalten. Sie haben versucht, die einfallsreicheren Modelle von Rutherford und Bohr praktisch zu verwerten [...] Ein von Jesse W. M. Dumond am kalifornischen Institut für Technologie durchgeführtes Experiment zeigt, dass das ältere theoretische Atommodell von

Rutherford[1] und Bohr[2] bedeutende Wahrheit enthält.

Three Interpretations of the Universe, S. 159;
mit freundlicher Erlaubnis des Verfassers, J. E. Boodin

Eddington sagt sehr wahr und poetisch, dass wir Theorien über das Leben und das Universum bilden, die nach unserem eigenen Bilde gestaltet und gemäß unserem eigenen Denken geformt sind. Das sind wahre und weise Worte, die jeder bestätigen kann. Der menschliche Geist kann nur solche Gedanken denken, die in dem menschlichen Geist enthalten sind. Das ist unbestritten. Wir sehen die Schatten des Denkens unseres eigenen Geistes, die Bilder unserer Gedanken, anstelle kosmischer Realitäten *an sich,* für die Wissenschaftler diese Schatten allzu häufig gehalten haben.

Eddington war in mancher Hinsicht sehr intuitiv. Er war einer jener seltenen Denker, die sich kraft ihres eingeborenen Genies – zuweilen durch Intuition – in die kausalen Bereiche, die Noumena, versetzen konnten, die hinter den Phänomenen, den materiellen Erscheinungen, stehen. Da er kein Initiierter war, sind seine Intuitionen nicht immer ganz richtig und seine Visionen oft unvollkommen. Aller menschlicher Fortschritt im Denken und Forschen geht zunächst langsam und unsicher vor sich, und das muss auch bei Forschern der Fall sein.

Als Eddington vor einer Versammlung der englischen Royal Society sprach, überraschte er diese Gesellschaft eminenter Herren wahrscheinlich durch seine Aussage, die Theorien über die Natur der

---

1 Das rutherfordsche Atommodell wurde 1911 von Ernest Rutherford aufgestellt. Rutherford fand durch Experimente heraus, dass der größte Teil der Masse eines Atoms in einem relativ kleinen Atomkern konzentriert ist. Der kleine Atomkern trägt eine positive Ladung, die den Atomkern umgebende Hülle aus Elektronen ist negativ geladen (d. Hrsg.).

2 Das bohrsche Atommodell wurde 1913 von Niels Bohr entwickelt und baut auf dem rutherfordschen Atommodell auf. Bohr postuliert, dass Elektronen sich nur auf genau festgelegten Bahnen um den Atomkern bewegen können (d. Hrsg.).

dynamischen Merkmale des Elektrons müssten einer radikalen Änderung unterzogen werden. Tatsächlich wurde das Elektron bis vor nicht langer Zeit für das allerletzte – oder nahezu letzte – Element physischer Substanz gehalten. Weiterhin sagte Eddington, diese Änderung sei notwendig und an der Zeit. Es sei höchste Zeit, dass in Bezug auf den Bewusstseinsbereich in der Natur ein Wandel des Denkens vollzogen wird, der die begrifflichen Ansichten ändert. Diese neue Einstellung unter Naturwissenschaftlern ist sehr ermutigend, da sie der Natur Bewusstsein zugrunde legen.

In einer zeitgenössischen englischen Zeitung werden Eddingtons Erkenntnisse folgendermaßen wiedergegeben:

> Professor Eddingtons Theorie ist, dass alle physikalischen Vorgänge an der Natur der mentalen Aktivität, des Bewusstseins oder des Unterbewusstseins, teilhaben und dass diese zuweilen von niederer oder höherer Ordnung ist. Diese mentalen Aktivitäten können durch andere und höhere Gemüter beschrieben werden. Doch hat alles ein Bewusstsein von sich selbst. Dieses unterscheidet sich von ihrem Auftauchen in anderen Gemütern und von der Beschreibung.

Eddington sagt zu Recht, indem er die alte Weisheit aus unvordenklichen Zeiten wieder zum Ausdruck bringt, dass das Universum mit Bewusstsein erfüllt ist. Es bringt sich durch unzählige Bewusstheiten zum Ausdruck, und diese können bis zu einem gewissen Grade interpretiert werden. Doch muss von vornherein verstanden werden, dass sie nur streng im Rahmen unseres eigenen spezifischen Bewusstseins interpretiert werden können. Daher ist jede formulierte Interpretation de facto unvollkommen aufgrund des relativ unvollkommen entwickelten menschlichen Bewusstseins. Jedoch hat jedes Wesen, dessen Bewusstsein wir vielleicht zu beschreiben und zu interpretieren versuchen, sein eigenes Verständnis seines Bewusstseins – das es besser versteht als irgend jemand, der es interpretiert. Dies scheint Eddingtons Meinung zu sein, und sie ist offensichtlich richtig.

Weiterhin wird aus Eddingtons Buch *The Nature of the Physical World* geschlussfolgert:

> Es bestehen genauere Kenntnisse über bestimmte Anhäufungen der Atome, zum Beispiel von denen in unserem Gehirn. Die Aufeinanderfolge unserer Empfindungen liefert den Stoff zu dem, was als „Gehirn-Stoff" bezeichnet worden ist. Dementsprechend meint Eddington, der Weltenstoff könnte das sein, was er „Denk-Stoff" oder „Geist-Stoff" nennt.

In alten und selbst in neueren Zeiten wurde die essenzielle Materie (Urstoff) häufig „Geist" genannt, Eddington zufolge „Geist-Stoff", die Idee selbst blieb jedoch dieselbe. Die Alten meinten jedoch – was sorgfältig beachtet werden muss –, wenn sie von Geist-Stoff sprachen, etwas rein Spirituelles, ja gelegentlich etwas Überspirituelles, tatsächlich die *Kosmische Seele.* Moderne Wissenschaftler sind augenscheinlich in ihrer Vorstellung nicht höher gegangen als bis zu ätherischer Substanz, einen Grad oder bestenfalls zwei Grade oberhalb und innerhalb der physischen Sphäre.

1890 schrieb Helena Petrowna Blavatsky in ihrer Zeitschrift *Lucifer* über das im Atom existierende Bewusstsein. Ihr Artikel wurde durch einen anderen Artikel veranlasst, den der bekannte Journalist und Mitarbeiter mehrerer Zeitschriften, George Parsons Lathrop, geschrieben hatte und der von den religiösen Anschauungen Edisons (1847 – 1931) handelte. Edison war eine Zeit lang Mitglied der Theosophischen Gesellschaft. Blavatsky schrieb:

> Edisons Vorstellung von der Materie wurde in unserem Leitartikel vom März besprochen. Über den großen amerikanischen Elektrophysiker wird von Parsons Lathrop in *Harper's Magazine* berichtet, er habe seine persönliche Anschauung über die Atome dahingehend geäußert, dass sie „im Besitz eines gewissen Maßes von Intelligenz" seien; und ferner wird

> gezeigt, wie Edison sich in anderen Träumereien dieser Art ergeht. Aufgrund dieses Gedankenfluges ruft die Februarnummer der *Review of Reviews* den Erfinder des Phonographen zur Ordnung und bemerkt kritisch: „Edison gibt sich gern Träumen hin“, seine „wissenschaftliche Imagination“ sei ständig am Werk.
>
> Möchten doch um alles in der Welt die Wissenschaftler ihre „wissenschaftliche Imagination“ ein wenig mehr üben und ihre dogmatische und kalte Negation ein bisschen weniger. Träume sind unterschiedlicher Art. In jenem seltsamen Seinszustand, der uns, wie Byron es ausdrückt, in die Lage versetzt, „mit versiegelten Augen zu sehen“, nimmt man oft wirklichere Tatsachen wahr als im wachen Zustand. Imagination ist zudem eines der stärksten Elemente in der menschlichen Natur. Mit den Worten Dugald Stewarts ist sie „die große Triebfeder menschlicher Tätigkeit und der Hauptquell menschlicher Veredelung [...] Zerstört diese Fähigkeit, und der Zustand der Menschen wird ebenso statisch werden wie der der Tiere.“ Sie ist der beste Führer unserer blinden Sinne, die uns ohne sie niemals über die Materie und ihre Täuschungen hinausführen könnten. Die größten Entdeckungen der modernen Naturwissenschaft verdanken wir der Imagination der Entdecker.
>
> *Lucifer,* Bd. 6, April 1890, S. 89 (Artikel „Kosmic Mind“)

Wie wahr das ist! Wahrscheinlich hat es nicht eine einzige große wissenschaftliche Entdeckung gegeben, die von a über b nach c aus dem Prozess der Gehirnverstand-Schlussfolgerungen hervorgegangen ist und mit Erfolg zu Ende geführt wurde. Das sehnende Streben nach Wahrheit, das intuitive visionäre Schauen hat es jedoch immer gegeben. Plötzlich kam die Erleuchtung und die Wahrheit wurde erschaut – auch wenn sie nur schwach und unvollkommen skizziert wurde.

Und weiter:

> Aber wann wurde je irgendetwas Neues verkündet, wann eine Theorie bekanntgegeben, die mit einer hinreichend etablierten Vorgängerin kollidierte und ihr widersprach, ohne dass die orthodoxe Wissenschaft zuerst Gericht über sie hielt und versuchte, sie zu unterdrücken?
>
> ebenda, S. 89 f.

Heute gehen viele Wissenschaftler konform mit ursprünglicher Philosophie. In jenen Tagen aber war wissenschaftlicher Dogmatismus stark vertreten: ein rein materialistisch geprägter, hochmütiger Dogmatismus. Es gab ihn ebenso in den Kirchen – doch natürlich von anderer Art. Wer in jenen Tagen auch nur von der „Seele" sprach, wurde trotz aller Zurückhaltung für nicht ganz zurechnungsfähig oder für sentimental gehalten. Von den Wissenschaftlern wurde der Mensch als eine „belebte Maschine" angesehen. Auch das Universum galt als reiner Mechanismus, der von selbst lief. Nirgendwo gab es Geist oder Seele, es gab kein Leben. Mechanismus und Maschinen, die von selbst liefen, beherrschten ihr Denken – doch niemand wusste, wodurch sie angetrieben werden.

Das Zitat fortsetzend:

> Muss die Vorstellung, dass Bewusstsein in jedem Atom des Universums vorhanden ist und die Möglichkeit der völligen Kontrolle des Menschen über die Zellen und Atome seines Körpers besteht, darum als ein Traum abgelehnt werden, weil eben diese Vorstellung bisher noch nicht mit der Druckgenehmigung der Päpste der exakten Naturwissenschaft beehrt worden ist? In Übereinstimmung hiermit lehrt die Theosophie: Jedes Atom, gleich der Monade des Leibniz, ist ein kleines Universum *in sich.* Somit ist jedes Organ und jede Zelle im menschlichen Körper mit einem Gehirn eigener Art begabt, sie besitzen ein Gedächtnis, Erfahrung

> und Unterscheidungskraft. Die Erkenntnis über das universale Leben, das aus individuellen atomaren Leben zusammengesetzt ist, ist eine der ältesten Aussagen der Theosophie. Die gänzlich neue Hypothese der modernen Naturwissenschaft vom *kristallinen Leben* ist der erste Strahl von dem uralten Licht des Wissens, der unsere Gelehrten erreicht hat. Wenn experimentelle Forschung aufzeigt, dass Pflanzen Nerven, Empfindungen und Instinkt besitzen, was Bewusstsein voraussetzt, aus welchem Grund sollten diese Eigenschaften nicht auch den Zellen des menschlichen Körpers zugestanden werden? Wissenschaftler teilen die Materie in organische und anorganische Körper. Sie lehnen die Ideologie des *absoluten,* das heißt des universalen *Lebens* ab, mit anderen Worten, des Lebensprinzips als eine Wesenheit. Andernfalls würden sie sofort erkennen, dass *absolutes,* universales *Leben* weder einen geometrischen Punkt noch ein seiner Essenz nach anorganisches Atom hervorbringen kann [...]
>
> Um nun diese ärgerliche Frage ein für allemal aus der Welt zu schaffen, beabsichtigen wir zu beweisen, dass die moderne Naturwissenschaft [...] am Vorabend der Entdeckung steht, dass Bewusstsein universal ist (Eddingtons Geist-Stoff) und damit Edisons „Träume" rechtfertigt. Doch bevor wir dies tun, möchten wir auch zeigen, dass, obwohl mancher Wissenschaftler von diesem Glauben völlig durchdrungen ist, doch nur sehr wenige mutig genug sind, es öffentlich zuzugeben [...]
>
> ebenda, S. 90 f.

Sporadische Äußerungen von einigen Wissenschaftlern zeigen, wie wahr die obigen Worte Blavatskys waren. Als Sir James Jeans[1] in einem in *The Observer* (London) veröffentlichten Interview die Frage

[1] James Jeans (1877 – 1946): englischer Astronom, erforschte die Entstehung von Sonnensystemen (d. Hrsg.).

vorgelegt wurde: „Glauben Sie, dass das Leben auf unserem Planeten das Ergebnis von einer Art Zufall ist, oder glauben Sie, dass es ein Teil eines großen Plans ist?“, antwortete er folgendermaßen:

> Ich neige der idealistischen Theorie zu, dass Bewusstsein fundamental ist und dass das materielle Universum von Bewusstsein abgeleitet ist und nicht umgekehrt Bewusstsein vom materiellen Universum. Wenn das so ist, scheint daraus hervorzugehen, dass ein allgemeiner Plan vorliegt [...] Im Allgemeinen scheint mir das Universum einem großen Gedanken näher zu sein als einer großen Maschine. Mir scheint, es könnte wohl so sein, dass jedes individuelle Bewusstsein mit einer Gehirnzelle in einem Universalgemüt verglichen werden sollte [...]

Bezeichnenderweise schloss Jeans das Interview mit der Bemerkung: „Ich halte mich nicht für berechtigt, eine definitive Meinung über irgendeine der Fragen zu äußern, die wir heute Nachmittag besprochen haben.“

Warum nicht? Wenn ein Vertreter der Naturwissenschaft einmal sagt, dass das, was er äußert, seine eigene definitive oder nicht definitive Meinung sei, so hat er ebenso sehr das Recht, sie auszusprechen, wie andere Wissenschaftler, die keine derartige Zurückhaltung und kein solches Zögern an den Tag legen, wenn sie Aussagen von wesentlich aggressiverem Charakter machen. Sicher fühlt man sich gedrängt, diese Bescheidenheit zu loben, jedoch mit dem Bedauern, dass wissenschaftliche Bescheidenheit nicht immer so stark anzutreffen ist, wie es sein könnte.

Der große deutsche Wissenschaftler Max Planck[1] sagte in einem ähnlichen in *The Observer* veröffentlichten Interview auf die Frage: „Glauben Sie, dass Bewusstsein auf materielle Weise erklärt werden kann?“:

[1] Max Planck (1858 – 1947): Begründer der Quantenphysik (d. Hrsg.).

> Nein, ich betrachte Bewusstsein als fundamental. Ich betrachte Materie als von Bewusstsein abgeleitet. Wir können nicht hinter das Bewusstsein kommen. Alles, wovon wir sprechen, alles, was wir als existent betrachten, setzt Bewusstsein voraus.
>
> *The Observer,* 25.1.1931, S. 17

Es könnten Zitate anderer, ebenso großartiger Wissenschaftler angeführt werden, die auf denselben definitiven Schluss hinauslaufen, doch es erübrigt sich hier. Der springende Punkt ist, dass einige der größten, vielleicht die größten Vertreter der Wissenschaft beginnen, eines der fundamentalen philosophischen Postulate der Esoterischen Tradition zu wiederholen: dass „Geist" oder „Bewusstsein" von der Essenz des Universums ist. Und ferner, dass dieser „Geist" oder dieses „Bewusstsein" zwangsläufig in jedem Teil oder Punkt des unbegreiflich weiten kosmischen Ganzen wirksam ist und sich darin manifestiert.

Es scheint mir angebracht, hier auf ein schönes, gedankenreiches Buch hinzuweisen: *Plant Autographs and Their Revelations*[1]. Es wurde von dem Hindu-Wissenschaftler Sir Jagadis Chunder Bose[2] geschrieben, einem der bemerkenswertesten Wissenschaftler und Denker, die im oder um das letzte Jahrhundert herum erschienen sind. Vor seiner Zeit wurde allgemein angenommen, Pflanzen seien keine beseelten Wesenheiten. Sie würden sich zwar bewegen und hätten Substanz, jedoch kein individualisiertes Leben, keine „Seele", kein wirkliches Zirkulationssystem, keine Nerven und keine Empfindungen. Hinsichtlich des Zirkulationssystems wurde angenommen, ein solches könne in einem Pflanzenkörper nicht existieren; und dies trotz des jahreszeitlichen Steigens und Fallens des Pflanzensaftes – dieses wahrhaft wunderbaren Phänomens, das kein Wissenschaftler bisher erklärt hat, weil keiner es je verstanden hat. Eine

---

1 *Die Pflanzen-Schrift und ihre Offenbarungen,* Rotapfel-Verlag, Zürich, 1928 (d. Hrsg.).

2 Jagadis Chandra Bose (1858 – 1937): indischer Naturwissenschaftler. Er forschte über die Fernwirkung elektromagnetischer Wellen und untersuchte ihre Wirkungen auf Pflanzen (d. Hrsg.).

Erklärung, die aus dem damals verfügbaren Wissen allenfalls hätte gegeben werden können, wäre von der dogmatischen Überzeugung belastet gewesen, Menschen und Tiere seien die Einzigen, die Leben besitzen und mehr oder weniger freiwillig handeln können.

Dieser bemerkenswerte Hindu verfügte über einen außerordentlich geistreich konstruierten Apparat zum Studium des Pflanzenlebens, zur Aufzeichnung des Pulsschlags und der Lebensfunktionen in den Pflanzen. Durch diesen Apparat – der elektrisch oder auf andere Art betrieben wurde – bewies er, dass Pflanzen tatsächlich Nerven haben und pflanzen-bewusst sind – nicht tier-bewusst oder menschen-bewusst, sondern pflanzen-bewusst. Werden sie vergiftet, können sie durch Anwendung der richtigen Antidosis geheilt werden. Werden sie müde, bedürfen sie der Ruhe. Sie besitzen ein Zirkulationssystem sowie ein Nervensystem, mit anderen Worten, sie sind sehr lebendig. Der Apparat für diese äußerst faszinierende Untersuchung wurde von Bose selbst erfunden. Nicht nur dafür verdient er große Anerkennung, sondern auch für die Methode, mit der er seinen Apparat anwandte, um die Kanäle des Kreislaufs und die Nervenbahnen im Pflanzenkörper zu studieren und sachgemäß zu erklären.

So liegt also jenseits, hinter und innerhalb von allem ein Bewusstseinszentrum. Es liegt zum Beispiel im Atom und innerhalb der das Atom bildenden elektronischen Winzigkeiten. Es ist das, was in der Theosophie ein *Jîva* genannt wird. Ein Jîva ist ein Wesen, dessen Essenz lebendige Individualität ist, eine Monade. In der griechischen Philosophie bedeutet der Begriff Monade „Einheit", das Unteilbare. Den europäischen Philosophen wurde die Monade durch Leibniz vertraut gemacht. Der Alten Weisheit zufolge ist jedes Atom ein Organismus, eine organische lebende Wesenheit. Somit ist ein Atom das Vehikel oder die Manifestation einer transzendenten, jedoch unvollkommen zum Ausdruck gebrachten „Seele" mit einem darin eingeschlossenen geistig-göttlichen Kern. Mit anderen Worten, das Seelenleben des Atoms ist der Zwischenteil der unsichtbaren und ätherischen atomaren Struktur, die aus dem monadischen Zentrum oder der Wurzel hervorströmt. Dieses Zentrum befindet sich sozusagen

„im Hintergrund des Jenseits“ einer jeden physischen atomaren Einheit.

Moderne Wissenschaftler sind bereits dabei, den Weg für diese umfassendere Vorstellung zu bereiten. Aufgrund ihrer Forschungen nahmen sie an, dass das Atom nicht mehr als ein blind umhergetriebenes, gefühlloses, lebloses, träges Partikel toten Stoffes betrachtet werden kann, das von blindem Geschick, durch ziellose Sinnlosigkeit, von Zufall gelenkt wird. Nun jedoch haben sie erkannt, dass das Atom eine zusammengesetzte, aus elektrischen Punktladungen gebildete Wesenheit ist.

II

Im Jahre 1913 entwickelte der dänische Physiker Bohr eine außerordentlich interessante Vorstellung von dem physischen Atom, die sich in gewissem Grade den Lehren der Theosophie nähert. Trotz der Modifikationen der Bohr'schen Theorie, die seit 1913 erfolgt sind, werden elektromagnetische und andere Phänomene der Natur mit fast unheimlicher Präzision in dem Sinne erklärt, dass das physische Atom eine Art Sonnensystem en miniature und andererseits unser Sonnensystem sowie jedes andere Sonnensystem ein kosmisches Atom ist. Jedes Atom hat seine atomare „Sonne“, ein Proton oder ein Aggregat von Protonen. Ebenso hat ein Atom seinen oder seine Planeten, die Elektronen, die mit unglaublicher Geschwindigkeit um ihre zentrale atomare Sonne herumwirbeln. Das Wasserstoffatom, das als Grundbaustein der physischen Materie betrachtet wird, hat nur einen Planeten beziehungsweise ein Elektron mit einem Proton oder seiner einen atomaren Sonne.

Der große Wert der Bohr'schen Vorstellung besteht darin, dass sie analog ist: Sie folgt dem Muster, das durch andere und größere Strukturen in der Natur sowie deren Prozesse vorgegeben ist. Was die Natur an einer Stelle tut, wird logischerweise, ja mit Notwendigkeit, an anderen Stellen wiederholt, weil sie *ein* fundamentales Gesetz, *einen* fundamentalen Aktionsablauf verfolgt, der allenthalben in ihrem Gesamtbereich wirksam ist. Bohrs Vorstellung ist ein unbewusster Tribut an die zeitalteralte, universal anwendbare Analogie. Analogie ist eine Methode des Schlussfolgerns, die auf der Natur selbst und allein auf ihr beruht. Trotz bestehender Gegenäußerungen wird sie mehr und mehr als eine Art der Beweisführung angenommen. Es muss jedoch bemerkt werden, dass es auch falsche Analogien gibt, auf die nur zu leicht hereingefallen werden kann, weshalb die Funktionen und Vorgänge in der Natur unrichtig dargestellt werden. Analogieschlüsse bedürfen daher stets einer Überprüfung.

Die spätere Vorstellung von der inneren Struktur und den Funktionen des Atoms von Erwin Schrödinger[1] und Louis de Broglie[2] ist ebenso interessant und annehmbar wie das Bohr-Atom. Beide Strukturen sind ihrem Wesen nach essenziell mehr elektrisch; diffus, wie Schrödinger sagt, oder nach strengerem Muster, das unserem Sonnensystem gleicht, wie Bohr sagt. Wichtig ist, dass die Zusammensetzung des Atoms, was auch immer seine Struktur und innere Organisation sein mag, elektrisch ist. Das bedeutet, ein Atom ist eine aus Kräften zusammengesetzte Wesenheit, und diese Kräfte bringen sich als Materie zum Ausdruck. Dies steht soweit im genauen Einklang mit der Theosophie.

Bohrs Theorie, das Atom sei eine Art Miniatur-Sonnensystem, steht zumindest in Einklang mit der gesamten Natur, so wie wir sie kennen – auch wenn in Zukunft eventuell Fehler in der Theorie nachgewiesen werden. Sie basiert auf analoger Schlussfolgerung. Sie ist nicht eine bloße Hypothese, die in einer vorübergehenden Phase der modernen Physik entwickelt wurde, um einem vermeintlichen Bedürfnis entgegenzukommen oder einem vermeintlichen Mangel abzuhelfen. Sie ist insbesondere die Verbindung analoger Schlussfolgerung

---

1 Erwin Schrödinger (1887 – 1967): österreichischer Physiker, Mitbegründer der Quantentheorie (d. Hrsg.).

2 Louis de Broglie (1892 – 1987): französischer Physiker, Entdecker der Wellennatur des Elektrons (d. Hrsg.).

mit der wissenschaftlichen Idee, dass Materie essenziell Kraft sei. Das macht das Bohr-Atom, zumindest in seinem allgemeinen Umriss, so anziehend. Die Zeit wird zeigen, wie viel Wahrheit Bohrs Bild vom Atom enthält (siehe Einschub Seite 26 f.). Die wesentlichen Vorstellungen scheinen in fast allen modernen Theorien über die atomare Struktur mehr oder weniger die gleichen zu sein. Sie besagen, dass das Atom fast nur aus Hohlräumen besteht oder aus ätherischen Räumen aufgebaut ist und dass die substanziellen Partikel, die es enthält, hauptsächlich aus Elektrizität bestehen – mannigfaltig zusammengesetzt aus ihren „positiven“ und „negativen“ Eigenschaften oder Teilen.

So besteht also die physische Welt, die für unsere Sinne scheinbar so fest ist, wenn sie auf die Atome reduziert wird, hauptsächlich aus Hohlräumen, Zwischenräumen oder ätherischen Räumen. Diese Räume sind hauptsächlich mit Partikeln negativer und positiver Elektrizität, Elektronen, Protonen, Positronen und anderen, angefüllt. Sie wirken wechselseitig aufeinander und bauen durch ihre gemeinsame Arbeit die gesamte physische Welt auf sowie ebenfalls alle sie zusammensetzenden Teile.

Die Geschwindigkeit der Bewegung, die wissenschaftlichen Theorien zufolge diesen elektrischen Partikeln zugeschrieben wird, ist gewaltig. Dr. E. E. Fournier d’Albe schrieb im Londoner *Observer* über die Bahnen dieser Elektronen und ihre Geschwindigkeit beim Verfolgen ihres mutmaßlich kreisähnlichen Laufes um ihre atomare protonische Sonne:

> In diesem Miniatur-Sonnensystem [des Atoms] würde das Jahr durch die Zeit eines Umlaufs [eines Elektrons] um die zentrale „Sonne“ dargestellt werden. Da diese Umläufe im Tempo von einigen Billiarden Mal in einer Sekunde vor sich gehen, so ist es klar, dass, wenn wir auch nur für einen Augenblick zuschauen, ungezählte Zeitalter und geologische Ären atomarer Zeit verstreichen.

Hingegen gibt es gewaltig große Wesen im Universum, deren Bewegung so langsam verläuft, dass für sie der Umlauf unseres Planeten Terra um unseren zentralen Himmelskörper, den wir als ein Jahr bezeichnen, eine unberechenbar kurze Zeitperiode wäre. Dies setzt voraus, dass wir, gemäß der Theosophie, unser Sonnensystem als ein „kosmisches Atom" ansehen, wie es ebenfalls von intuitiven Wissenschaftlern genannt wird. Für diese Wesen wäre unser Jahr kürzer, als es der Umlauf eines Elektrons um seine atomare Sonne, der ein atomares Jahr ausmacht, für uns wäre. Andererseits würde eines unserer Jahre für infinitesimal kleine Wesen quasi eine Ewigkeit sein. Wir könnten sie uns mit vollkommener Berechtigung auf einem Elektron lebend vorstellen – auf einem der atomaren Planeten –, auf dem sie ihre Lebenszeit verbringen.

Das Leben unseres Universums ist, wenn der Ewigkeit gegenübergestellt, sozusagen nur ein Augenblinzeln. Uns hingegen erscheint es als eine Quasi-Ewigkeit, denn es währt Billionen menschlicher Jahre. So betrachtet ist das menschliche Leben nur ein flüchtiger Augenblick in endloser Dauer, obwohl es von ungeheurer Zeitlänge ist im Vergleich zu dem verwirrend schnellen Erscheinen und Verschwinden der infinitesimal kleinen Wesen in der atomaren Welt.

Wissenschaftlichen Aussagen gemäß sind zudem die atomaren Entfernungen, die Elektron von Elektron und diese von ihrem protonischen Zentrum oder ihrer Sonne trennen, im Atom relativ ebenso groß wie die Entfernungen in unserem kosmischen Sonnensystem, die Planet von Planet und diese von unserer Sonne trennen. Es besteht kein Grund, warum diese äußerst eindrucksvolle Lehrmeinung und Aussage moderner Naturwissenschaft nicht zutreffend sein sollte. Wir müssen uns vergegenwärtigen, dass alle Dinge in diesem Universum relativ sind. Folglich sind Raum und Zeit ebenso relativ wie alle anderen darin enthaltenen Dinge und Wesenheiten. Beide, Raum und Zeit, sind *mâyâvisch* oder illusorisch. Sie sind es in der Hinsicht, wenn dem Ausdruck „Raum" die Bedeutung von Ausdehnung gegeben wird – etwas Äußeres. Da sich die Anwendung der Ausdrücke „Raum“ und „Zeit“ hier lediglich auf das Physische oder auf „Ereignisse“ bezieht und diese daher unmissverständlich vorübergehend sind, können weder Raum noch Zeit „absolut“ genannt werden. In diesem Aspekt oder Teil ist Einsteins Relativitätstheorie durchaus richtig.

In theosophischen Schriften wird häufig auf Einsteins Relativität Bezug genommen. Dies schließt jedoch nicht eine pauschale Annahme dieser Theorie in sich und besonders nicht die der daraus abgeleiteten mathematischen Deduktionen. Die grundlegende Idee der Relation oder der Relativitäten ist in der Natur und somit auch hinsichtlich der theosophischen Tradition deutlich erkennbar. Doch sollte stets die hohe Wahrscheinlichkeit in Betracht gezogen werden, dass, nachdem die Einsteinsche Theorie ihre Zeit gehabt oder eine gewisse Popularität innegehabt hat, eine neue, modernere Theorie als die von Einstein entwickelte an Popularität gewinnen wird. Sie würde dann die Relativitätstheorie Einsteins entweder bedeutend modifizieren oder gar an ihre Stelle treten aufgrund der vermutlich überlegenen Genauigkeit ihrer Prognosen und Begründungen, die sie mit sich bringt.

Auch die Atome, die unseren Körper bilden, sind infinitesimal kleine Kopien oder wiederholte Reflexionen jenes größeren kosmischen Atoms, das gemäß menschlicher Kenntnis das Sonnensystem genannt wird. Da die interplanetarischen Räume leer oder nahezu leer erscheinen und keine physischen Manifestationen sichtbar sind, wird von „leerem Raum“ gesprochen; ebenso ist auch unser Körper hauptsächlich eine solche „räumliche Leere“. Doch sollte nicht daraus geschlossen werden, dieses „Vakuum“ sei tatsächlich ein „Nichts“ – eine Vorstellung, die absurd ist. Die sogenannten Leerräume sind ebenso mit ätherischen Substanzen angefüllt, wie die kosmischen Räume unseres Sonnensystems und die weitaus größeren kosmischen Räume unseres galaktischen Universums mit kosmischem Äther angefüllt sind.[1]

[1] Die junge wissenschaftliche Vorstellung von einer sogenannten „dunklen Materie“ ist zumindest anregend (d. Hrsg.).

III

Die interessanteste Schlussfolgerung, die aus den vorausgegangenen Überlegungen abgeleitet werden kann, ja, abgeleitet werden sollte, ist die, dass die physischen Erscheinungen aller Dinge und Wesenheiten lediglich vergängliche „Ereignisse", illusorische und flüchtige Episoden auf und in jenem besonderen kosmischen Raum des Sonnensystems sind, den wir unsere physische Welt nennen. Dieses Wissen wird seit alters von der Theosophie gelehrt. Unsere physische Welt besteht tatsächlich hauptsächlich aus „Löchern" oder sogenannten, und zwar fälschlich so genannten, „leeren Räumen" oder ist aus ihnen gewoben. Sie werden nur darum als „leer" angesehen, weil unsere physischen Sinne, wie zum Beispiel die Organe des Sehens und Tastens, dahingehend entwickelt sind, lediglich Gegenstände von physischer Materie wahrzunehmen. Sie sagen uns jedoch nichts von den inneren, unsichtbaren, weil hochgradig ätherischen Welten, Sphären und Reichen, die unter dem Ausdruck „ätherische Räume" oder „leere Räume" zusammengefasst werden.

Wahrscheinlich könnten die sogenannten festen physischen Bauteile, die den substanziellen Teil des physischen Körpers bilden – die Protonen, Elektronen und andere –, wenn sie dicht aneinandergelegt werden, auf ein Volumen, das wenig größer ist als ein Stecknadelkopf, zusammengepresst werden. Hieraus wird sofort ersichtlich, dass, soweit bloßes Volumen oder räumliche Ausdehnung infrage kommen, auch unser physischer Körper in Bezug auf seine Masse tatsächlich wahre Illusion ist. Für uns jedoch ist er sehr wirklich, weil unsere Sinnesorgane in dieser Welt der „massiven" Illusion leben.

Ein Beispiel mag dies verdeutlichen: Ich besteige eine Eisenbahn und setze mich hin. Mein Körper berührt den Sitz und übt allem Anschein nach einen Druck auf ihn aus. Der Sitz ist an dem Gestell des Wagens festgeschraubt, und zwar in dem Holzwerk, das auf dem Metallgestell ruht, das seinerseits auf den Rädern lastet, die über die Stahlschienen laufen. Die Schienen liegen fest auf dem Erdboden, und die Erde ist aus mannigfaltigen Partikeln des Erdbodens, Steinen und Sonstigem, aufgebaut. Doch besteht an keiner Stelle in diesem Bild ein absoluter physischer Kontakt zwischen meinem Körper, dem Sitz, den Schienen und dem Erdboden. Ich berühre den Platz, auf dem ich sitze, nur scheinbar. Tatsächlich berührt ihn kein Partikel meines Körpers: Die Elektronen, aus denen mein Körper besteht, werden von den elektronischen Schwingungen der Atome, aus denen sich der Sitz zusammensetzt, abgestoßen. Der Sitz ist in das Holz des Abteils des Eisenbahnwagens eingeschraubt; diese Schrauben aber berühren das Holz nicht wirklich, obwohl sie es durchbohrt haben. Das Holz wiederum ist an die metallene Karosserie des Wagens angeklammert. Diese aneinandergeklammerten Verbindungen erscheinen uns dicht und fest und unbedingt miteinander in Berührung stehend; faktisch aber berührt nicht ein einziges Partikel dieses Holzes den Stahl. Die stählerne Karosserie ruht auf den Radachsen, doch nicht ein Partikel dieses lastenden Stahls berührt die metallene Substanz der Räder tatsächlich oder befindet sich mit ihnen in absolutem physischen Kontakt. Während die Räder auf den Schienen entlangrollen, berühren sie in Wirklichkeit die Gleise überhaupt nicht; sie rollen auf den Elektronen oder auf dem Äther.

Jedes Partikel des Rades, das die Schiene zu berühren scheint und umgekehrt, besteht aus elektronischen und anderen negativ oder positiv geladenen Partikeln, die sich gegenseitig abstoßen. Ferner wird angenommen, dass die Schienen fest auf der Erde ruhen, doch auch hier trifft die schon angegebene Tatsache zu: Die Schienen befinden sich nicht in absolutem Kontakt mit der Erde. Die Erde selbst besteht aus verschiedenen elektronischen und anderen Stoffen, und doch hat nicht ein einziger mathematischer Punkt irgendeines dieser Materialien absoluten physischen Kontakt mit irgendeinem anderen. Sie alle werden durch abstoßende elektrische Kräfte voneinander getrennt, die den Elektronen, Protonen und anderen, aus denen die Atome aufgebaut sind, innewohnen. Wie illusorisch ist doch die Welt, in der wir leben!

Hieraus ist ein wenig zu ersehen, was „Materie" ist: Sie besteht erstens aus atomaren Kräften oder Schwingungen sowie auch aus dem Ausbalancieren dieser Kräfte untereinander. Zweitens wirkt sie in offenen Räumen, die relativ gesehen ebenso gewaltig groß sind wie diejenigen, die das Sonnensystem und das um unsere physische Erde befindliche Universum bilden. Daher ist „Materie", so wie wir sie wahrnehmen, wirklich eine Illusion, denn erstens sehen wir sie nicht so, wie sie ist, und zweitens, da wir sie nicht so sehen, wie sie ist, bilden wir uns ein, sie sei etwas, was sie nicht ist.

Betrachten wir einmal den Aufbau eines Wasserstoffatoms, des einfachsten der bekannten Atome der Naturwissenschaft. Das Wasserstoffatom besteht aus zwei elektrischen Partikeln, einem positiven, dem Proton, das der Theorie nach die zentrale Sonne des Atoms ist, und aus einem negativen Partikel, dem Elektron, das der atomare „Planet" ist, der mit unvorstellbarer Geschwindigkeit um seinen zentralen Kern oder das Proton herumwirbelt. Es soll einige Billiarden Mal – wie Wissenschaftler vermuten – in der kurzen Zeitspanne einer menschlichen Sekunde in seiner Bahn um seine atomare Sonne kreisen. Was bedeutet nun diese Feststellung? So winzig, so infinitesimal dieses wirbelnde Elektron auch ist, so ist seine Geschwindigkeit doch so groß, dass wir, könnten wir unseren Finger daran halten oder versuchten wir auch nur, das Atom zu berühren, wir einen Widerstand fühlen würden. Dieser entsteht durch die enorme Geschwindigkeit des wirbelnden Elektrons um seine zentrale Sonne. Dadurch bildet sich gewissermaßen eine Spur von etwas Festem, ein Gürtel oder eine Schale, die dann von unseren physischen Sinnen als etwas äußerst Greifbares empfunden werden würde. Wir würden es als „Materie" empfinden, und doch ist diese „Materie" lediglich eine Ladung negativer Elektrizität, mit anderen Worten, Kraft.

Was ist nun Materie? Was ist die materielle Seite unseres Seins? Materie besteht, wie gezeigt wurde, hauptsächlich aus Löchern, aus Hohlräumen, aus „Leere". Daher ist auch offensichtlich, dass bei Betrachtung unseres Sonnensystems dessen größerer Teil als sogenannte Leere oder sogenannter Raum wahrgenommen wird. Die Sonne und die Planeten bilden lediglich einen kleinen Teil des Raumes innerhalb seiner Grenzen, was gemäß der Atomtheorie ebenso auf das Atom zutrifft. Die protonische Sonne und die elektronischen Planeten sind nur ein sehr kleiner Teil des Raumes, den das Atom bildet. Und doch ist die gesamte physische Materie, gleich welcher Art, aus diesen „leeren" Atomen aufgebaut, vom ätherischsten Gas bis zum festesten Metall. Wahrlich, unsere physische Welt ist essenziell eine unreale Welt, eine illusorische Welt.

Eddington gibt in seinem Buch *The Nature of the Physical World* eine bewundernswert formulierte Übersicht über die moderne wissenschaftliche Auffassung von der physischen Materie. Er weist darauf hin, dass von modernsten wissenschaftlichen Spezialisten die „Materie" in Energie-Punkte aufgelöst worden ist, die in einer Leere existieren. Während Eddington so von einem „Leerraum" spricht, der mit sporadisch verstreuten Atomen angefüllt ist, ruft er in ganz seltsamer Weise das ins Gedächtnis zurück, was die alten griechischen Theoretiker der atomistischen Philosophenschule gelehrt haben. Diese Schule soll von Leukippos und Demokrit gegründet worden sein. Sie lehrten, dass die „Ultimata" (letzten Bestandteile) aller Dinge Atome und leerer Raum seien. Ihre Lehren wurden jedoch von den Modernen nie richtig verstanden. Die Alten verstanden unter *τὸ κενόν* („to kenon") – dies sind die griechischen Worte, die meistens mit „Vakuum" oder „Leerraum" übersetzt wurden – nicht das, was darunter in heutiger Zeit verstanden wird: äußerste oder absolute Leere. Sie meinten ein Nichtvorhandensein von Materie, die der Wahrnehmung durch die Sinne des Menschen zugänglich ist. Die tatsächliche Grundlage ihres Wissens war die Existenz eines ätherischen Feldes oder Meeres im Raum – wenn richtig verstanden:

RAUM *an sich* –, das im Vergleich zu der Grobheit der illusorischen physischen Materie die „Leere" genannt wurde.

In modernen Zeiten wurde diese ätherische kosmische Substanz allgemein Äther genannt. Und in der Tat haben die Griechen selbst oft von „aithér" gesprochen, wovon das moderne Wort „Äther" abgeleitet wurde.

Hinsichtlich der Ideenkonfusion in Bezug auf die Natur des Äthers, die sowohl in wissenschaftlichen als auch in philosophischen Kreisen fast universal vorherrscht und auch beim Durchschnittsmenschen vorhanden ist, mag es angebracht sein, folgende Hinweise für das Verständnis des Lesers einzufügen:

Der Äther oder die Äther (Plural) der wissenschaftlichen Spekulation des 19. Jahrhunderts wird heute von vielen nachdenklichen Wissenschaftlern als eine veraltete oder aus der Mode gekommene Idee abgelehnt. Nicht wenige Wissenschaftler fragen ernsthaft, ob es so etwas wie den kosmischen Äther überhaupt gibt. Einige, wie zum Beispiel Eddington, sind geneigt, die Bezeichnungen „Äther" und „Raum" als auswechselbar zu betrachten, und Eddington beginnt nach Art der alten Griechen, „Aether" zu schreiben.

Genau genommen ist es falsch und entbehrt außer der Theorie jeglicher Grundlage, anzunehmen, Raum und Äther seien ein und dasselbe oder identisch. Aus Sicht der Theosophie ist der Äther, kosmisch gesprochen, das Substrat der Manifestation oder der Differenzierung oder mehr deren substanzielles Substrat. Daher ist der Äther quasi mit dem identisch, was in der Alten Weisheit technisch Âkâśa genannt wird oder, was fast das Gleiche ist, Mûlaprakṛiti, die Wurzelnatur oder der Wurzelraum. Nun ist augenfällig, dass in jeder einzelnen kosmischen Hierarchie Mûlaprakṛiti oder Âkâśa – oder ihr Äther – den gesamten Raum einer Hierarchie erfüllt und daher praktisch als identisch mit dem Raum dieser Hierarchie betrachtet wird, da es die Mutter-Substanz der genannten kosmischen Hierarchie ist.

Im Schoße des Grenzenlosen sind diese kosmischen Hierarchien buchstäblich unzählbar und daher zahlenmäßig gesehen unendlich. Demzufolge sind die jeweiligen Äther dieser unberechenbar großen Anzahl kosmischer Hierarchien alle in dem noch unberechenbareren übergroßen RAUM grenzenloser Unendlichkeit enthalten. Dies bedeutet jedoch nicht, dass RAUM eine „unendliche Leere" sei oder ein bloßes räumliches Behältnis, dass RAUM nur ein grenzenloser Behälter sei. Denn das wäre philosophisch ungenau und daher falsch, sowohl als Auffassung als auch in der aus dieser hervorgehenden Schlussfolgerung.

In Wirklichkeit ist RAUM die grenzenlose kosmische Tiefe. Er enthält keine Schranken, ist ohne Anfang und ohne Ende, da er von Ewigkeit zu Ewigkeit *ist*. Die kosmischen Hierarchien hingegen, so, wie sie in ihren zyklisch bedingten Manifestationen erscheinen, bringen durch evolutionäre Emanation aus sich selbst jene Ätherfelder hervor. Die Mannigfaltigkeit ihrer Differenzierung wird durch innere, von kosmischer Intelligenz geleitete Impulse hervorentwickelt und weiter entfaltet.

Der Äther ist also, während er in jedem begrenzten „Teil" des Weltraumes mit dem Raum dieses begrenzten Teiles ko-existiert, ein Erzeugnis in und aus der alles umschließenden räumlichen Tiefe dieser Hierarchie. Und wiederum sind wir gezwungen, aus dem Gesagten die philosophische Schlussfolgerung zu ziehen, dass Raum als Ausdruck praktisch auswechselbar ist mit dem, was Göttlichkeit genannt werden könnte – nicht irgendeine Göttlichkeit, was Beschränkung bedeuten würde, sondern die abstrakte schranken- und zeitlose GÖTTLICHKEIT grenzenloser Dauer und schrankenlosen Seins.

Wenn der „Äther" der Naturwissenschaft, einerlei, ob er akzeptiert oder abgelehnt wird, als „gallertartig" beschrieben wird oder wenn ihm Attribute wie flüssig oder fest beigelegt werden, ist das verständlich. Was Wissenschaftler tatsächlich meinen, wenn sie von Äther sprechen, ist in Wirklichkeit die Wurzelnatur oder Mûlaprakṛiti, die Mutter-Substanz eines jeden kosmischen Planes. Wissenschaftler meinen natürlich den physischen Plan oder die physische Welt, denn dies ist die einzige Welt, über die sie etwas Kenntnis haben. Tatsächlich gibt es eine Mûlaprakṛiti für jede kosmische Hierarchie, einen Äther für jede Hierarchie. Der Äther oder die Äther (Plural) der Naturwissenschaft des 19. Jahrhunderts war oder waren nur der gröbste oder materiellste Bodensatz oder sozusagen das Sediment der ursprünglichen Mûlaprakṛiti des physischen kosmischen Planes.

Dennoch sind Anzeichen intuitiver Wissenschaftler vorhanden, die näher an die ursprüngliche Bedeutung des Äthers heranrücken. Dies wird durch einige interessante Aussagen Eddingtons in seinem Buch *New Pathways in Science* (*Naturwissenschaft auf neuen Bahnen,* 1935) deutlich.

Was der Leser daher hauptsächlich im Sinn behalten sollte, ist, dass jede kosmische Hierarchie nicht nur ihren ursprünglichen, allgemeinen oder kosmischen Äther hat, der ihre Mûlaprakṛiti, ihr Âkâśa oder ihre Muttersubstanz ist. Tatsächlich besitzt jeder der sieben (oder zehn) Pläne einer Hierarchie einen untergeordneten eigenen Äther als seine Wurzelsubstanz oder Wurzelnatur, doch alle diese untergeordneten Äther vermischen sich miteinander.

Die Theosophie lehrt nicht so etwas wie die Existenz einer gänzlich *absoluten Leere,* die offenbar mit der alten theologischen Auffassung des Nichts identisch wäre. Wird diese Auffassung sorgfältig analysiert, ist zu ersehen, dass sie nichts als ein Hirngespinst ist – wie Platon es ausgedrückt haben würde –, eine Illusion des Geistes, der auf sein eigenes Denken reagiert, wenn er sich mit ätherischen Dingen befasst. *Irgendetwas* – was auch immer seine Natur oder sein Wesen sein mag und wie über-ätherisch dieses *Etwas* auch sein mag – muss existieren, um den Raum zu liefern, in dem die verschiedenen elektrischen Partikel, aus denen die Atome bestehen, ihre Position und ihre Funktion haben. Wenn Naturwissenschaftler erst einmal die Existenz unsichtbarer, weil äußerst ätherischer Welten oder Bereiche des Raumes zugäben, würden viele der sie beunruhigenden Trugbilder sogleich verschwinden, weil diese ätherischen Welten, die innerhalb des physischen Universums existieren, als sein Hintergrund und Behälter erkannt werden. Unser physisches Universum bildet davon jedoch nur die äußere Schale, das Gewand oder den Schleier. Der unterste Teil dieser Stufenfolge unsichtbarer Substanz kann ebenso gut mit „Äther“ wie auch mit einem anderen Namen bezeichnet werden, vorausgesetzt, dass der dahinter stehende Gedanke erfasst wurde.

Das Wort „Äther“ ist ein bequemer Ausdruck, obwohl es moderner wissenschaftlicher Spekulation nicht viel sagt, da niemand genau versteht, was damit gemeint ist. Dennoch wird das Wort „Äther“ in einer vagen und verallgemeinernden Weise angewandt, um den Aktionsbereich elektromagnetischer Kräfte zu bezeichnen. Dies ist jedoch eine derart unangemessene Beschränkung, da der Äther nicht als eine natürliche Tatsache akzeptiert wird, auch wenn er als eine einstweilige wissenschaftliche Theorie zur Kenntnis genommen wird.[1]

Der Äther ist jedoch nicht nur Stoff *eines* Grades oder von gleichförmiger Dichte, der nur auf *einem* Plan existiert. Der Äther hat sieben verschiedene Grade, von seinen ätherischsten Teilen gerechnet bis zu seinen dichtesten kurz oberhalb des physischen Bereiches. Seine ätherischsten Teile sind „Âkâśa" oder die hochgradig spirituell-ätherische Substanzenergie. Diese setzt im wahren Sinne des Wortes das zusammen, was allgemein *Raum* oder, etwas ungenauer, räumliche Ausdehnung genannt wird. Es gibt daher viele Grade von Äther.

Hier muss jedoch darauf hingewiesen werden, dass die im obigen Text beschriebene Art und Weise, die Beziehung zwischen Âkâśa und Materie darzustellen, streng genommen ungenau ist und nur zu Zwecken leichterer Anschaulichkeit angewandt wurde. Tatsächlich ist Âkâśa die unbegrenzte „Substanz" oder das spirituelle Substrat allen manifestierten Seins. Was „Stoff" in allen seinen mannigfaltigen Formen genannt wird, sind sozusagen lediglich die niedrigsten oder die schwersten Bodensätze von Âkâśa. So ist Âkâśa auch nur eine andere Bezeichnung für das, was in der speziellen theosophischen Ausdrucksweise auch Mûlaprakṛiti – Wurzelnatur – genannt wird. Aus Âkâśa treten alle Wesen hervor in die Manifestation. Sie treten heraus aus den grenzenlosen Gefilden von Âkâśa in seinen Myriaden Graden der Spiritualität, der Ätherhaftigkeit oder der Stofflichkeit. In Âkâśa kehren alle Wesen zu ihren verschieden langen Perioden der Ruhe oder Erholung zurück, nur um aufs Neue von dort wieder hervorzugehen, wenn der Zyklus der Manifestation wieder ein neues Lebensdrama eröffnet, sei dieser kosmisch, solar oder planetarisch.

---

[1] Bis zum Beginn des 20. Jahrhunderts war der Äther Bestandteil zahlreicher Theorien zum Aufbau der Materie und der Ausbreitung elektromagnetischer Wellen. Unter anderem durch das Michelson-Morley-Experiment konnte Äther experimentell nicht nachgewiesen werden. Heutige physikalische Theorien verzichten auf das Konzept des Äthers (d. Hrsg.).

Der sogenannte Äther, der die Erde umgibt und der kosmisch in seiner Ausdehnung ist, mag als Beispiel dienen: Im Äther badet gleichsam jedes Molekül, ja, jedes Lebensatom unseres Körpers, jedes Molekül von allem, was existiert; jedes Elektron und Proton eines jeden Atoms wie in einem grenzenlosen Ozean. Dieser „Äther" erscheint uns als zart, dünn, ätherisch, und doch ist er gemäß modernen wissenschaftlichen Theorien unvergleichlich dichter als die dichteste uns bekannte „physische" Substanz. Das ist offensichtlich so, denn durchdringt und durchspült er nicht alles? Er durchdringt und durchflutet unsere schwerste physische Materie wie Wasser einen Schwamm, da unsere physische Materie hauptsächlich aus Hohlräumen, „Löchern", „Leere" besteht.

Der britische Wissenschaftler Sir J. J. Thomson[1] hat seinerzeit die Schlussfolgerung gezogen, dass die Dichte des Äthers „zwei Milliarden Mal die des Bleies" betrage. Das ist die Eigenart dieses unbegreiflichen super-gasartigen Gebildes, das Äther genannt wird, der sich überall befindet und alles durchdringt. Blei ist eines der dichtesten physischen Metalle, und doch soll gemäß dieser Hypothese der alles durchdringende Äther zwei Milliarden Mal dichter sein.

Die Worte „dicht", „Dichte", „dünn" oder „ätherisch" sollten generell nicht zu buchstäblich genommen werden. Darauf muss geachtet werden, wenn sie in diesem, dem folgenden Kapitel und möglicherweise an anderen Stellen angewandt werden, in denen auf die variierenden Stufen der Festigkeit der Materie oder Substanz Bezug genommen wird. Dieser Hinweis wird aus dem Grunde gegeben, weil es außerordentlich schwierig ist, in einer modernen europäischen Sprache adäquate oder ausreichend subtile Ausdrücke zu finden, um genau das wiederzugeben, was sich in den Graden oder Stufen der Natur an essenzieller Substanz oder Materie befindet.

Ein Beispiel mag diesen Hinweis erläutern: Es gibt vielleicht kein Wort, das mit so geringer Präzision in sinngebender Definition angewandt wird

---

[1] Joseph John Thomson (1856 – 1940): britischer Physiker, Entdecker des Elektrons (d. Hrsg.).

wie das Wort Äther. In dem Bestreben, die verschiedenen Stufen oder Grade der Substanz oder Materie genau zu differenzieren, werden in der Theosophie Adjektive benutzt wie „dicht", „dünn", „ätherisch" und „essenziell". Doch trotz der Andeutung wird die eigentliche Bedeutung des Äthers nur schwach übermittelt.

Auch Naturwissenschaftler haben den Ausdruck „Äther", der früher so allgemein angewandt wurde, niemals exakt verstanden. Es gab immer einen mehr oder weniger unscharfen oder vagen Grenzbereich der Bedeutung dieses so nützlichen Ausdrucks.

Die Schwierigkeit der exakten Deutung ist vom Standpunkt der Theosophie aus um ein Tausendfaches größer, und zwar aus dem einfachen Grunde: Es gibt „Äther" (Plural) oder Substanzen in dünnen und ätherischen Bedingungen und Zuständen, die sich „über" der physischen Materie befinden. Desgleichen gibt es aber auch „Äther" in unterschiedlich dichten oder kompakten Zuständen und Bedingungen, die „niedriger" und weitaus gröber als die physische Materie sind. Dennoch ist der allgemein angewandte Ausdruck „Äther", eben weil er so bequem ist, brauchbar und vielsagend. Er ist anwendbar sowohl „oberhalb" als auch „unterhalb" jenes Querschnittes der Natur, dem Plan unserer physischen Sphäre.

Doch auch dies bietet keine hinreichende Erklärung für die Schwierigkeit der Deutung des Äthers. Die unteren „Äther" sind gröber als die physische Sphäre. Auch wenn sie teils sehr viel dichter und kompakter sind als die physische Materie, durchdringen sie diese dennoch. Sie füllen sozusagen alle ihre Löcher aus, weil die physische Materie diese „Löcher" – oder intermolekularen, interatomaren und interelektronischen Räume oder „Hohlräume" – besitzt. Insbesondere diese „Löcher" oder „Hohlräume" sind es, die nicht nur mit den unter-physischen „Äthern" angefüllt sind, sondern tatsächlich diese unter-physischen Äther *sind.* Die dichtesten, kompaktesten und gröbsten physischen Stoffe, wie zum Beispiel Blei oder Gold, sind von diesen Äthern durchdrungen, und alle ihre interatomaren Räume sind mit ihnen angefüllt. Diese Äther können aufgrund der Analogie entweder „dicht" oder „dünn" genannt werden, je nachdem, von welcher Seite aus sie betrachtet werden.

Die unter-physischen „Äther" sind für unseren Sinnesapparat, zum Beispiel den des Tastsinns, weit außerhalb seiner Wahrnehmung. Dadurch erscheinen sie uns, da wir nicht imstande sind, sie direkt zu berühren, außerordentlich dünn oder zart. Ebenso sind unsere Finger nicht imstande, die Luft zu „berühren" oder sie zu greifen, und doch ist die atmosphärische Luft ein verhältnismäßig „dichtes" Gas. Aus diesen Gründen kann der gleiche Äther, in Abhängigkeit vom gerade eingenommenen Standpunkt, als „dünn" oder „dicht" beschrieben werden, je nach Betrachtung der Situation.

Als treffende Beispiele in dieser Hinsicht mögen Bewusstsein, Geist-Stoff und Denken dienen. Sie sind derart fein und subtil, zart und ätherisch, dass Philosophie und Religion seit undenklichen Zeiten sie kosmisch gesehen als Essenz allen Daseins betrachtet haben. Sie durchdringen und durchspülen alles, liegen allem zugrunde und sind inhärent in allem enthalten. Diese Betrachtungsweise ist völlig berechtigt, denn abstrakt gesehen ist sie durchaus zutreffend. Doch insbesondere hier sollte ebenfalls bedacht werden, dass, wenn kosmischer Geist oder Bewusstsein so alldurchdringend und die Essenz von allem ist, diese Essenz feiner, subtiler und unendlich kleiner sein muss als die kompakteste, dichteste, verhärtetste Wesenheit, die sich unsere Imagination bildlich vorstellen kann. Obgleich sie essenziell und kosmisch so fein ist, zwingt uns doch die bloße Logik hinzuzufügen, dass kosmischer Geist oder Bewusstsein unendlich dichter ist als selbst der Äther der modernen Naturwissenschaft, der gemäß Thomson zwei Milliarden Mal dichter ist als Blei.

Mit anderen Worten: Kosmisches Bewusstsein ist kosmische Kraft, und Kraft und Stoff sind im Grunde genommen identisch. Diese Kraft ist „dichter" und „kompakter" als die dichteste Materie, und doch ist sie unvorstellbar „dünner" und „ätherischer", und zwar gerade deshalb, weil sie beides ist.

Aufgrund dieses warnenden Hinweises hofft der Verfasser, dass dem Leser keine Angaben als Widerspruch erscheinen oder er in Verwirrung über Aussagen gerät, die in diesem Werk über den „Äther" oder seine „Dichte" gemacht werden sowie über die „Dünnheit" der Substanz und des Stoffes.

Schließlich sei noch darauf hingewiesen, dass diese Schwierigkeit auch die große philosophische Bedeutung der Lehre von „Mâyâ" oder „Mahâmâyâ" veranschaulicht – der großen Illusion, ob kosmisch oder irdisch. Sie umfasst einen sehr wichtigen Teil archaischer Aussagen der Theosophie.

Das gesamte uns umgebende Universum ist in allen seinen Manifestationsphasen, den hohen und den niedrigen, für uns Menschen essenziell mâyâvisch oder illusorisch. Das bedeutet jedoch nicht, dass das Universum an sich überhaupt nicht existiert, das wäre eine absurde Vermutung. Vielmehr liegt die Bedeutung von Mâyâ darin, dass wir trotz unserer Wahrnehmungen und unserer Intelligenz nicht „das Ding an sich" erkennen.

Die niedrigsten Teile des Äthers sind tatsächlich wesentlich dichter als unsere dichtesten Metalle, sodass unsere physische Welt nicht das „Materiellste" im Universum ist. Es gibt Pläne oder Grade von weitaus dichterer Substanz-Materie als der der unseren. Ebenso gibt es Pläne und Grade, deren Substanz-Materie unvergleichlich ätherischer und feiner ist als die der physischen. Jener unvergleichlich ätherischere und feinere Teil ist das, was wir „Geist" nennen; und der andere, weit dichtere und gröbere Teil ist absolute „Materie". Dieser gesamte Bereich, der den Geist bis zum gröbsten Stoff enthält, ist gemäß der Theosophie die siebenfache Stufenfolge des âkâśischen Hintergrundes des Universums – unseres Universums. Der gesamte Kosmos, das kosmische Universum, ist einerseits aus ungeheuren Bereichen ätherischer Substanz und ätherischen Wesenheiten zusammengesetzt, andererseits ebenfalls aus ungeheuren Reihen materieller Grade der Substanzen und Wesenheiten. Und in dem Teil, den wir unser Sonnensystem nennen, in dem wir leben, weben und sind, existieren der Mensch sowie alle anderen Wesenheiten und haben ihr Sein in ihm. Jede dieser sich überall befindenden Einheiten oder Wesenheiten verkörpert mit ihrer eigenen Essenz einen Funken von etwas unendlich Erhabenerem. Dieses „Etwas" kann das *göttliche zentrale Feuer* der *Bewusstsein-Leben-Substanz* genannt werden. Es verkörpert nicht nur diesen Funken im Kern seines Wesens in sich, sondern dieser Funke ist in Wirklichkeit die eigene ursprüngliche Essenz der als Einheit verstandenen Wesenheit. Aus diesem Grunde ist die

Einheit Mensch in ihrer Essenz universal, denn diese Essenz befindet sich in untrennbarer, identischer Einheit mit dem soeben erwähnten universalen göttlichen Feuer.

Die in jeder derartigen Erklärung angewandten Worte sind zwar notgedrungen mehr oder weniger Metaphern, doch während sie Metaphern oder wortgetreue Symbole sind, stellen sie nichtsdestoweniger exakte Realitäten dar. Mit wachsendem Verstehen dieser Realitäten gelangen wir dazu, in ständig zunehmendem Maße den tieferen Sinn der inhärenten Weisheit zu erfassen, der in allen großen alten Religionen und Philosophien enthalten ist. Die Reichweite des in ihnen enthaltenen Gedankengutes basierte auf der grundlegenden Lehre von der fundamentalen Identität des unendlichen Universums und allem, was aus ihm hervorgeht.

IV

Der bekannte englische Physiker Sir Oliver Lodge[1], der in mancher Beziehung berechtigterweise auch Philosoph genannt wird, äußerte seine Meinung über die Natur und den Ursprung sogenannter „Materie". Was er an dieser Stelle sagt, ist in mancher Hinsicht der theosophischen Tradition so nahe verwandt, dass es wert ist, hier angeführt zu werden.[2]

Sir Oliver schreibt:

> [...] die Materie müsste sich gewissermaßen aus einem unmodifizierten Raumäther, dem ursprünglichen Sitz aller Energien im Universum, herauskristallisieren. Gemäß dieser

1 Oliver Lodge (1851 – 1940): englischer Physiker. Er entdeckte die elektromagnetische Strahlung mithilfe eines von ihm entwickelten Detektors (d. Hrsg.).

2 Aus: *My Philosophy*, 1933, S. 24.

> Vorstellung wird die Materie zum sinnlich wahrnehmbaren Teil des Äthers – dem einzigen Teil, der auf unsere Sinnesorgane einwirkt und der somit der einzige Teil ist, der uns unbestreitbar *bekannt* ist [...]
>
> Wir können die physischen Vorgänge zurückverfolgen, soweit es uns möglich ist, jedoch nicht unbegrenzt. Früher oder später gelangen wir zu etwas, das nicht physisch ist und das mehr Analogie mit unserem Geist als mit unserem Körper hat und das wir zuweilen idealistisch und manchmal spirituell nennen.

Der Studierende fühlt sich möglicherweise zu einem nachdrücklichen Einwand gegen die Vorstellung genötigt, die in dem Wort „unmodifiziert" enthalten ist. Der springende Punkt ist, dass der „Äther der Naturwissenschaft", über den Lodge hier schreibt, weit davon entfernt ist, „unmodifiziert" zu sein. Vielmehr ist er bereits in jedem möglichen Sinn des Wortes sehr modifiziert oder abgeändert im Vergleich zu dem uranfänglichen spirituellen Weltenstoff, auch Mûlaprakṛiti oder Âkâśa genannt. Der Äther der Naturwissenschaft ist so weit modifiziert, dass er nur um *einen* Grad weniger materiell, das heißt dünner ist als unsere physische Materie. Denn der Äther der Naturwissenschaft ist in Wirklichkeit der Bodensatz von Âkâśa. Die physische Materie kann daher zu Recht als der aggregierte, konsolidierte Bodensatz betrachtet werden.

Leider kann man dem eminenten englischen Physiker nicht immer in allen seinen wissenschaftlichen Schlussfolgerungen und philosophisch-wissenschaftlichen Ideen folgen. Das nachfolgende Zitat enthält sehr viel Zutreffendes, doch kann es nicht in dem Sinne angenommen werden, in dem es ausgesprochen wurde.

Sir Oliver Lodge schreibt:

> Ich wage es, die möglicherweise absurde Vorhersage zu machen, dass man das Leben als etwas ansehen wird, das durch Vermittlung des Raumäthers auf die Materie einwirkt, dass es von der Materie dargestellt und nicht erzeugt wird und

dass es in einem sinnlich nicht wahrnehmbaren Zustand getrennt von seiner materiellen Manifestation existieren kann.

Auf die Vorstellung Lodges, dass „das Leben etwas sei, das durch Vermittlung des Raumäthers auf die Materie einwirkt", muss folgender Kommentar gegeben werden: Dies ist nicht nur im Hinblick auf die neuesten Aussagen einer Anzahl ebenso großer, wenn nicht noch bedeutenderer Wissenschaftler als Lodge unwissenschaftlich. Seine Aussage kann nicht exakt richtig sein aufgrund des offensichtlichen Unterschiedes, der zwischen Leben und „Materie" gemacht wird, als seien es Manifestationen von vermutlich gänzlich unterschiedlichem Typ oder Charakter. Ferner trifft die Aussage auch aus dem einfachen Grunde nicht zu, weil Kraft und Stoff oder Geist und Substanz fundamental *eins* sind und ausdrücklich nicht fundamental zwei. Diese unglückliche Scheidung von Leben und Materie oder von Kraft und Stoff ist es, die nicht nur in vergangenen Jahren in wissenschaftlichen Kreisen, sondern auch in vergangenen Jahrhunderten sowie noch heute in religiösen Kreisen eine derartige intellektuelle Verheerung angerichtet hat. Es scheint keinen möglichen oder wirklich stichhaltigen Grund für die radikale Unterscheidung oder Trennung von Geist und Materie zu geben außer der unglückseligen Annahme, Leben müsse seiner Essenz nach etwas von Stoff oder Kraft Verschiedenes sein, obwohl Kraft und Stoff doch nur unterschiedliche Manifestationen sind, die der einen universalen Realität zugrunde liegen.

Wahrscheinlich kann nicht genügend betont werden, wie äußerst wichtig es ist, dass wir uns von der alten abendländischen religiösen Idee oder Vorstellung lösen, die seit Descartes'[1] Zeiten auch wissenschaftlich angenommen wurde. Sie besagt, dass Leben und Bewusstsein, vermutlich gleicherweise auch Kraft, voneinander getrennt sind und sich ihrem Wesen nach essenziell von der Materie, der Substanz, unterscheiden. Dieser radikale Dualismus im europäischen Denken ist die äußerst produktive Mutter geistiger und wissenschaftlicher

1 René Descartes (1596 – 1650): französischer Philosoph und Naturwissenschaftler (d. Hrsg.).

Verwirrung und Täuschung und der sich aus ihr ergebenden Abirrung von der Wahrheit gewesen. Mehr als irgendeine andere einzelne Ursache in vergangenen Zeitaltern ist der Dualismus in dieser Richtung wirksam gewesen ist. Seit der Zeit des Niedergangs des Römischen Reiches ist er augenscheinlich ein grundlegendes Postulat abendländischer Theologie gewesen. Doch die volle Verantwortung für den Einfluss, den diese gänzlich irrtümliche Auffassung auf das Denken der meisten Wissenschaftler ausübte, ist Descartes' Schriften und Ideen zuzuweisen.

Der radikale Trennungsstrich, den Descartes zwischen den beiden Seiten der Natur zog und der die Grundidee des Kartesianismus ist, hat das wissenschaftliche Denken von seiner Zeit an bis zum Beginn des zwanzigsten Jahrhunderts fast ohne Widerspruch beherrscht. Etwa um das Jahr 1900 setzte die wesentlich richtigere Erkenntnis von der fundamentalen, substanziellen oder essenziellen Einheit der „Materie" mit allen Formen der „Energie" ein. Es kann auch gesagt werden: von Substanz und Kraft – den physischen Reflexionen des kosmischen Pradhâna und Brahman auf unserem Plan, das bedeutet von kosmischer Wurzelnatur und ihrem sie belebenden und fortwährenden, gleichzeitig existierenden kosmischen Geist (mind).

Die Theosophie hat die Trennung dieses untrennbaren Paares von Geist und Materie immer als völlig unnatürlich und somit der Natur widersprechend abgelehnt, denn sie sind ihrer Essenz nach EINS. In unserer Illusion erscheinen sie in unserem Universum jedoch aufgrund ihres unaufhörlichen Ineinanderwirkens und ihrer formenbildenden Prozesse als Zweiheit, als die zwei Aspekte oder Schleier der einen fundamentalen Realität.

Soweit es Leben betrifft, das *„durch die Vermittlung des Raumäthers"* auf die Materie einwirkt, ist gegen diese Aussage grundsätzlich nichts einzuwenden. Es würde der Wahrheit jedoch mehr entsprechen zu sagen, das Leben wirke durch jenen Teil der Äther – man beachte den Plural – des Raumes, die intra-atomar und hyper-intra-atomar sind, das heißt die Äther innerhalb des Inneren der Substanz und der

Struktur des Atoms. Diese so aggregierten Äther sind das Gleiche wie die „Äther des Raumes". Hieraus geht hervor, dass es tatsächlich viele Äther und nicht nur einen gibt, und in der Tat gibt es so viele Äther, wie es „Substanzen" gibt. Folgendes kann noch hinzugefügt werden: Obwohl in einer allgemeinen Weise gesagt wurde, dass die Äther des Raumes die gleichen seien wie die aggregierten intra-atomaren Äther, so geschah dies nicht nur, um klarer verstanden zu werden, sondern weil der hyper-intra-atomare Äther in Wirklichkeit dünner und ätherischer ist als der unterste Teil des interstellaren Äthers oder, genauer gesagt, als der niedrigste interplanetarische Äther unseres Sonnensystems.

Tatsächlich gibt es Äther (Plural) in Äthern. Unser *Geist* (mind) nimmt sie wahr, während er mehr und mehr in das abgrundtiefe Innere der Räume der atomaren Struktur eintaucht – während *wir* ständig weiter in die Bereiche atomarer Substanz und Energie vordringen. Die uns bekannte physische Materie ist von diesen Äthern durchtränkt, besonders von den niedrigsten, ähnlich wie das Wasser einen Schwamm durchdringt und durchtränkt. Daher kann dieser bildhafte Ausdruck angewandt und gesagt werden, dass unsere Materie schwammähnlich, relativ „voller Löcher" ist und dass der Äther – selbst der niederste Äther – im Vergleich mit unserer Materie außerordentlich fein ist.

Leben ist daher sowohl von Kraft oder Energie als auch von Materie nicht trennbar, da es die kausale Substanz beider ist. Beide sind fundamental eins – denn das Leben ist in Wirklichkeit die tatsächliche und universale Quelle beider, der Kraft oder Energie und der Materie. In seinen unbegreiflich mannigfaltigen Tätigkeiten kann Leben zwecks leichterer Anschaulichkeit die kausale Energie des Kosmos genannt werden, die unendlich „energetischer" ist als „Energie" selbst.

Dass Leben „von der Materie dargestellt und nicht erzeugt" wird, ist natürlich eine bewundernswert wahre Feststellung. Die Materie stellt das Leben nur dar, manifestiert es und beweist es auf diese Weise, aber sie „erschafft“ es nicht, was mit allem Nachdruck gesagt werden muss.

Wenn Sir Oliver Lodge sagt, dass „Leben in sinnlich nicht wahrnehmbarer Form ganz unabhängig von seiner materiellen Manifestation bestehen kann“, so muss dieser Feststellung Beifall gezollt werden, da sie fraglos richtig ist. Doch soll hiermit keineswegs der Ansicht zugestimmt werden, dass sich Leben essenziell von der Materie unterscheidet und selbst keine materielle Manifestation hat, denn das ist nicht der Fall. Zwischen reiner Kraft oder Energie und der groben physischen Welt muss es verbindende Grade oder Stufen von Kraft-Substanz geben. So ist es ganz offensichtlich, dass reine Kraft oder Energie ebenso wenig auf reine Materie einwirken kann, wie Hitze und Elektrizität ohne Zwischenglieder von Maschinen oder Motoren die Verbindung effektiv herzustellen vermögen. Dampf kann nicht für Arbeitsvorgänge benutzt werden, wenn nicht ein geeigneter Mechanismus zur Verfügung steht, der die Energie überhitzten Wassers zum Einsatz bringt. Damit sich Gegenstände bewegen, muss also, wie deutlich wurde, die Materie, aus der sie zusammengesetzt sind, „energetisiert“ werden. In Bezug auf Menschen oder Tiere sagen wir, sie haben „Leben“, sind „belebte“ Wesenheiten. Was aber füllt den Abgrund zwischen der groben physischen Materie und der nicht greifbaren Kraft oder Energie, die sie bewegt? Tatsächlich gibt es eine weitreichende Skala von an Materialität abnehmenden Substanz-Kräften zwischen grober Materie und reiner Energie. Jede Sprosse dieser Leiter, jedes Stadium oder jede ihrer Stufen wird in der theosophischen Terminologie ein „Plan“ genannt. Diese Pläne liefern die Verbindungsleiter zwischen reiner Kraft oder Energie auf der einen Seite und grober physischer Substanz oder Materie auf der anderen.

Substanzen existieren daher in den verschiedensten Graden der Feinheit oder Ätherhaftigkeit, der Festigkeit oder Dichte. Es gibt jedoch Leben *an sich,* das sich in den Individuen als ein vitales Fluidum manifestiert und das jeweils zu einem entsprechenden Grad, einer Stufe oder einem Plan materieller Manifestation gehört. Diese vitalen Fluida können in ihrer aggregierten Form das Universale Leben genannt werden, das sich auf jedem einzelnen Plan in zweckdienlicher Form manifestiert und daher durch die verschiedenen Substanzen dieses Planes in Funktion tritt.

Dies ist jedoch nur eine andere Art und Weise der Beschreibung, dass das Universum mit Wesenheiten angefüllt ist, die für uns aufgrund ihres hohen Evolutionszustandes Götter oder hochspirituelle Wesenheiten sind – man mag sie nennen, wie man will. *Unter* diesen „Göttern" existieren Multimyriaden Wesenheiten, die auf den verschiedensten Stufen evolutionären Wachstums stehen, und außerdem gibt es jene Wesenheiten, die den Göttern im evolutionären Wachstum voraus sind. Im Unendlichen ist es nicht möglich, in irgendeiner Richtung Schranken oder Grenzen zu setzen, denn das würde eine Verletzung des fundamentalen Prinzips der Natur und somit der Theosophie bedeuten.

V

Richten wir unsere Augen bei Nacht, wenn sie nicht mehr durch den Glanz unseres Tagesgestirns geblendet sind, aufwärts und erblicken die verstreuten funkelnden Welten, so sehen wir auch „leere Räume", wie sie volkstümlich genannt werden, in denen sich diese funkelnden Welten befinden. Doch dieser interstellare „Äther" kann auch als „offener Raum" bezeichnet werden, denn tatsächlich gibt es nirgendwo wirkliche Leere. Was „offener Raum" oder „kosmischer Äther" genannt wird, ist lediglich jenes Aggregat, jene riesige, unbegreiflich große Zusammensetzung von unsichtbaren Welten und Substanzen, Kräften und Energien, die unser unvollkommener physischer optischer Sinn nicht wahrnehmen kann.

Wenden wir uns der anderen Richtung, den infinitesimalen Räumen des Atoms und des intra-atomaren Äthers zu, so sehen wir dieselben natürlichen Prinzipien der Elemente und der Form auch dort in Tätigkeit. In diesen infinitesimalen Räumen ist das physische Atom mehr oder weniger genau nach dem Modell unseres physischen Universums aufgebaut – denn jedes Atom besteht hauptsächlich aus offenen Räumen. Doch können wir die funkelnden elektronischen Sterne nicht durch unser Sehvermögen aufblitzen sehen – elektrische Energiepunkte, die Elektronen und andere.

Was aber ist mit unserem Universum, unserem Heimatuniversum gemeint, das nur eines unter vielen Universen ist? Denn genau genommen gibt es eine fast unendliche Anzahl solcher Universen. Gemeint ist die Galaxie, die Milchstraße: alles, was innerhalb der sie umspannenden Zone jenes weitgeschwungenen Gürtels von Tausenden Millionen Sternen enthalten ist, unter denen unsere eigene Sonne ein relativ unbedeutendes Glied ist. Die Astronomen beschreiben die Milchstraße mehr oder weniger als ein abgeflachtes, linsenförmiges Sternensystem. Die physische Ausdehnung dieses galaktischen Aggregats stellarer Körper soll so enorm sein, dass das Licht, das in einer menschlichen Sekunde etwa 300 000 km zurücklegt, 300 000 Jahre[1] benötigen würde, um von einem Ende der Galaxie entlang des Durchmessers zum anderen Ende zu gelangen – mit anderen Worten, durch eine Ebene, die ihren mittleren Teil durchschneidet. Ferner wird angenommen, sie habe eine Dicke von etwa 10 000 Lichtjahren.

Diese interessanten Schätzungen wurden um 1933 gemacht und die beschriebene Gestalt der Galaxie in der Regel den Astronomen der letzten Generation zugeschrieben. Doch Theorien ändern sich, besonders in der Forschung.

---

[1] Heute wird der Durchmesser der Milchstraße auf 170 000 bis 200 000 Lichtjahre geschätzt (d. Hrsg.).

Augenfällig ist jedoch, dass eine galaktische Gestalt, Form oder Sternenansammlung ein ziemlich spätes Stadium in der Geschichte einer Galaxie wie der unseren darstellt. Folglich müssen ihr andere, abweichende Formen vorausgegangen sein. So führen Astronomen die verschiedenen Formen galaktischer Evolution oder der Sternenansammlung nun auf das zurück, was sie für eine Urform im kosmischen Raum halten, für eine ungeheuer große und langsam rotierende Masse außerordentlich feinen kosmischen Gases. Die Theosophie teilt diese Vorstellung in einem gewissen Ausmaß. Sie weist jedoch auf die Tatsache hin, dass das bloße Verfolgen der sich verändernden Struktur oder Form einer Galaxie, wenn auch interessant genug, doch wenig oder nichts über die kausalen Faktoren in der galaktischen Evolution aussagt. Diese Faktoren sind von spirituellem, intellektuellem und physischem Charakter. Die Galaxie ist gleich jeder anderen Wesenheit im Universum ein Individuum, das aus kleineren Individuen aufgebaut ist. Diese die Galaxie zusammensetzenden kleineren Individuen, die innerhalb der sie umgebenden Lebenssphäre des großen Individuums eingeschlossen sind, bilden ein hierarchisches System mit einem eigenen spirituell-intellektuell-psychischen „Swabhâva" oder seiner Individualität.

Die galaktischen Räume, die ihrerseits klein sind, wenn sie mit noch gewaltigeren kosmischen Verhältnissen verglichen werden, haben nichtsdestoweniger für den normalen menschlichen Verstand eine fast unvorstellbare Ausdehnung. Sie weisen eindeutig darauf hin, dass das gesamte galaktische System nur eines von vielen ähnlichen kosmischen Einheiten ist, die über die grenzenlosen Gefilde des Raumes verstreut sind. Selbst unsere Galaxie ist daher lediglich ein Körper von vergleichsweise geringer molekularer Ausdehnung. Relativ gesprochen herrscht dasselbe System ungeheurer, mit Atomen übersäter offener Räume in den infinitesimalen Welten vor, wie ebenso in den Atomen mit ihren Räumen, in denen elektrische Punkte, die Elektronen, leben und so fort.

In dieser großartigen und sehr anschaulichen Vorstellung sind die Grundsätze der Theosophie enthalten. Sie besagen, dass sich die Natur – in der weitesten Bedeutung des Wortes – in ihrer Struktur überall wiederholt und allenthalben exakt nach analogen Grundsätzen aufgebaut und wirksam ist. „Wie oben, so unten; wie unten, so oben."

Emerson sagt auf so schöne Weise:

> Zwischen Atom und Atom gähnen Fernen
> wie zwischen Mond und Erde oder Stern und Sternen.
>
> *Fragments on Nature and Life*

Woher empfing Emerson diese Idee zu einer Zeit, als die modernsten wissenschaftlichen Lehren und Vorstellungen in Bezug auf die Konstitution der Materie und ihre atomare Struktur noch unbekannt waren – wenn nicht durch die Inspiration seines inneren Selbstes?

Die winzigen glitzernden Pünktchen einiger Sonnen, die wir in einer klaren Nacht zu erkennen vermögen – sind tatsächlich kosmische Atome. Ihre glanzvolle Herrlichkeit können sie uns aufgrund unseres unvollkommenen Gesichtssinnes lediglich als funkelnde Lichtpünktchen verkünden. Denn was sind diese Sonnen in Wirklichkeit? Einige sind „Zwerge", andere aber „Riesen" oder gar „Titanen", was ihr Ausmaß anbelangt. Doch selbst diese titanischen Sonnen würden für Wesen, die nach einem bedeutend größeren Muster als dem unseren konstruiert sind, sehr klein, vielleicht mikroskopisch klein sein. Bedeutend größer hingegen, als uns diese enormen Sonnen erscheinen, würden jene Wesen erscheinen, denen wir zu Recht infinitesimale Dimensionen zuschreiben.

Unsere Sonne kann aufgrund ihrer physischen Ausmaße, verglichen mit anderen Sonnen, die größer sind als sie, als Zwergsonne bezeichnet werden. Ihr Durchmesser soll 538 418 km betragen.[1] Auch sie ist ihrer Art nach ein kosmisches Atom, und ähnlich jedem Atom von infinitesimaler Größe ist auch unsere Sonne von ihrem eigenen

---

[1] Zahlen von 1935.

spirituell-psychischen „Lebensatom“ oder ihrer Monade von stellarem Charakter beseelt. Wenden wir jetzt unseren Blick auf eine Gigantensonne, zum Beispiel auf den Stern Arktur. Diese Sonne ist wirklich ein Gigant von ca. 13 Millionen km Durchmesser, ein Gigant im Vergleich mit dem Durchmesser unserer Sonne von 538 418 km. Doch dieser Sternengigant Arktur ist ein Kindlein im Vergleich mit Beteigeuze, dessen Durchmesser mehr als zehnmal so groß ist und auf 134 Millionen km berechnet wurde. Praktisch würde Beteigeuze, als Beispiel genommen, die Bahn des Mars in unserem Sonnensystem ausfüllen, wenn wir ihn dorthin versetzen könnten. Im Vergleich damit würde uns unsere Sonne, wenn wir sie im richtigen Maßstab aufzeichnen, wenig größer als eine Nadelspitze erscheinen, und Beteigeuze müsste als ein 250-mal so großer Kreis dargestellt werden. Doch was ist Beteigeuze an Größe im Vergleich zu dem Titanenstern Antares mit einem Durchmesser von ca. 249 Millionen km – das sehr viel mehr ist, als erforderlich wäre, um die gesamte Marsbahn auszufüllen. Antares hat einen Durchmesser, der auf das 450-fache von dem unserer Sonne berechnet wurde.[1]

Was sind nun diese Sonnen? Jede Sonne ist ein kosmisches Atom, Teil eines riesengroßen kosmischen Körpers, in dem sie eingefügt ist, lebt und webt und ihr Dasein hat. Darin unterscheidet sie sich nicht von den Atomen unseres physischen Körpers, die innerhalb unseres Körpers leben und dazu beitragen, den Stoff zu bilden, aus dem er gemacht ist. Doch jedes, sei es Sonne oder Atom, ist selbst ein lebendes Wesen, der Erbauer und Geber allen Lebens an die von seiner Existenz abhängigen geringeren Leben.

Dies ist ein Aspekt oder eine Phase der „Relativität“, die gemäß der Theosophie auf den Grundprinzipien der Natur basiert. Sie umfasst

---

[1] Zahlen von 1935. 2019 sind folgende Sterndurchmesser bekannt: Sonne: 1,4 Millionen km; Arktur: 35 Millionen km; Beteigeuze: 1,2 – 1,6 Milliarden km; Antares: 1,2 Milliarden km. Nach diesen Werten ist der Durchmesser sowohl von Antares als auch von Beteigeuze größer als der der Jupiterbahn (d. Hrsg.).

ungeheure Bereiche philosophischen Denkens, ja, sie schließt den gesamten Bereich der universalen oder kosmischen Natur in sich ein. Die Relativitätstheorie Einsteins ist nur ein mathematischer, quasiphilosophischer Umriss. Sie ist der Versuch, das Bestreben, ein mehr oder weniger blindes Tasten nach der archaischen Überlieferung, die Zeitalter um Zeitalter von den großen Weisen der Vergangenheit in religiöser, philosophischer und wissenschaftlicher Forschungsarbeit bis zu ihren äußersten logischen Grenzen vorangetrieben wurde. Dieser Aspekt der archaischen Grundsätze ist eine Phase des Grundsatzes von „Mâyâ". Das Wort *Mâyâ* ist ein alter philosophischer Sanskṛitausdruck, der im Allgemeinen mit „Illusion" übersetzt wird. Er bedeutet, kurz und einfach erklärt, dass wir Menschen das Universum nicht so sehen, wie es tatsächlich ist, wir nehmen es nur so wahr, wie unsere Sinne es uns wiedergeben. Ferner bedeutet Mâyâ, dass es eine fundamentale und ewige Realität – oder Realitäten – hinter den Erscheinungen gibt. Von ihr sind das gesamte phänomenale Universum oder die phänomenalen Universen nur vergängliche Ausdrucksformen, so langandauernd sie nach menschlichen Zeitmaßstäben auch sein mögen. Sie müssen daher unter dem Gesichtspunkt relativer Beziehungen genau studiert werden oder so, als seien sie Verwandte, relativ miteinander verwandt. Dennoch bringt sich jedes Universum durch die innewohnende fundamentale *Realität* in differenzierten Aspekten ihrer Erscheinungen zum Ausdruck.

In der Vedânta-Philosophie Hindustans wird die Vorstellung sowohl von der kosmischen als auch von der individuellen Illusion ebenfalls *Mâyâ* genannt. Auch hier ist die Bedeutung, dass das Universum, so wie wir es sehen, eine illusorische Darbietung ist oder, mit anderen Worten, dass wir es nicht so sehen, wie es tatsächlich *ist.* Mâyâ ist ein grundlegender Begriff im gesamten archaischen orientalischen Denken. Sie war dem Nahen Osten bekannt wie auch den Philosophen der Mittelmeervölker – jedenfalls als eine vernünftige Idee –, und sie ist eine fundamentale Aussage der Theosophie. Modernste Wissenschaftler beginnen heute mehr oder weniger das Gleiche zu sagen –

zumindest indirekt aufgrund von Schlussfolgerungen und geschickt ausgearbeiteten Deduktionen.

Der hauptsächliche Stein des Anstoßes auf dem Weg zur Annahme dieser großartigen Erkenntnis ist für Philosophen und Denker Europas in der Vergangenheit die Überzeugung gewesen, dass das physische Universum gewisse Absoluta enthalte, wie zum Beispiel Raum und Zeit. Ihrer Ansicht nach seien Raum und Zeit sowie Materie *an sich* „reale Dinge". Aufgrund irgendeiner hinter allem stehenden unbekannten, von ihnen so genannten „absoluten Ursache" arbeiten Raum, Zeit und Materie zusammen und bringen auf diese Weise das Universum so hervor, wie unsere unvollkommenen Sinne glauben, dass es sei.

Der Leser und Studierende mag sich womöglich wundern, dass im Verlauf des vorliegenden Werkes wenig oder nichts über eine Theorie der modernsten Naturwissenschaft gesagt wurde, deren Popularität in einem gewissen Ansehen zu stehen scheint: über die Theorie „eines sich ausdehnenden Universums" oder, was noch ungemein bizarrer ist, die Vorstellung von dem „sich ausdehnenden Raum".

Der Grund hierfür ist, dass der Verfasser dieses Buches ihr nicht genügend Bedeutung beigemessen hat, um ihr einen *locus standi* (ein Recht, gehört zu werden) in einem Werk zu geben, das von archaischer Weisheit handelt. Dennoch ist die Theorie aufgrund ihrer Eigenart seltsam interessant als Beispiel für die Art und Weise, in der naturwissenschaftliche Mathematiker sowohl scharfsinnig denken als auch, sich dessen unbewusst, versteckt und schwer verständlich metaphysisch werden. In einer Art ist dies ein außerordentlich gutes Zeichen unserer Zeit – vorausgesetzt, man hält sich immer vor Augen, dass diese spekulativen Theorien oder theoretischen Spekulationen eben Theorien sind und keine Tatsachen, die der Natur inhärent sind. Dennoch wird stets der energische Anspruch erhoben, moderne metaphysische wissenschaftliche Spekulation basiere allein auf Beobachtungstatsachen. Diese Behauptung entbehrt aber offensichtlich jeglicher Grundlage. Die Mathematik an sich kann grundsätzlich nichts beweisen, obgleich sie eine der feinsten und subtilsten Methoden der Schlussfolgerung ist, die der Mensch besitzt; sie gibt dem Mathematiker exakt das zurück, was er in sie hineinlegt. Die

Mathematik liefert somit durch korrekte Schlussfolgerung Antworten in Bezug auf das, was zuvor als Prämissen oder Postulate aufgestellt wurde.

Interessant ist zu beobachten, wie sich einige Mathematik-Theoretiker dennoch derart vehement auf ihre Theorien stützen. Naturwissenschaft soll sich auf koordiniertes, auf Beobachtung von Tatsachen basierendes Wissen berufen, aus denen Theorien oder Hypothesen abgeleitet und geboren werden. Viele Naturwissenschaftler meinen jedoch, dass, wenn sie eine Theorie öffentlich aussprechen, diese das Verstehen und die Deduktionen leiten sollte, die aus den Beobachtungstatsachen abgeleitet werden. Dies ist wirklich eine seltsame Logik. Es kann keine wissenschaftliche Theorie ohne Beobachtungstatsachen geben; die Theorie wird aus den beobachteten Tatsachen geboren. Doch nach obiger Ansicht muss die aus den Tatsachen geborene Theorie gedreht und gewendet werden, um zu entscheiden, ob die Beobachtungen mit der Wahrheit übereinstimmen – ein augenscheinlich seltsamer Denkfehler, der einen Zirkelschluss enthält. Dem Theoretiker fällt in solchen Fällen der ganze Vorteil zu, und zwar vom Anfang bis zum Ende seines Denkens, und die arme Mutter Natur kann sehen, wo sie bleibt.

Ziemlich die gleiche Verwirrung in hoch-metaphysischen Denk„kunststücken" scheint die Idee von dem sogenannten „sich ausdehnenden Universum" hervorgebracht zu haben oder, was noch schlimmer ist, die Vorstellung von dem „sich ausdehnenden Raum". Der Verfasser dieses Werkes spricht ohne Gewähr vonseiten der großen Vertreter der modernen Naturwissenschaft; doch wie er die Sachlage versteht, ist die wichtigste Beobachtung, die die Geburt der Theorie eines „sich ausdehnenden Universums" zuwege gebracht hat, die Verschiebung gewisser Linien im Spektrum von weit entfernten stellaren oder galaktischen astronomischen Objekten zum Rot hin. Dies wird der Dopplereffekt genannt. Er besagt, dass eine Verschiebung zum violetten Ende des Spektrums hin vor sich geht, wenn sich uns ein entferntes astronomisches Objekt nähert, und umgekehrt, wenn das entfernte Himmelsobjekt von uns zurückweicht, die Verschiebung der Spektrallinien zum Rot hin erfolgt. Dies entspricht der Wirklichkeit, jedoch ist es, vorsichtig ausgedrückt, riskant anzunehmen, dass, je weiter ein Himmelskörper von uns entfernt ist, er desto schneller von uns zurückweicht, da die beobachtete Verschiebung der Spektrallinien zum Rot hin umso größer ist, je weiter der Himmelskörper entfernt ist. Hieraus können durchaus weitere Schlüsse gezogen werden, sowohl theoretisch als auch hypothetisch, indem andere Ursachen vorliegen können, die diese Verschiebung bewirken.

Die sogenannte „Konstante" der Lichtgeschwindigkeit[1] im Vakuum ist einer der Punkte im heutigen wissenschaftlichen Glaubensbekenntnis. Mit einiger Zuversicht kann jedoch behauptet werden, dass die Zukunft zeigen wird, dass das Licht stark beeinflusst wird, wenn es durch die gewaltigen Entfernungen interstellaren Raumes hindurchgeht und auf seinem Weg auf den dünnen und feinen interstellaren Äther trifft. Es stellt sich die Frage: Kann das Licht seinerseits eine Verzögerung erleiden, während es durch die unbegreiflich immensen Entfernungen intergalaktischen Raumes eilt? – Warum nicht? Die Geschwindigkeit des Lichtes als unveränderlich zu betrachten, das heißt als eine universale Konstante, mag für allgemeine astronomische Zwecke genügen. Der Verfasser dieses Buches ist sich jedoch sicher, dass die Lichtgeschwindigkeit nicht eine solche unveränderliche universale Konstante ist, wie gemutmaßt wird. Die Verlagerung zum roten Ende des Spektrums hin mag daher auf eine Veränderung im Licht selbst zurückzuführen sein, und zwar entweder aufgrund einer Verringerung der Geschwindigkeit oder möglicherweise wegen einer bisher unbekannten Tatsache der Absorption. Folglich wird die Vermutung ausgesprochen, dass irgendwann in der Zukunft eine Änderung in der gegenwärtigen Lichttheorie eintreten wird. Es werden sich entweder eine der angedeuteten Ursachen oder beide oder etwas Ähnliches in der Zukunft als wahr erweisen.

Das Zurückweichen der Galaxien des „äußeren Raumes" soll mit einer Geschwindigkeit vor sich gehen, die genau proportional zur Entfer-

---

[1] Die Physik sieht die Lichtgeschwindigkeit im Vakuum als konstant an. Nach der Relativitätstheorie können Masseteilchen nur eine Geschwindigkeit unterhalb der Lichtgeschwindigkeit erreichen. Photonen, welche keine Masse tragen, bewegen sich mit Lichtgeschwindigkeit. Inzwischen sind quantenphysikalische Effekte bekannt, die Geschwindigkeiten oberhalb der Lichtgeschwindigkeit aufweisen. Beim Tunneln von Photonen und bei nach dem Einstein-Podolsky-Rosen-Effekt verschränkten Teilchen wurden Überlichtgeschwindigkeiten gemessen. Jedoch sieht die Physik dies nicht als einen Widerspruch zu den Aussagen der Relativitätstheorie, da mit diesen Effekten durchgeführte Informationsübertragungen unterhalb der Lichtgeschwindigkeit blieben (d. Hrsg.).

nung der Galaxien von uns ist. So wird aufgrund dieser seltsamen modernen Theorie also angenommen, dass eine 120 Millionen Lichtjahre von uns entfernte Galaxie mit einer Geschwindigkeit von 19 300 km in der Sekunde zurückweicht. Angenommen, dieser Gedanke wird fortgesetzt, so müsste dieser wunderlichen Theorie zufolge bei einer Entfernung von zwei Milliarden Lichtjahren eine Galaxie vorzufinden sein, die mit 320 000 km in der Sekunde zurückweicht. Diese Geschwindigkeit ist ein gut Teil größer als die Geschwindigkeit des Lichtes selbst, von der angenommen wird, sie sei eine Konstante und das Maximum an möglicher Geschwindigkeit in unserem Universum der Relativitäten gemäß der modernen Relativitätstheorie. Doch wie steht es damit?

Hier werden die wissenschaftlichen „Reserven" an die Front geschickt, und zwar in Form der berühmten Einstein'schen Theorie vom endlichen Raum, der über ein gewisses Maß hinaus keine Ausdehnung mehr haben kann. Indem Einstein so – immer gemäß seiner Theorie – das Universum endlich macht oder es begrenzt, ist es theoretisch offensichtlich so, dass das Licht nicht weit abschweifen kann. Dies zu sagen ist zumindest bequem!

Doch selbst diese „Reserven", die der Fruchtbarkeit der Einstein'schen Imagination zu verdanken sind, scheinen sich in ungreifbarem Nebel – oder in Mystifikation – aufzulösen. Selbst Einstein – ein wirklich großer wissenschaftlicher Geist (mind) – ist sich nicht mehr sicher, ob der „Raum" „endlich" ist oder ob er nicht doch unendlich sein könnte. Auch die Theorie, die die Lichtgeschwindigkeit als unveränderliche kosmische Konstante darstellt, hat einige schwere Schläge bekommen (vgl. den Bericht des französischen Naturwissenschaftlers Dr. P. Salet von der französischen Akademie der Wissenschaften und die letzten Messungen der Lichtgeschwindigkeit, die 1933 in Pasadena, Kalifornien, durchgeführt wurden). Da sich die Theorie vom mutmaßlich sich ausdehnenden Universum besonders auf eine wichtige Beobachtungstatsache stützt, nämlich auf die Verschiebung des von entfernten galaktischen Universen empfangenen Lichtes zum roten Ende des Spektrums hin, und da die Lichtgeschwindigkeit als invariante Konstante jetzt infrage gestellt wird, so ruht die Theorie von einem „sich ausdehnenden Universum" oder, was noch fataler ist, von einem „sich ausdehnenden Raum" offensichtlich auf schwankendsten Grundlagen.

So kommt es, dass eine Theorie aufgestellt wird, um eine andere zu stützen: Auf Beobachtung beruhende Tatsachen werden in das Prokrustesbett der Theorien eingezwängt, die aus ihrem eigenen Schoß geboren wurden. So kehren wir zum Ausgang unserer Überlegung zurück und befinden uns – ebenso wie bei Einsteins „Krümmung des Raumes" – wieder dort, von wo wir ausgegangen sind. Der Autor dieses Buches zieht es jedoch vor anzunehmen, dass die Theorie über die Lichtgeschwindigkeit als eine Konstante oder Unveränderliche nur eine interessante Theorie ist, dass aber das Licht gleich allem Übrigen im Universum relativ ist, und zwar ziemlich genau im Sinne der Relativitätstheorie Einsteins. Die Lichtgeschwindigkeit ist daher keine absolute oder universale und unveränderliche Konstante, sondern das Licht ist in seinen Beziehungen zu anderen Objekten der Veränderung oder Veränderungen unterworfen.

Ferner darf nicht vergessen werden, dass die sogenannten „Beobachtungstatsachen", auf denen die Theorie von dem „sich ausdehnenden Universum" begründet ist, zwar Tatsachen sind, aber Tatsachen, von denen Schlussfolgerungen abgeleitet wurden, um metaphysische mathematische Theorien zu bilden. Zweifellos wird die Zeit zeigen, dass diese Theorien in mehr als einer Hinsicht irrig sind. Möglicherweise gerade deshalb – weil die ganze Idee so spekulativ und theoretisch ist – reagieren naturwissenschaftliche Mathematiker sehr überempfindlich, wenn ihre Ideen „metaphysisch" genannt werden, denn in der Philosophie würde eine schwankende Metaphysik dieser Art kurzerhand aus dem Felde geschlagen werden.

Der Verfasser dieses Werkes legt die vorhergehenden Beobachtungen in der Hoffnung dar, dass die Beweisführung verstanden wird. Er hofft ebenso, dass es für einen Laien nicht als anmaßend betrachtet wird, die „geistgeborenen" (mind-born) Kinder wissenschaftlicher Fachleute zu kritisieren. Man mag es leugnen oder zurückweisen, jedoch nimmt die Zahl der Vertreter in den wissenschaftlichen Lagern, die mit jedem dahingehenden Jahr immer mystischer werden, ständig zu. Es stimmt, dass moderne wissenschaftliche mathematische Spekulation völlig durchsetzt ist mit einem modernen Mystizismus, der im Geist der Mathematiker selbst entstanden ist. Der gegenwärtige Schreiber ist sich wohl bewusst, wie sehr Worte wie „Mystizismus" und „mystisch" besonders bei jenen unbeliebt sind, die am ehesten geneigt sind, sich darauf zu verlassen. Ein seltsamer Widerspruch in der menschlichen Psychologie!

VI

Zur Abrundung der philosophischen, wissenschaftlichen und anderen Überlegungen, die den Hauptgegenstand des vorliegenden Kapitels ausmachen, können in summarischer Weise noch diese abschließenden Gedanken hinzugefügt werden: Die Tendenz des modernen naturwissenschaftlichen Denkens scheint eine stete und fortgesetzte Annäherung, ein Heranrücken an gewisse fundamentale, essenzielle Postulate oder Axiome der Theosophie zu sein. Die Erkenntnis – die jetzt voranzukommen scheint –, dass das gesamte physische Universum letzten Endes von ausgesprochen illusorischem Charakter ist, soweit rein menschliche Begriffe reichen, ist typisch für den Gehalt theosophischer Aussagen, die über das Physische hinausgehen. Die Götter allein wissen, wie weit diese Vorstellung intuitive Wissenschaftler unserer Tage hinter die Schleier der Natur führen wird, wenn sie diese ehrlich bis in ferne Bereiche verfolgen, ungeachtet des Ungewohnten neuer Denkregionen, in die sie hineingelangen.

Eine ebenfalls sehr richtige und einleuchtende Vorstellung, die einige Wissenschaftler heute von der Natur der letzten oder uranfänglichen Ursache und von der Essenz der Dinge haben, ist, sie der Substanz, den Funktionen und den Tätigkeiten des kosmischen Geistes (Cosmic Mind) zuzuschreiben. Man hat so tatsächlich allen Grund, sich zu fragen, wie weit diese Überzeugung die wissenschaftliche Welt nun bringen wird. Das Universum erscheint als Illusion, und die Substanz des Universums geht aus dem kosmischen Geist hervor und wird daher von dessen Attributen und Qualitäten beherrscht. Allein an diesen beiden begrifflichen Postulaten ist ein relativ vollständiges Niederreißen der Schranken zu erkennen, das durch die mühsamen Arbeiten und Deduktionen der Vertreter der Wissenschaft zuwege gebracht wurde. Diese Schranken haben die Grenzwissenschaft bisher von der Naturwissenschaft getrennt und ließen Letztere so abgeneigt sein, dass sie die Existenz der Ersteren als nichts anderes betrachten konnte als das Fantasiegebilde merkwürdiger Leute.

Kapitel 2

Mit der Wissenschaft hinter die Schleier der Natur – II

Eines der wichtigsten Axiome und eine der fundamentalen Aussagen der Theosophie ist die, dass das Universum und alles in ihm Enthaltene – Großes, Kleines und alles, was dazwischen liegt – in und auf BEWUSSTSEIN aufgebaut ist. Es wird sowohl von innen nach außen als auch von außen nach innen von BEWUSSTSEIN geleitet. Die Eigenschaften, Attribute oder charakteristischen Merkmale des Bewusstseins schließen zudem auch jene anderen Phasen kosmischen Seins mit ein, die in der Theosophie mit *Leben, Geist* und *Substanz* bezeichnet werden. Doch es darf nicht vergessen werden, dass der Ausdruck „Bewusstsein", wird er auf das Universum angewandt, lediglich eine Verallgemeinerung, eine Abstraktion ist. Es ist ebenso richtig und unvergleichlich genauer, weil anschaulicher, von einem kosmischen Universum zu sprechen, das von *Bewusstheiten* erfüllt ist, die in strukturell geordneten Hierarchien vorhanden sind; einzeln betrachtet sind sie unendlich an der Zahl.

Diese Bewusstheiten existieren oder befinden sich in praktisch unzählbaren Graden, Stufen oder Stadien evolutionärer Entwicklung und sind strukturell in hierarchischen Familien angeordnet. So kommt es, dass alles im Universum, wenn es als individueller Ausdruck einer innewohnenden und sich zum Selbstausdruck bringenden *Monade* betrachtet wird, nicht nur ein Punkt oder ein individualisiertes Atom des Grenzenlosen ist, sondern in seiner innersten Essenz, philosophisch gesehen, als mit dem Universum identisch betrachtet werden muss.

Jeder Raum, der unendlich kleine wie der kosmische, ist vollständig mit Kräften und Substanzen der allerverschiedensten Grade oder Stadien der Stofflichkeit, der Ätherhaftigkeit und der Spiritualität angefüllt. Derartige relativ physische Kraft-Substanzen wie Elektrizität und Licht können als wesentliche Beispiele oder passende Hinweise dafür angeführt werden, denn was sind Elektrizität und Licht, ja auch alle anderen Kraft-Substanzen tatsächlich? Sie sind ohne Ausnahme Emanationen aus Wesenheiten von kosmischer Größe: *Emanationen* – das Wort sei des Nachdrucks halber wiederholt –, mit anderen Worten: Das Grenzenlose ist voll von kosmischen Wesenheiten, von denen jede ihr eigenes Universum hat, das als ihr individueller „Träger" oder „Übermittler" fungiert. Die vitalen Kräfte oder Energien sind in jeder dieser kosmischen Wesenheiten identisch; es sind die Kräfte, Energien und Substanzen, die dieses Universum erfüllen. Da sie substanziell von der Natur des Bewusstseins sind, lenken, führen und beherrschen sie es. Tatsächlich sind sie jener innere und ewige Drang, der hinter all dem äußeren Schein oder den äußeren phänomenalen Erscheinungen wirkt.

Da sich dies in Bezug auf eine kosmische Wesenheit so verhält, verhält es sich ebenso auch in Bezug auf das physische Atom. Im Atom wie im Kosmos gelten dieselben Regeln, dieselben Prinzipien, dieselben Energien, dieselben Substanzen und dieselben strukturellen Tätigkeiten, denn beide, Atom und Kosmos, sind für immer untrennbare Teile des grenzenlosen Alls. Sie reflektieren oder spiegeln daher, ein jedes seiner Kraft und Fähigkeit entsprechend, die spirituellen Urkräfte wider, die das Grenzenlose enthält. Somit werden Kosmos und Atome, innere und unsichtbare sowie äußere und sichtbare Welten, Pläne und Sphären als kosmisches Ganzes betrachtet. Sie sind nicht nur die Schleier und Gewänder des kosmischen *Lebens,* sondern die *Ausdrucksformen* des kosmischen Lebens selbst.

Hier stellt sich die Frage, ob Bewusstsein etwas anderes als Kraft oder Energie ist? Nein, Bewusstsein oder Geist ist sowohl die Wurzel als auch der Brennpunkt von Kraft oder Energie – die wahre Seele von Kraft und Energie. Weil dies so ist, ist Bewusstsein substanziell, wenn auch nicht „Materie“ in dem Sinn, wie „Materie“ allgemein verstanden wird. Unser gröbster physischer Stoff ist nur die Konkretion schlafender oder schlummernder Bewusstseinszentren oder *Monaden.* Mit anderen Worten, Stoff oder Materie ist lediglich ein riesengroßes Aggregat psycho-magnetischer Bewusstseinszentren, die sich sozusagen im schlafenden oder schlummernden Zustand befinden. Wenn sie zu kinetischer Bewegung erwachen, oder anders gesagt, wenn sie zu individueller Tätigkeit erwachen, beginnen diese „schlafenden“ Monaden, die um uns her existieren und die Materie bilden, wieder ihre entsprechenden individuellen evolutionären Wanderungen aufwärts, zur Freiheit des *Geistes* hin, der reinen Bewusstsein-Kraft. Von hier aus sind sie ursprünglich, zu Anbeginn der Dinge, in die Materie „gefallen“ – um die Redeweise der Alten zu benutzen –, die somit ihre eigene kollektive Konkretion ist.

Dieser letzte Hinweis liefert den Schlüssel für ein klares Verständnis dessen, was die Naturkräfte *an sich* wirklich sind. Sie sind essenziell kosmische Wesenheiten, die sich in fluidischer Energieform manifestieren, und diese fluidische Form oder Aktivität ist das, was wir Menschen als Naturkräfte wahrnehmen. Sie sind, mit anderen Worten und genauer ausgedrückt, die Emanationen oder Ausströmungen des kollektiven oder aggregierten kosmischen Bewusstseins.

Gravitation, Elektrizität, Magnetismus, Wärme, chemische Affinität und Licht können als Beispiele genommen werden, denn sie sind die kosmischen Kräfte, die am häufigsten der menschlichen Beobachtung unterliegen. Sie alle sind Kräfte, das heißt Emanationen oder Ausströmungen aus einer individuellen Quelle, und diese Quelle selbst ist eine der kosmischen Wesenheiten, mit denen der Raum erfüllt ist. Diese Wesenheiten müssen letzten Endes ihrerseits auf Ausströmungen oder Emanationen aus dem allgemeinen oder universalen kosmischen Bewusstsein als ihrem Ursprung zurückverfolgt werden. Als Kräfte sind sie gleicherweise substanziell, da Stoff und Kraft fundamental oder essenziell eins sind. In derselben Weise sind

Geist oder Bewusstsein und essenzielle Substanz ebenfalls dem Wesen nach und fundamental eins. Jede Art Kraft oder Energie oder jede Manifestation derselben wie Gravitation, Elektrizität, Magnetismus, Wärme, chemische Affinität und Licht – was es auch immer sei – ist ebenso sehr Substanz wie Energie. Daher ist sie essenziell ebenfalls Bewusstsein, das sich als Bewusstheiten zum Ausdruck bringt.

Gemäß der Theosophie sind Wärme und Licht, wie schon gesagt wurde, substanziell, weil sie Kräfte sind. Es darf die Voraussage gewagt werden, dass dies die Naturwissenschaft der Zukunft eines Tages als Tatsache ansehen wird, so wie Einstein und Andere in Bezug auf Gravitation wahrheitsgemäß zeigen, dass sie fundamental dasselbe ist wie kosmischer Elektromagnetismus. Da Wärme und Licht Kräfte sind, die sich als Energien manifestieren, tragen sie dieselben essenziellen Faktoren und Qualitäten in sich, die auch die menschliche Wesenheit in sich trägt, obgleich sich Wärme und Licht nicht so zum Ausdruck bringen, wie es die essenziellen Qualitäten und Faktoren im Menschen tun. Diese aggregierten Faktoren und Qualitäten müssen als Bewusstsein zusammengefasst werden. Dennoch sind die verschiedenen Naturkräfte – die Gravitation mag als ein passendes Beispiel dienen – nicht *an sich* (diese wichtige Unterscheidung ist bitte sorgfältig zu beachten!) jede einzelne ein Bewusstsein. Jede einzelne derartige Kraft ist vielmehr die Manifestation oder der Selbst-Ausdruck eines kosmischen Bewusstseins oder einer kosmischen Wesenheit. Es ist die Emanation, das vitale Fluidum einer dahinterstehenden lebendigen, bewussten kosmischen Wesenheit, die sich als Phänomen der Gravitation zum Ausdruck bringt.

So sind die Naturkräfte die vitalen Fluida, sozusagen die im Kosmos wirksamen Nerven-Energien spiritueller Wesen, denen diese vitale Elektrizität oder Nerven-Energie entströmt und denen diese vitale Elektrizität innewohnt. Sie schaffen und wirken auf ihren Umläufen um das vehikulare Dasein der spirituellen Wesenheit, die sie auf diese Weise emanierend gebiert. Oder anders ausgedrückt: Jede kosmische

Kraft ist der Ausfluss des charakteristischen vitalen Fluidums aus einer kosmischen Wesenheit, und zwar von dem besonderen Grad, der zu den niedrigsten kosmischen Körperteilen dieser Wesenheit gehört.

Es bedarf keiner Worte und ist die logische Konsequenz, dass diese vitale Kraft oder kosmische elektrische Energie durch das Denken und Wollen der kosmischen Wesenheiten, aus denen sie in emanierenden aufeinanderfolgenden Gruppen ausströmt, geleitet wird. Sie ist ihnen inhärent, auch wenn sie uns Menschen als Automatismus erscheint; und eine jede Einheit dieser Gruppen ist das, was die eine oder andere Naturkraft genannt wird. Bei diesem Bild muss man sich auch vergegenwärtigen, dass die kosmischen Wesenheiten an sich eine ineinandergreifende und ineinander verwobene Hierarchie erhabener spiritueller Intelligenzen bilden. Da ihre individuellen oder jeweiligen Swabhâvas oder Charakteristika nahe verwandt sind, arbeiten sie gemeinsam an der Erzeugung der Gesamtheit der kosmischen Phänomene oder Operationen, die allgemein unter dem einen Wort *Natur* zusammengefasst werden.

Die menschliche Nerven-Aura, der menschliche Magnetismus, illustriert diesen Punkt vielleicht im Kleinen, da sie selbst in derartig abgeleiteten Phänomenen wie der Blutzirkulation und den Verdauungsfunktionen des menschlichen Körpers wirksam ist. Keine dieser Funktionen des menschlichen Körpers ist, für sich allein betrachtet, der physische Mensch. In ihrem Aggregat bilden sie in Verbindung mit dem Skelett des Körpers den physischen Menschen; doch sind sie *an sich* Funktionen, die durch das Zusammenwirken der Emanationen aus des Menschen vitaler Essenz zustande kommen. Auf diese Weise machen sie das tätige organische System des Körpers aus und stammen letztlich von dem wirklichen Menschen aus Bewusstsein und Denken. Diese Tätigkeiten und Funktionen, die dazu führen, den physischen Körper aufzubauen und „in Gang zu halten", emanieren aus dem Menschen selbst durch das Medium seines ihn durchdringenden Bewusstseins und durch die Vermittlung seines Willens.

Der Wille wirkt mehr oder weniger automatisch im physischen Körper – möglicherweise zu unserem Glück in dem gegenwärtigen Zustand unvollkommener moralischer Entwicklung. Nichtsdestoweniger sind die willentlich ausgeführten Tätigkeiten teils bewusst, teils unbewusst im Körper tätig, in letzterem Fall ebenso automatisch wie die Naturkräfte, die – allerdings in makrokosmischem Maßstab – in dem uns umgebenden Universum wirken.

I

In der Tat sind Geist und Substanz essenziell eins. Kraft und Materie – ihre physischen Ausdrucksformen – sind daher essenziell ebenfalls eins, da auch sie lediglich unterschiedliche Grade oder Stufen der Ätherhaftigkeit oder Stofflichkeit der zugrunde liegenden und fundamentalen Essenz sind. Diese Essenz ist, kosmisch gesprochen, die Quelle der Dinge, die Quelle oder der Ursprung sowohl der im himmlischen Äther schwimmenden Planeten als auch der groben physischen Materie unter unseren Füßen, die unserem Mutterplaneten Terra angehört. Kurz gesagt, die kosmische Essenz ist der Ursprung von allem und natürlich auch der Ursprung des Menschen, der in seinem Innern ein geistiges Wesen ist, ein inhärenter und untrennbarer Teil von ihr. Die Kräfte der Natur sind daher die Substanzen der Natur in ätherisch-fluidischer Form. An der Wurzel oder dem Ursprung beider befindet sich reine spirituelle Kraft-Substanz, was dasselbe ist wie Bewusstsein-Verstand. Da diese *äquivalenten* Faktoren im Menschen existieren oder vielmehr *sind,* existieren sie auch im Universum, denn der Teil, der Mensch, enthält nur das, was das Ganze, das Universum, enthält. Wäre es anders, würden wir der widersinnigen Absurdität gegenüberstehen, dass ein verhältnismäßig unendlich kleiner Teil des kosmischen Ganzen etwas enthält, das dem Ganzen fehlt – und das ist unmöglich.

Die Feststellung der Theosophie, dass es so etwas wie Gravitation *an sich* nicht gibt, bedeutet, dass die einst so populäre wissenschaftliche Deutung der Gravitation keine Realität besitzt. Bedeutet diese Feststellung, dass eine der offensichtlichen Tatsachen in der Natur geleugnet wird? Ganz gewiss nicht. Die Theosophie, als großartiges Netzwerk von Philosophie-Religion-Wissenschaft betrachtet, basiert gänzlich auf der universalen Natur und nahezu völlig auf der spirituellen Natur. Denn die uns bekannte physische Natur ist lediglich die äußere Schale ungeheuer großer Hierarchien unsichtbaren und kausalen Charakters, die sich, soweit es ihnen möglich ist, durch diesen physischen sie umhüllenden Schleier oder Körper zum Ausdruck bringen. Abstand genommen wird von der Gravitation nur im Hinblick auf den technischen Ausdruck. Er schließt Ideen in sich, die der älteren Naturwissenschaft angehören, und verkörpert daher eine bestimmte, bisher orthodoxe wissenschaftliche Deutung. Geleugnet wird lediglich, dass diese Deutung der Naturtatsache, die unter die Bezeichnung „Gravitation“ fällt, eine zutreffende Erklärung ist. Es wird behauptet (und in diesem Punkt stimmen wir mit Sir Isaac Newton[1] überein, der als Erster für die abendländische Welt ein Gesetz für die Schwerkraft formuliert hat), dass die fundamentale Ursache der Gravitation noch nicht entdeckt worden ist und es sich essenziell um eine spirituelle Kraft oder Macht handelt.

Hier wird auf Aussagen Bezug genommen, die Newton in bestimmten Briefen an Bentley gemacht hat. Von früheren wissenschaftlichen Schriftstellern wurden sie jedoch stets gänzlich ignoriert, obwohl sie richtig sind. Die Briefe schrieb Newton in den Jahren 1692 – 93 an Richard Bentley. Newton brachte unter anderem seine starke Ablehnung der Idee zum Ausdruck, dass Gravitation eine der Materie inhärente oder eingeborene Eigenschaft sei. Ebenso äußerte er seine Abneigung in Bezug auf die Vorstellung der *actio in distans,* der Fernwirkung ohne ein vermittelndes Medium oder vermittelnde Medien, seien sie aktiv oder passiv.

---

1 Isaac Newton (1643 – 1727) entwickelte zeitgleich mit Leibniz die Differenzial- und Integralrechnung. Er fand Gesetzmäßigkeiten zur Bewegung der Materie und beschrieb die Wirkung der Gravitation (d. Hrsg.).

In seinem an Bentley gerichteten Brief vom 17. Januar 1692/93 drückt Newton sich folgendermaßen in Bezug auf die Natur der Gravitation aus: „Sie reden manchmal von der Gravitation, als sei sie essenziell und inhärent in der Materie vorhanden. Schreiben Sie bitte diese Auffassung nicht mir zu, denn ich maße mir nicht an, die Ursache der Gravitation zu kennen, und ich möchte mir darum noch mehr Zeit nehmen, darüber nachzudenken."

In einem anderen Brief an Bentley, der in derselben Zeitspanne zwischen 1692 und 1693 geschrieben wurde, drückte sich Newton folgendermaßen aus: „Es ist unvorstellbar, dass unbeseelte, rohe Materie ohne Vermittlung von etwas anderem, das nicht materiell ist, auf andere Materie ohne gegenseitigen Kontakt einwirken oder sie beeinflussen könnte, was der Fall sein müsste, wenn Gravitation im Sinne Epikurs in ihr essenziell und inhärent vorhanden wäre. Dies ist ein Grund, warum ich wünschte, dass Sie die Idee von der inhärenten Gravitation nicht mir zuschrieben. Dass Schwerkraft der Materie innewohnend, in ihr inhärent und essenziell vorhanden sein soll, sodass ein Körper auf einen entfernten anderen durch ein Vakuum hindurch wirken sollte ohne Vermittlung irgendeiner anderen Sache, vermittels derer und durch die seine Tätigkeit und seine Kraft vom einen zum anderen übertragen werden könnte, ist für mich eine so große Absurdität, dass ich glaube, kein Mensch mit kompetenter Denkfähigkeit auf philosophischen Gebieten kann ihr je verfallen. Die Gravitation muss durch ein Agens verursacht werden, das ständig nach bestimmten Gesetzen wirkt; ob aber dieses Agens materiell oder immateriell ist, das habe ich der Erwägung meiner Leser überlassen."

Aus dem ersten Satz dieses zweiten Zitates geht sehr deutlich hervor, dass Newton selbst ohne Zweifel an etwas, „das nicht materiell ist", als Agens oder Medium festhielt, das die Tätigkeit der Schwerkraft verursacht und beherrscht – obwohl der letzte Satz den Wunsch zu enthalten scheint, seine wahre Meinung zu verbergen, möglicherweise aus Abneigung, der Tätigkeit der Anziehungskraft immaterielles oder spirituelles Wirken zuzuschreiben.

Obgleich Newton in vielen Beziehungen ein Schüler der alten griechischen Philosophen war, lehnte er doch fraglos die irrtümliche, auf missverstandene exoterische Aussagen der Alten gegründete Meinung ab, dass Demokrit und Epikur zufällige und gesetzlose Aktion und Reaktion toter, gefühlloser Atome in einem völlig leeren Raum gelehrt hätten. Es wurde schon gezeigt, dass die wirkliche Bedeutung, die Demokrit und Epikur sowie ihre Schüler der Bezeichnung „Atom", das heißt „Individuum", beilegten, die eines *Jîva* oder einer *Monade* war, wie es in der Theosophie genannt wird. Es blieb der materialistischen Schule moderner wissenschaftlicher Denker aus Newtons Tagen überlassen, in Bezug auf die Natur der Gravitation den Weg einzuschlagen, den Newton selbst verworfen hatte, wie aus dem zweiten Brief an Bentley hervorgeht, aus dem oben zitiert wurde.

Ich denke, dass Empedokles letzten Endes nicht so unrecht hatte mit seiner Lehre von kosmischer „Liebe" und kosmischem „Hass", zwei Naturprinzipien, die sowohl im Universum als auch in und unter den atomaren Individuen wirksam sind, aus denen sich das Universum zusammensetzt. Ob diese „Liebe" und dieser „Hass" jetzt mit anderen Namen benannt werden, die modernen Ohren vertrauter sind, wie zum Beispiel Anziehung und Abstoßung, ist von keinerlei Bedeutung. Hier kommt es darauf an, dass beide Manifestationen der vitalen Kraft oder Energie unsichtbarer kosmischer Wesenheiten sind, die sich auf unterschiedlichen Graden oder Stufen evolutionärer Entwicklung befinden. Dieser vitale magnetische Ausfluss hängt genau von der Menge der entsprechenden Emanationen und der Entfernung ab, die zwei oder mehr Individuen voneinander trennt, die so in gegenseitige Aktion oder Reaktion verwickelt sind. Diese Behauptung erinnert stark an Newtons Gravitationsgesetz, nach dem die Gravitation gemäß den entsprechenden Massen zweier oder mehrerer Körper wirkt und ebenfalls von dem umgekehrten Quadrat der sie trennenden Entfernung abhängt.

Obwohl in Einsteins mathematischen Theorien viel Anziehendes steckt, werden doch viele die vorige Idee seiner rein theoretischen Ansicht vorziehen, dass Gravitation in irgendeiner Weise vom „gekrümmten" oder „verformten" Raum abhängig sei oder dadurch zuwege gebracht oder verursacht werde.

Die einfachere platonische Idee, dass der Kreis oder die Sphäre die vollkommenste Form in der Natur ist, der sie automatisch zustrebt, scheint vernünftiger zu sein. Sie scheint auch mehr im Einklang mit der Wirklichkeit zu stehen als die höchst metaphysische, wenn auch mathematische

Vorstellung von einer mutmaßlichen „Krümmung des Raumes". Letzteres würde bedeuten, dass der Raum, der *an sich* eine Abstraktion ist, lediglich ein begrenzter materieller Körper wäre.

Es wäre viel weniger gegen die Einstein'sche Hypothese von der Krümmung des Raumes einzuwenden, wenn sie durch zwei grundlegende Naturprinzipien ergänzt werden würde, die Einstein in seiner mathematischen Arbeit ignoriert zu haben scheint:

1. dass jeder „Raum" im Sinne Einsteins nur *ein Teil* der räumlichen Ausdehnung ist, der in einer noch größeren räumlichen Ausdehnung oder in einem Körper eingeschlossen ist, und dieser Letztere wiederum in einem noch größeren „Raum" oder einer räumlichen Ausdehnung eingeschlossen ist, und so geht es unbegrenzt weiter ad infinitum;
2. dass die verschiedenen „Räume" oder Körper-Ausdehnungen des physischen Universums nur die äußere Schale, der Schleier oder das Gewand innerer, ätherischer und auch spiritueller Welten oder Räume sind, die die Ursachen von dem sind, was in den physischen Welten erscheint.

In Anbetracht dieser Erwägungen ist sofort zu erkennen, dass Einsteins Hypothese, obwohl er sie mit scharfem Verstand und in mancher Hinsicht mit Intuition ersonnen hat, doch nur kleine Teile oder Abschnitte des abstrakten RAUMES behandelt. Somit ist seine Hypothese de facto bestenfalls nur eine begrenzte Erklärung und daher unvollkommen.

Gravitation oder Schwerkraft wurde aufgrund wissenschaftlicher Theorien noch vor wenigen Jahren als eine für sich bestehende Kraft angesehen. Ihr Ursprung war unbekannt, ihre Wirkung wurde jedoch in der bekannten Formel von den Beziehungen zweier Körper zueinander in Bezug auf die Masse und das umgekehrte Quadrat der Entfernung ausgedrückt.[1] Sie ist tatsächlich ein sekundäres Phänomen, das heißt die Wirkung unsichtbarer Kräfte, die in der sicht-

[1] Newtonsches Gravitationsgesetz: $F_G = G\frac{m_1 \cdot m_2}{r^2}$
F_G ist die zwischen zwei Körpern wirkende Gravitationskraft, m_1 und m_2 sind die Massen der beiden beteiligten Körper und r ist ihr Abstand. G ist die Gravitationskonstante (d. Hrsg.).

baren Welt und durch diese wirken und die somit aus inneren und unsichtbaren Bereichen oder Plänen in diese sichtbare Welt einströmen. Mit anderen Worten und wie Newton es ausdrückte: Gravitation ist die Folge einer spirituellen Wirkung. Während Newton aber offenbar annahm, diese spirituelle Wirksamkeit sei „Gott", lehrt die Theosophie, dass sie lediglich eine der Manifestationen der inhärenten Aktivität bewussten kosmischen Elektro-Magnetismus ist, der durch und vermittels spiritueller *Vertreter* oder spiritueller Wesen wirksam ist. Mit anderen Worten, durch Götter, wenn der gute alte Ausdruck gebraucht werden darf, ohne die sensiblen Ohren der Besserwisser des Westens zu kränken.

Nach Newtons Zeit wurde seine Gravitationshypothese als ein Naturgesetz betrachtet und stand in unwidersprochenem Ansehen. Die Gesamtheit der Naturwissenschaftler ignorierte im Stillen fast ohne Ausnahme die private Überzeugung des großen Engländers, dass Gravitation auf spirituelle Wirksamkeit zurückzuführen sei. Hierauf folgte die übliche Nemesis[1] aller materialistischen, einseitig geprägten Theorien: das Erscheinen einer anderen aufsehenerregenden Theorie, die aus dem Bewusstsein eines Repräsentanten einer späteren wissenschaftlichen Generation entwickelt wurde. Einstein legte die Ursache dafür, dass in wissenschaftlichen Kreisen manche klassischen und vermeintlich unerschütterlichen Postulate oder Axiome umgestoßen wurden. Einige seiner Anschauungen haben, als sie zuerst veröffentlicht wurden, wahrscheinlich nicht nur die gesamte wissenschaftliche Welt erstaunt, ja verwirrt, sondern ebenso alle denkenden Menschen. Es ist jedoch höchst interessant, dass zumindest einige dieser Ansichten die wissenschaftliche Vorstellungswelt erobert haben; und dies, so scheint es, beweist, dass selbst die am meisten zum Dogmatisieren geneigten Gemüter innerlich mit dem unzufrieden waren, was sie in den Hörsälen und orthodoxen Schulen wissenschaftlichen Denkens gelernt hatten.

1 Strafende Gerechtigkeit (d. Hrsg).

II

Dr. Robert A. Millikan entwickelte eine gewisse Hypothese, die dem Denken des deutschen Naturwissenschaftlers Dr. Werner Kolhörster entstammt. Sie besagt, dass im Universum bestimmte Formen von Strahlungen – bis zu jener Zeit unbekannt und unvermutet – auftreten, von denen niemand wusste, woher sie kommen. Ihre Existenz aber konnte nicht länger geleugnet werden, und ihre Natur und Tätigkeit konnten durch geeignetes Studium und durch Experimente getestet werden. Millikan hat diese Hypothese oder Theorie ausgearbeitet und durch schwierige und gewissenhafte Arbeit das Vorhandensein „kosmischer Strahlen", wie sie seitdem genannt werden, nachgewiesen – eine Form oder Formen von Strahlungen, die vermutlich aus dem äußeren Raum von allen Seiten auf die Erde einströmen. Diese jetzt so genannten „kosmischen Strahlen" sind, nach Millikans Meinung, eine Strahlung, die von in Entstehung begriffener Materie ausströmt. Es sind Kräfte oder Energien, die entstehen, wenn die Elemente physischer Materie durch die Auflösung früher existierender atomarer Korpuskel neu geboren werden. Sie stellen die materiellste bisher bekannte Form energetischer Schwingungen dar, denn in der Schwingungsskala befinden sie sich weit jenseits des ultravioletten Teiles dieser Skala. Daher handelt es sich bei ihnen um unvergleichlich „härtere" und durchdringendere Strahlen als die Röntgenstrahlen oder auch die Gammastrahlen. Es scheint, Millikan hat selbst vermutet, dass diese kosmischen Strahlen möglicherweise von den Sternennebeln des Weltraumes oder zumindest von einigen der Nebelflecken zu uns kommen.[1]

[1] Heute wird die kosmische Strahlung naturwissenschaftlich als hochenergetische Teilchenstrahlung betrachtet, die von der Sonne, aus der Milchstraße oder von anderen Galaxien zur Erde gelangt und aus Protonen sowie aus Elektronen und ionisierten Atomen besteht (d. Hrsg.).

Obwohl es richtig ist, dass der genaue, exakte Ursprung oder die Ursprünge der sogenannten „kosmischen Strahlen" noch nicht vollständig entdeckt worden sind, so scheint doch kein Zweifel an der Tatsache zu bestehen, dass diese kosmischen Strahlen in den Gefilden des Raumes außerhalb der Erde geboren werden, denn sie erreichen die Erde als eine Strahlung, die faktisch mit gleicher Intensität von allen Himmelsrichtungen des äußeren Raumes kommt.

Wenn sich die Ideen dieses großen amerikanischen Wissenschaftlers durch künftige Forschung und Entdeckung als richtig erweisen, ist die eindrucksvolle Illustration zu sehen, wie Kraft zu dichtem Stoff, zu physischer Materie wird. Die Theorie ist sehr vielsagend, denn sie deutet nicht nur an, sondern sie skizziert tatsächlich das zyklische Verschwinden der Materie in Strahlung und das Wiederfestwerden oder die Konkretion solcher Strahlung in physische Materie. Millikan selbst drückt dies dem Sinne nach folgendermaßen aus: Die „Schöpfung" geht noch immer vor sich, und wir sehen keinen Grund zu vermuten, dass es, kosmisch gesprochen, jemals einen Anfang gegeben hätte oder dass es je ein Ende des zyklischen Prozesses geben wird.

Sofern der Verfasser des vorliegenden Buches die Ideen Millikans in Bezug auf den Prozess zyklischer Zerstörung und zyklischer Regeneration mittels Strahlung recht verstanden hat, so würde auch hieraus wiederum hervorgehen, dass nach dessen Meinung die Sterne aus sich selbst Substanz ausstrahlen, die auf irgendeine bisher (scheinbar) unerklärte Weise in den Abgründen des Raumes, die Stern von Stern trennen, wiederum zu elektronischen und protonischen Partikeln wird. Der zyklische Prozess scheint somit also kurz der zu sein, dass Atome oder atomare Körper im Schoße der Sonnen oder Sterne des interstellaren Raumes in Strahlung aufgelöst werden und dass sich diese Strahlen in den weglosen Gefilden zwischen den Gestirnen wieder als Elektronen und Protonen anhäufen und sich verbinden, um Atome zu bilden. Diese werden ihrerseits wieder konkret, um die Sternenkörper zusammenzusetzen, die so aufs Neue den Schauplatz für die gleichen zyklischen Prozesse der Auflösung und der Regeneration bilden, die bereits beschrieben wurden.

Millikans Theorie hat aufgrund der Annäherung an die Aussagen der Theosophie, die er an verschiedenen Punkten darlegt, eine außerordentliche Anziehung. Nichtsdestoweniger sieht man sich genötigt, einen Einspruch in Bezug auf die Vorstellung zu erheben, dass das Universum die Ewigkeit hindurch den Prozess in sich schließe, durch den Strahlung zu Materie wird, die ihrerseits wieder in Strahlung zerfällt, nur um wieder in einen neuen Zyklus materieller Konkretion einzutreten; und dass dieser Prozess – so richtig er in einigen seiner Aspekte auch ist – so in endloser Dauer weitergehe, ohne längere Auflösung der Kontinuität oder Unterbrechung in Zeitperioden als die durch Millikans Theorie angedeuteten, so lang auch immer die Zeiträume sein mögen, die zwischen dem Aufgehen der Materie in Strahlung und dem Wieder-zu-Materie-Werden der Letzteren liegen.

Gemäß der Theosophie werden alle Prozesse, denen Millikan in seiner Theorie nahekommt oder die er als Naturtatsachen flüchtig skizziert – die sich in bestimmten, ungeheuer langen Zeitabständen die Ewigkeit hindurch in regelmäßig fortlaufender und zyklischer Ordnung immer wiederholen –, von den kosmischen Pralayas unterbrochen. Pralayas sind enorm lange Perioden, während derer ein Universum, sei es groß oder klein, aus dem Sichtbaren ins Unsichtbare verschwindet. Die Auflösung oder der „Tod" eines Universums bedeutet den Anfang oder die Eröffnung des kosmischen Pralayas oder der kosmischen Ruheperiode. Hat aber ein kosmisches Pralaya sein Ende gefunden, was für jedes Pralaya in der oben angedeuteten zyklischen Aufeinanderfolge unfehlbar geschieht, beginnt das individuelle Universum, das sich auf die beschriebene Weise aufgelöst hatte oder von der Bildfläche verschwunden war, eine neue Periode kosmischer Manifestation oder ein neues kosmisches Manvantara. Vom Augenblick seines Anbeginns schließt dies eine ungeheure Reihe evolutionärer Veränderungen in sich, die die besagte individuelle kosmische Einheit auf dem kosmischen Schauplatz wieder in Erscheinung treten lassen.

Dieser Periode aktiver evolutionärer Manifestation folgt, wenn sie vollendet ist, eine neue kosmische Ruheperiode; und so geht es fort durch die endlose Dauer.

Es sollte jedoch sorgfältig beachtet werden, dass jedes Neuerscheinen einer Welt oder jedes kosmische Manvantara auf einem etwas höheren –

oder vielleicht auch niedrigeren – kosmischen Plan als dem vorhergehenden stattfindet, auf dem es seine frühere manvantarische Existenz hatte. Die „Funken der Ewigkeit" erscheinen und verschwinden in endloser Folge.

Der Gebrauch des Wortes „Schöpfung" wird hier übernommen, weil es eine fassbare Idee vermittelt. Es ist jedoch wichtig zu beachten, dass das Wort „Schöpfung" hier nicht in dem alten christlich-theologischen Sinne angewandt wird, als bedeute es, dass „Etwas" aus „Nichts" geschaffen wird. Die ursprüngliche lateinische etymologische Bedeutung ist vielmehr die der „Formung" von „Etwas", das so zum „Entstehen" veranlasst wird. So haben zum Beispiel Dichter und Philosophen zuweilen eines Menschen Sohn mit dem Ausdruck *creatus* bezeichnet – dem passiven Partizip der Vergangenheit des lateinischen Verbs *creare* = formen, machen, entstehen lassen. Die in diesem Wort enthaltene sekundäre Idee ist daher die der Formung oder des Entstehens zu manifestiertem Sein, des erneuten Erscheinens individualisierter Wesenheiten auf unserem Plan der physischen Materie, ja, auch auf anderen Plänen. Ferner besagt sie, dass der Prozess des Aufbauens fortwährend stattfindet und dass in dieser Beziehung die Welt oder das Universum dem Wechsel und fortgesetzter Evolution unterworfen ist. Hier gilt allerdings die Einschränkung, dass Universen und Sonnensysteme, ja, auch jedes andere manifestierte Wesen und Ding, nach einer Periode der Manifestation für eine gewisse Zeit der Ruhe von der Bildfläche verschwinden. Auf diese Weise erscheinen und verschwinden Welten ebenso wie der Mensch, der stirbt und nach seiner devachanischen Zeit der Ruhe und Erholung aufs Neue auf Erden zu einer neuen Lebenszeit wiedergeboren wird, nur um wieder zu sterben; auf das Sterben folgt dann die nächste Wiedergeburt, und so geht es die Zeitalter hindurch fort.

Wie aus Herbert Spencers[1] *Synthetic Philosophy* hervorgeht, wurde

[1] Herbert Spencer (1820 – 1903): englischer Philosoph, Biologe und Soziologe. Er wandte Darwins Evolutionstheorie auf gesellschaftliche Entwicklung an (d. Hrsg.).

noch vor relativ kurzer Zeit angenommen, das Universum bestände gänzlich aus Materie, die auf eine Art und Weise, die niemand verstand, Energie oder Kraft erzeuge. Ferner wurde gelehrt, dass das Universum langsam „ablaufe“. Als damals häufig angewandtes Beispiel dachte man sich die aufgerollte Feder einer Uhr, die sich langsam entspannt. Wenn sich dann das Universum total „abgewickelt“ hätte oder „abgelaufen“ wäre, wäre nichts übrig geblieben als endlose Felder schlafender oder toter Atome, die über dem, was ziemlich vage „Raum“ genannt wurde, verstreut blieben. Alles würde dann vollständig zu Ende sein – und die Menschen jener Zeit waren noch nicht einmal sicher, ob die toten Atome noch als Atome vorhanden sein würden. Es stimmt zwar, dass Spencer selbst eine vage Vorstellung hatte, dass sich das Universum auf irgendeine unerklärliche Weise selbst wieder aufspulen würde, um einen neuen evolutionären „Lebenslauf“ zu beginnen, doch hat er seine richtige Intuition nur unvollkommen verstanden, und er schien in dieser optimistischen Ansicht auffallend allein dazustehen. Ja, in jenen Tagen wurde angenommen, es gäbe nichts als tote, empfindungslose „Materie“, deren wunderbare Abkömmlinge „Energie“ und „Kraft“ seien.

Aber nun, in unserer Zeit, beginnen Wissenschaftler zu leugnen, dass es irgendwelche Materie *an sich* gibt. Sie sagen jetzt, zumindest viele von ihnen, dass es nichts außer „Kraft“ und „Energie“ gebe. Darf da nicht die Frage gestellt werden: „Warum nun ins andere Extrem fallen? Warum die Vorgänge in der Natur nicht so nehmen, wie sie sind, anstatt in imaginäre Einfälle des spekulativen Intellektes abzuirren?“ Doch was macht es schließlich aus, wie die der Materie und den Dingen zugrunde liegende Realität benannt wird – was auch immer sie sein mag? Sie mag „Kraft“ oder „Substanz“ genannt werden; in der Theosophie wird sie als *Geist-Materie* bezeichnet.

Es gibt eine wirklich ernste Schwierigkeit, der Wissenschaftler zu begegnen haben, eine Schwierigkeit, der ebenfalls die Autoren der Theosophie gegenüberstehen. Diese Schwierigkeit besteht in dem Mangel an einer verständlichen Terminologie, die anschaulich genug ist, um mit Präzision und Schärfe exakt das zu sagen, was neue Entdeckungen und die daraus abgeleiteten Deduktionen enthalten. Sie sind, und das bezieht sich mehr oder weniger auch auf die Theosophie, gezwungen, die – wissenschaftliche oder sonstige – Ausdrucksweise der letzten Generationen zu benutzen, als noch sehr viel weniger von der Natur bekannt war als heute. Dennoch ist es natürlich richtig, dass fast jedes Jahr neue, oft anschauliche und ausdrucksvolle Worte geprägt werden, die in das fortschreitende Wissen und die neuen Einblicke hineinpassen, die wir in das Arkanum und die geheimen Vorgänge von Mutter Natur gewinnen. Entdeckungen sind geschwinder als die Sprache. Daher kommt es, dass Formulierungen in Bezug auf neue Entdeckungen oder Deduktionen aus bereits bekannten Tatsachen, die aufgrund der Erforschung der Naturgesetze und Naturvorgänge gemacht werden, gelegentlich merkwürdig humorvoll wirken – bei aller Nachsicht gegenüber neuen Ideen und Gedanken, die in alten Worten ausgedrückt werden: neuer Wein in alten Schläuchen!

In einem Kommentar zu den Entdeckungen Millikans sagte ein Autor in der Tagespresse:

> In Anbetracht der neu entdeckten Tatsachen, die durch erst kürzlich vorgenommene und genauere Messungen kosmischer Strahlen ans Licht gebracht wurden, ist es wahrscheinlich, dass die gewöhnliche Materie in den Sternen, den Nebeln oder in den Tiefen des Raumes erzeugt wird. Oder, wie es Dr. Millikan selbst ausdrückt: „Die bislang mysteriösen kosmischen Strahlen, die unaufhörlich in allen Richtungen durch den Raum schießen, sind durch den Äther gesandte Verkünder der Geburt von Elementen [...]“

Warum soll man vermuten, dass Materie nur in den Sternen, den Nebeln und in den Tiefen des Raumes „erzeugt“ wird und sonst nirgendwo? Warum „Schöpfung“, Formung, neues Wiederhervorgehen, neue Manifestation auf diese drei – und in einem Fall ziemlich vagen – Lokalitäten beschränken? Der Grund liegt zweifellos in den

Theorien moderner Chemie – oder dürfen wir kühn sein und Alchimie sagen? – in Bezug auf das Auseinanderfallen der Atome und der sie zusammensetzenden elektronischen und protonischen Partikel in den tiefen Herzen der Sonnen, in denen diese winzigen korpuskularen Wesenheiten fast unglaublichen Bedingungen an Hitze und Druck unterworfen seien. Man ist versucht, anzudeuten oder vorauszusagen, dass die Zeit kommt und vielleicht nicht so sehr fern ist, wo entdeckt werden wird, dass das Innere oder das Herz der verschiedenen Sonnen ganz und gar nicht unter den Bedingungen von unbegreiflich intensiver Hitze existiert, obgleich es durchaus richtig ist, dass die äußersten ätherischen Schichten der Sonnen eine gewisse Eigenhitze haben, die durch chemische Vorgänge zustande kommt.

Andererseits ist es vollkommen richtig, dass das Innere einer jeden Sonne ein höchst wunderbares alchimistisches Laboratorium ist, in dem sich molekulare, atomare und elektronische Veränderungen vollziehen, die wohl unmöglich in einer chemischen Werkstatt reproduziert werden könnten. Es ist die Lehre der Alten Weisheit, der Theosophischen Tradition, dass jede Sonne wie auch jeder andere individuelle Himmelskörper der äußere Schleier, der Körper oder das Vehikel eines innewohnenden spirituellen und intellektuellen Agens ist, eines Wesens oder eines solaren Geistes – der Leser mag einen beschreibenden Namen wählen. Für ein derart spirituelles und intellektuelles Agens würde es in der Tat leicht möglich sein, in einer Sonne zu existieren und sein Werk zu vollbringen, selbst wenn das Innere der verschiedenen Sonnen ein solch ungeheuer großer und unbegreiflich heißer Schmelzofen wäre, für den die moderne Naturwissenschaft es hält.

Es ist jedoch unsere feste Überzeugung, dass

1. das Innere der Sonnen nicht ein solcher überheißer chemischer, alchimistischer oder sonstiger Feuerofen ist und
2. die Zeit nicht mehr sehr fern ist, da sich das Denken der größten Wissenschaftler in Bezug auf diese große Wahrheit durch

> Intuition ändern wird. Sie werden ein neues und faszinierenderes Forschungsgebiet erschließen als dasjenige, das sich dem erstaunten Blick der Wissenschaftler während der letzten Zeit eröffnet hat.

Hier wäre noch darauf hinzuweisen, dass selbst auf unserer Erde ständig eine Reihe wunderbarer chemischer Prozesse vor sich gehen, die zu Recht alchimistisch genannt werden können. Sie unterscheiden sich ihrer Art nach nicht von den Prozessen, die im Weltraum, in den Nebeln oder im Innern der Sonne stattfinden, sie unterscheiden sich vielleicht nur dem Grade nach von ihnen. Auch das Innere der Erde ist eines der wunderbaren Laboratorien der Natur, in dem ständig erstaunliche und für uns Menschen fast unbekannte Vorgänge geschehen. Dasselbe kann auch in Bezug auf die unaufhörliche Laboratoriumsarbeit der Natur in den höheren und höchsten Bereichen oder Schichten der Erdatmosphäre gesagt werden und in Bezug auf ihr unaufhörliches Zusammenwirken von Kräften und Substanzen mit den Feldern des äußeren Raumes – möge dieses nun durch das Medium der Strahlung verschiedener Art oder teils durch Strahlung und teils auf bisher unentdeckte natürliche Weise vor sich gehen.

Die Vermutung, die Erde sei „tot“ in dem Sinne, als habe sie ihr Zusammenwirken der Kräfte und Substanzen mit den sie umgebenden räumlichen Bereichen des Sonnensystems aufgegeben, ist als bloße Mutmaßung gänzlich unbegründet. Seit unzähligen Zeitaltern der Vergangenheit lehren die Großen ihrer Zeit, die Weisen des gesamten Erdballs, dass „Materie“ in vielen ihrer Myriaden Formen oder Zustände unaufhörlich entsteht und evolviert. Dies geschieht auf unserer Erde ebenso wie auf der fernsten Sonne oder in dem entlegensten Sternennebel, der mit seinem schwachen und faszinierenden Licht in den abgrundtiefen interstellaren Räumen leuchtet. Jeder Teil, jeder Anteil von Mutter Natur – und das trifft für das gesamte Universum zu – ist sozusagen ein alchimistisches Laboratorium. Und das, was in diesem Laboratorium arbeitet, sind die zusammenwirkenden Kräfte und Substanzen, die immer und unaufhörlich die Zeit hindurch damit beschäftigt sind, das hervorzuevolvieren oder das zu produzieren, was in ihnen liegt, das heißt ihre eigenen, individuellen Charakteristika oder das entsprechende Swabhâva.

Genauer gesagt: Was ist es, das hervorevolviert oder produziert wird? Es ist das, was allgemein Substanz oder Materie genannt wird, und zwar in einem oder in vielen ihrer Grade, Typen oder Charakteristika der Existenz.

Im Zusammenhang mit der sogenannten „Schöpfung" der Materie gab der intelligente Autor Alden P. Armagnac in der Tagespresse eine treffende Zusammenfassung der Ansichten, die Millikan in Bezug auf die sogenannten „kosmischen Strahlen" hatte. Der Verfasser zitiert Millikan dem Sinn nach wie folgt:

> Diese Strahlen sind die unsichtbaren Boten der Schöpfung. Die Schöpfung ist noch immer im Gang – nicht nur die Schöpfung neuer Welten oder lebender Dinge, die sie bevölkern, sondern auch die Geburt eben jener Substanzpartikel, aus denen Felsen und Tiere gebildet werden. Sein Studium der kosmischen Strahlen, fügte er hinzu, enthüllte den ersten direkten, unwiderlegbaren Beweis, dass jenseits der Sterne, vielleicht sogar auch auf Erden[1], vier der universalen Substanzen täglich aus Wasserstoff und Helium entstehen. Diese Substanzen sind Sauerstoff, das Leben spendende Gas; Magnesium, dessen blendendes Licht fotografische Nachtaufnahmen ermöglicht; Silizium, aus dem Erde, Glas und

[1] Dies ist hervorragend und stützt die Lehre der Theosophie, dass die Erde selbst ebenfalls als ein immer aktives und nie ermüdendes chemisches oder alchimistisches Laboratorium zu betrachten ist. Es ist ein hoffnungsvolles Zeichen oder Vorzeichen, dass unsere großen Wissenschaftler zu der Erkenntnis kommen, dass Mutter Erde selbst kein totes und inaktives Agens ist, sondern in ihrer relativ geringen Weise ebenso voll „schöpferisch" ist wie die weit aktiveren Sterne in ihrer normalerweise sehr viel größeren Masse. Das Wirken der Natur ist universal identisch.

> Sand zum großen Teil bestehen; und Eisen. Die geheimnisvollen Strahlen aus der Ferne aber – möglicherweise aus den großen Spiralnebeln, die den Astronomen als halb geformte, in Entstehung begriffene Universen bekannt sind – sind einfach Energie, die in den mächtigen Geburtswehen neuer Schöpfung aus den Atomen herausgeschleudert wird.
>
> Die Strahlen sind, mit anderen Worten, Boten, die uns berichten, dass das Universum nicht dabei ist, abzulaufen. Es wird vielmehr aufgebaut und erneuert durch fortgesetzte Schöpfung seiner verbreiteten Substanzen aus den beiden einfachsten Substanzen, zwei Gasen, die sich überall in der stellaren Welt in außerordentlichem Überfluss befinden.

Diese beiden Gase sind Wasserstoff und Helium; und das Beispiel der Geburt elementarer Substanzen, von denen die anderen chemischen Elemente abgeleitet sind, ist sehr treffend und lehrreich. Die moderne Chemie glaubt nicht mehr an Dutzende natürlicher Elemente, deren Namen und Zeichen ehedem mehrere Spalten in den Lehrbüchern der Chemie einnahmen, als seien sie unveränderliche und unzerstörbare Bausteine der physischen Welt. Doch wurde, allgemein gesprochen, an der Idee der Unzerstörbarkeit und der unveränderlichen Natur der chemischen Atome noch vor wenigen Jahren von Chemikern generell festgehalten, abgesehen vielleicht von einigen intuitiven Denkern. Zeiten und Ideen haben sich geändert, und konsequenterweise haben sich auch die von den Ideen abhängigen Vorgänge geändert. In unseren Tagen ist die Vorstellung absoluter und unzerstörbarer Elemente der Materie vorbei. Es wird nicht mehr von „absoluter" Materie, „absoluter" Kraft oder von anderen Absoluta gesprochen; die Dinge sind durch und durch relativ geworden, jedes für sich und alle zusammen. Hierin liegt ein großer Fortschritt im konzeptionellen Denken, denn offenbar ist dies eine bessere Vorstellung von der Natur, was besagt, dass die Idee richtig ist – zumindest ist sie relativ richtig! Während jedoch alle in Beziehung stehenden Dinge und Wesen relativ und nicht absolut sind, ändert diese

Tatsache selbstverständlich weder ihre Essenzen noch ihre essenziellen Charakteristika als Individuen.

Das einfachste heute bekannte physische Atom ist das Wasserstoffatom, das aus nur einem Elektron und einem Proton besteht. Das wahrscheinlich zweitleichteste bekannte Atom ist das Heliumatom, das aus vier kombinierten Wasserstoffatomen mit ihrem protonisch-elektronischen Kern besteht.[1] Bemerkenswert ist jedoch, dass irgendetwas diese vier Wasserstoffatome zusammengezogen hat zu der Form eines Heliumatoms. Was ist dieses „Irgendetwas“? Und auch dies ist bemerkenswert: Das Heliumatom soll, obwohl es aus vier Wasserstoffatomen entstanden und zusammengesetzt ist, nicht so viel wiegen wie vier Wasserstoffatome, wenn sie getrennt betrachtet werden. Irgendetwas dem Gewicht Entsprechendes ist in dem Vereinigungsprozess verloren gegangen. Dieses Etwas war Materie oder Masse, die während des Vereinigungsprozesses in einem alchimistischen Vorgang in Energie umgeformt oder evolviert wurde, die das neue aufgebaute Heliumatom verließ und ein Strahl wurde – zu einem dieser kosmischen Strahlen. Dies ist ein Beispiel der Umformung von Materie oder der Umwandlung eines Teiles von Materie in eine entsprechende Menge von Energie.

Der Gedanke von der immerwährenden Natur des physischen Atoms ist nur die Fortsetzung der Ideen der älteren, aber doch noch ziemlich neuen Chemie, wie sie während der ersten Jahre des 19. Jahrhunderts von Dalton[2] in eine zusammenhängende Theorie gefasst wurde.

---

[1] Bei der Kernfusion im Inneren von Sternen werden vier Wasserstoffatome zu einem Heliumatom plus freiwerdender Energie gewandelt. Die bei diesem Prozess beteiligten Wasserstoffisotope vom Typ Protium besitzen nur ein Proton im Kern und kein Neutron. Das entstandene Heliumatom hat hingegen zwei Protonen und zwei Neutronen im Kern und ist damit etwa viermal so schwer wie das ursprüngliche Wasserstoffatom. Die Wasserstoffisotope Deuterium und Tritium sind leichter als Helium, jedoch schwerer als das einfache Wasserstoffisotop Protium (d. Hrsg).

[2] John Dalton (1766 – 1844): englischer Chemiker, Physiker und Meteorologe. Führte die Atomtheorie in die Chemie ein (d. Hrsg.).

Diese Idee von dem physischen Atom als einem unteilbaren, unvergänglichen elementaren Körper wird von der modernen Schule der Physikochemiker nicht mehr aufrechterhalten. Nachdem die Entdeckungen auf dem Gebiet der Radioaktivität zuerst ihre Augen blendeten, erkannten sie sehr wohl, dass der Zerfall – mit anderen Worten der Tod – des Atoms in andere Bedingungen oder Zustände der Materie die sehr wahrscheinliche Ursache der Geburt der verschiedenen Elemente der physischen Materie ist. Denn Manifestation von Tätigkeit ist immer mit einem Aufwand an Kraft oder Energie verbunden, ob diese nun nachgewiesen werden kann oder nicht. Dies ist ein fundamentales Postulat moderner Naturwissenschaft, und es ist ein sehr wahres. Jeder Aufwand an Kraft oder Energie bedeutet, wie vermutet werden kann, entweder das eine oder das andere: einen Aufbauprozess, eine Integration, oder einen Prozess des Zerfalls. Dies ist ebenfalls ein Grundgedanke in der metaphysischen Kosmologie. So können zumindest einige der Millikan'schen Gedanken begrüßt werden, weil in ihnen ein gewisser Teil unserer eigenen Lehren in moderner wissenschaftlicher und mathematischer Form ausgedrückt wird. Der Gedanke liegt nahe, dass immer noch größere Annäherungen an die Theosophie erfolgen werden.

Die Tagespresse berichtete über Millikan, und ihr zufolge sagte er:

> Wir wissen seit dreißig Jahren, dass in radioaktiven Prozessen die schweren Atome in leichtere zerfallen. Man muss daher damit rechnen, dass irgendwo im Universum der Aufbauprozess vor sich geht, um dem Zerfallsprozess entgegenzuwirken, für den die Radioaktivität ein Beispiel ist.

So zeigt die Naturwissenschaft deutlich, dass Atome gleich allem anderen ihre Lebensperiode haben, ins Dasein treten, wachsen, zur Reife kommen, Altersschwäche und Verfall erleiden, worauf der Tod folgt – der Zerfall; und dass sie dann wieder ins Dasein treten, weil, wie Millikan klar zeigt, „Schöpfung" kontinuierlich vor sich geht – innerhalb eines Manvantaras. Es ist eine dynamische, veränderliche und sich ständig evolvierende Welt, nicht etwa eine sich lediglich auflösende Welt. Wenn einige Atome zerfallen und dadurch Atome von etwas anderer Art ins Leben rufen, aus welchem Grunde sollte diese Regel dann nicht auf alle Arten Anwendung finden – wie kämen sie auch sonst ins Dasein?

Die Alte Weisheit lehrt und hat immer gelehrt, was die Naturwissenschaft zum Teil schon entdeckt hat und was sie noch klarer zu erkennen im Begriff ist: dass alle Formen der Materie in ihrer Art radioaktiv sind – hätten wir nur die Mittel, dies wahrzunehmen. Auch dass wir keine oder, wenn überhaupt, nur wenige Fälle der Umwandlung leichterer Atome in schwerere kennen, ist darin begründet, dass sich unser Planet Erde auf dem wieder aufsteigenden Bogen seiner Evolution befindet, das heißt seiner Involution, sodass hauptsächlich der Zerfall der schwereren Elemente in leichtere stattfindet. Es werden Zeitalter vergehen, bevor problemlos beobachtbare radioaktive Prozesse die Gruppen der leichteren Atome betreffen. Auf dem voraufgegangenen oder absteigenden Bogen, den unser Planet vor Äonen vergangener Zeitalter durchlief, war das Verfahren der Natur umgekehrt, doch erst gegen Ende des absteigenden Bogens wurden die Atome wirklich physisch, und sie waren nicht länger quasi oder tatsächlich ätherisch. Auf diesem absteigenden Bogen hatten die leichteren Atome den Impuls oder sie zeigten die Tendenz, in die schwereren zu integrieren, denn die vitalen Essenzen der Erde stiegen stetig in die Materie hinab und drückten sich in zunehmend materielleren Formen und Zuständen aus. Nun, da wir den halben Weg hinter uns haben, verschwindet die physische Materie ganz langsam oder desintegriert in ätherischere Formen und Zustände von Substanzen und Kraft. Die schwersten Elemente, wie Uran, Thorium und so weiter, sind diejenigen, die zuerst und am meisten dahin tendieren, den inneren Drang oder Impuls der universalen vitalen Aktivitäten des Planeten zu fühlen.[1]

[1] Eine Skizze über die Art und Weise dieses Vorgangs ist in Kapitel IV in *Der Mensch in der Unendlichkeit* von G. von Purucker enthalten (d. Hrsg.).

„Schöpfung“ – um hier das Wort zu übernehmen, das so oft in wissenschaftlichen Werken benutzt wird, zum Beispiel auch in denen, aus denen hier zitiert wurde – ist schon immer in verschiedenen Teilen des Raumes vor sich gegangen, während gleichzeitig in anderen Teilen des Raumes der Prozess der Desintegration oder Auflösung die zeitweilige Oberhand hat. Tatsächlich werden Welten und Aggregationen von Welten geboren, leben, gelangen zur Reife, haben ihre Periode reifer Blüte, verfallen dann und sterben schließlich, ebenso wie alles andere im Universum auch. Dieser Vorgang vollzieht sich ständig, weil das Universum als Ganzes und auch in allen seinen Teilen ein sich entwickelndes und somit wachsendes Universum, folglich ein sich veränderndes Universum ist. Es besteht aus einer nahezu unendlichen Anzahl eigenständiger oder individueller Wesenheiten – die man sich auch als Atome vorstellen kann –, aus Wesenheiten der verschiedensten Arten und unterschiedlichsten Grade an Ätherhaftigkeit, von denen jede ihre eigene Lebensfrist oder Lebensperiode hat. Augenfällig ist, dass jede dieser individuellen Wesenheiten in ihrem eigenen Zeitabschnitt oder in ihrer eigenen Laufbahn das kopiert, was im Universum geschieht, von dem sie ein integraler, untrennbarer Teil ist. Der Teil muss zwangsläufig den allgemeinen Gesetzen, Funktionen, Tätigkeiten und der Struktur des universalen Ganzen nachkommen.

III

In Bezug auf die Integration und Desintegration von Welten und Universen ist es sehr interessant festzustellen, dass in aufgeschlossenen Wissenschaftlern zumindest eine Ahnung von der fundamentalen Vorstellung aufdämmert, die diesem Prozess zugrunde liegt. Sir James Jeans zum Beispiel spricht so, als hätte er eine Inspiration oder Gedankenwelle von einem der großen Weisen empfangen, wenn er schreibt:

> Die Vermutung, die sich uns hier aufdrängt, ist, dass die Zentren der Nebelflecke ihrer Natur nach „singuläre Punkte" sind, an denen sich aus einer anderen, gänzlich fremden räumlichen Dimension Materie in unser Universum ergießt, sodass sie für einen Bewohner unseres Universums als Punkte erscheinen, an denen fortgesetzt Materie erschaffen wird.[1]

„Singuläre Punkte" ist ein bemerkenswerter Ausdruck. Jeans deutet das an, was in der Theosophie „Layazentren" genannt wird. Diese Idee beinhaltet tiefe philosophische Gedanken, die so alt sind wie der denkende Mensch selbst. Singuläre Punkte sind offensichtlich jene „Punkte", an denen eine gegenseitige Verbindung zwischen verschiedenen kosmischen Plänen oder zwischen Sphäre und Sphäre erfolgt. Es gibt ein solches Layazentrum oder Jeans' „singulären Punkt" im Herzen jeder Wesenheit, zum Beispiel einer Sonne. Jedes Atom enthält ein allgemeines atomares Layazentrum; jedes Korpuskel, jedes Körnchen, jeder Globus im Weltenraum, jedes menschliche Wesen, jedes individualisierte Aggregat, wo immer es sich befindet, enthält ein Layazentrum. Jedes menschliche Ei enthält es; und durch das Layazentrum in diesem Fortpflanzungsteilchen des Menschen kommt die sich wiederverkörpernde Wesenheit zur Inkarnation. Sie sendet ihr Leben und ihren energetischen Strahl gewissermaßen durch das Layazentrum hindurch und liefert damit den hinter der wachsenden Wesenheit stehenden Drang. So verursacht die reinkarnierende Wesenheit die Entwicklung des ungeborenen Kindes zur Geburt, später die des Säuglings über die Kindheit hinaus bis hin zum erwachsenen Menschen. Der vitale Keim eines jeden Samens enthält in seinem Herzen ein Layazentrum, aus dem und durch das die aus jenem Samenkorn zur Reife heranwachsende Wesenheit ihre Ströme der Vitalität und die spirituellen Potenzen zieht, die sie zu dem Wesen aufbauen, das sie werden soll.

---

[1] Dies ist eine bemerkenswerte Stelle, die sich in *Astronomy and Cosmogony*, S. 352, befindet (mit Erlaubnis des Verlages Macmillan Company).

Jeans spricht von „Dimensionen“. Warum aber benutzt er keine klaren Worte, in die er seine wirklich beachtenswerte Vorstellung einkleidet? Warum sagt er nicht „andere Welten“, und warum benutzt er den vagen und letzten Endes ziemlich fragwürdigen Ausdruck „Dimensionen“? Zeigt diese Tatsache den Einfluss der bekannten Furcht selbst auf einen großen modernen wissenschaftlichen Intellekt, die Unsicherheit, Worte zu benutzen, die alte und vertraute, aber doch wahre Gedanken vermitteln? Wenn dies der Fall ist, steht der große englische Wissenschaftler mit seiner Abneigung für den Gebrauch vieler alter, aber anschaulicher und wahrer Bezeichnungen und Ausdrücke in wissenschaftlichen Kreisen nicht allein da. Die meisten Wissenschaftler haben allem Anschein nach eine Abneigung dagegen, Worte anzuwenden, die ihrer Meinung nach zu eng mit veralteten religiösen und philosophischen Vorstellungen verknüpft sind. Diese Abneigung ist recht bedauerlich.

Jeans jedenfalls nennt andere und innere Welten „Dimensionen“, wahrschcinlich in Übereinstimmung mit der modernen Vorstellung, dass es in der Materie und von der Materie mehr als drei Dimensionen gäbe, nämlich vier oder fünf Dimensionen und vielleicht noch mehr. Es scheint eine Tendenz unter Mathematikern zu geben anzunehmen, dass solche Dimensionen möglich sind. Obwohl vielleicht der Verwendung des Wortes widersprochen werden kann, so muss dennoch betont werden, dass eine echte Intuition hinter dem Streben nach neueren und umfassenderen konzeptionellen Ideen vorhanden ist.

Jeans, dieser große Wissenschaftler, weist jedenfalls mit wahrer Intuition auf die *Realität* hin, die hinter dem physischen Schein, hinter dem Sichtbaren und innerhalb des Greifbaren wirkt.

Laya ist eine uralte Sanskṛit-Bezeichnung mit der Bedeutung eines „neutralen, auflösenden Zentrums“ oder eines „sich umwandelnden Zentrums“. Wenn sich die Materie aufwärts in einen höheren oder ätherischeren Zustand verwandelt, mit anderen Worten, wenn sie unsere physischen Reiche verlässt, so geht sie in eine höhere Sphäre oder Welt durch *Layazentren,* durch Punkte und Kanäle über, die sozusagen offene Türen oder Verbindungswege sind und die sowohl als Ausgang als auch als Eingang dienen. Demgemäß sind die Layazentren jene Punkte, Kanäle oder Verbindungswege, durch die die Substanzen oder Stoffe der höheren Pläne herabkommen und unser physisches Universum für uns in Gestalt von Kräften oder Energien betreten, die in Wirklichkeit Stoff im sechsten oder siebenten und höchsten Zustand sind. Diese Kräfte und Energien verwandeln sich zunächst alchimistisch und später dann chemisch in die verschiedenen „Stoffe" der physischen Welt, und so werden sie mit der Zeit zu den bekannten chemischen Elementen.

In *Die Geheimlehre* von H. P. Blavatsky kann folgende tiefgründige, bedeutsame, ja, prophetische Stelle gefunden werden:

> Wir haben gesagt, Laya sei das, was die Wissenschaft den Nullpunkt oder die Nulllinie nennen könnte; der Bereich der absoluten Negativität oder der einen realen absoluten Kraft, des *Noumenons* des siebenten Zustandes von dem, was wir in Unwissenheit als „Kraft" benennen und anerkennen; oder wiederum das Ding *an sich* der undifferenzierten kosmischen Substanz, die selber für die endliche Wahrnehmung ein unerreichbarer und unerkennbarer Gegenstand ist; die Wurzel und Basis aller Zustände von Objektivität und auch Subjektivität; die neutrale Achse, nicht einer von den vielen Aspekten, sondern ihr Zentrum. Es mag zur Erläuterung der Bedeutung dienen, wenn wir versuchen, uns ein „neutrales Zentrum" vorzustellen [...] Ein „neutrales Zentrum" ist, unter einem Gesichtspunkt, der Grenzpunkt irgendeiner gegebenen Gruppe von Sinnen. Man stelle sich also zwei aufeinanderfolgende Pläne der Materie vor; jeder von diesen entspricht einer zugehörenden Gruppe von Wahrnehmungsorganen. Wir sind gezwungen, zuzugestehen, dass zwischen den zwei Stoffplänen ein unaufhörlicher

> Austausch stattfindet; und wenn wir die Atome und Moleküle des niederen Planes auf ihrer Umwandlung aufwärts verfolgen, werden sie an einen Punkt gelangen, wo sie gänzlich aus dem Bereich der Fähigkeiten, die wir auf dem niederen Plan gebrauchen, heraustreten.
>
> Tatsächlich entschwindet für uns die Materie des niederen Planes hier unserer Wahrnehmung – oder vielmehr, sie tritt in den höheren Plan ein, und der Zustand der Materie, der einem solchen Übergangspunkt entspricht, muss sicherlich besondere und nicht leicht zu entdeckende Eigenschaften besitzen. Sieben solche „neutralen Zentren" werden nun von Fohat hervorgebracht, der [...] die Materie zur Tätigkeit und Entwicklung erweckt.
>
> *Die Geheimlehre,* Bd. I, S. 171 f.

Die obigen Worte wurden im Jahre 1888 geschrieben. Vierzig Jahre später, in den Jahren 1928 – 29, schreibt Jeans über seine „singulären Punkte" und enthüllt damit wahre Intuition in Bezug auf spirituelle Wahrheit und die sie betreffende Lehre. Dennoch sieht Jeans nur das Erscheinen der Materie, die in unsere physische Welt *kommt* aus dem, was er fälschlicherweise „Dimension" nennt. In Wirklichkeit ist sie die unsichtbare oder direkt nachfolgende Welt über der unseren, eine höhere kosmische Sphäre. Er weist jedoch nicht darauf hin – was getan werden sollte –, dass diese offenen Türen oder Kanäle, diese Layazentren oder „singulären Punkte" der Materie unserer Welt, die durch Evolution wieder ätherisch geworden ist, als Durchgang dienen, durch den sie wieder zurück zu der Kraft oder den Kräften gelangt, von der oder von denen sie ursprünglich gekommen ist. Auf diese Weise verschwindet die Materie oder steigt in einem Energieausbruch zu ihrem ersten, uranfänglichen Zustand auf. Damit vollzieht sich eine duale Zirkulation: von innen nach außen und von außen nach innen; von unserer Welt hinein in die über der unseren befindlichen Sphären. Der Durchgang der Materie vollzieht sich bei degenerierender Tendenz auf diese Weise somit auch abwärts in die unter uns befindlichen Sphären.

Es besteht auch kein Grund für die Annahme, dass dieser Übergang der Materie vom Höheren zum Niedrigeren, oder umgekehrt vom Niedrigeren zum Höheren, während der äußerst langen Lebensperiode eines in Manifestation oder im Manvantara befindlichen Universums an irgendeiner Stelle aufhören sollte. Es liegt nicht der geringste Grund vor, dies anzunehmen. Die Weiterführung des Gedankens, dass Layazentren in inneren Welten existieren – was ganz sicher der Fall ist –, wird zwangsläufig zu dem Schluss führen, dass beim Vordringen einer derartigen Woge, eines derartigen Stromes fortschreitender Substanz nach aufwärts und nach innen andere und spätere Stufen folgen. Das geschieht so lange, bis der Strom auf der großen und für jedes Universum letzten Stufe wieder zu dem Glanz und der Substanz des *kosmischen Bewusstseins* wird, das ein solches Universum regiert. Dieses Bewusstsein ist immer die eigentliche Wurzel des Universums, aus der es ursprünglich emaniert oder hervorgeströmt ist. Wo können oder dürfen wir für Bewusstsein, Geist, Kraft, Substanz und ihr illusorisches Kind, die Materie, Grenzen oder ein Ende setzen? Die Materie unserer Ebene, unserer Erde, wird und ist die Energie der unter ihr liegenden Pläne. Die Materie der über unserem Plan befindlichen Pläne ist die Quelle jener Kräfte oder Energien, die auf ihrem Weg – um die einen oder anderen Formen oder Manifestationen der „Materie" auf diesem Plan zu werden – von oben herab in unseren Plan, unsere Erde, einströmen. Die einfließenden Kraft- oder Energieströme *durchfließen* nur das physische Universum und verfolgen darauf im entsprechenden Verlauf langer Zeitalter ihren Pfad in andere und innere Ebenen des Seins.

Die Richtung der im vorangegangenen Text enthaltenen Vorgänge führt fast unwiderstehlich zu der modernsten Auffassung, dass alle Formen physischer Materie von Strahlung in ihren mannigfaltigen Manifestationen abgeleitet seien. Es ist nicht weit hergeholt, sondern eine fast unvermeidliche Schlussfolgerung, anzunehmen, dass die physische Materie, so wie unsere Sinne sie uns vermitteln, letzten Endes einfach als konkret gewordene oder kristallisierte Strahlung beschrieben werden kann oder als Licht. Damit ist nicht so sehr die *eine* Oktave, die sichtbares Licht genannt wird, gemeint, sondern Licht in seiner allgemeineren Bedeutung, wie sie in dem Wort Strahlung liegt. Wir müssen uns erinnern, dass „Strahlung" jetzt die vielen Oktaven von Strahlungsaktivität bedeutet, von den kosmischen Strahlen bis hin zu jenen Wellen, die beim Radio genutzt werden.

Diese Vorstellung ist durchaus nicht neu, obgleich sie über Hunderte von Jahren entweder vergessen oder stillschweigend übersehen wurde. Newton hat in seiner *Optik* einen hinreichend klaren Begriff von dieser Vorstellung gehabt, wenn er schreibt:

> Lassen sich nicht grobe Körper und Licht ineinander verwandeln, und können die Körper nicht viel von ihrer Aktivität dadurch erlangen, dass Lichtpartikel in ihr Gefüge eindringen?

Und wiederum:

> Das Verwandeln von Körpern in Licht und von Licht in Körper entspricht ganz dem Lauf der Natur, die großen Gefallen an Transmutationen zu haben scheint.

Der große englische Wissenschaftler hat niemals etwas Bewundernswerteres geschrieben; man kann sich nur wundern, dass es für so lange Zeit völlig ignoriert wurde.

Jegliche Materie ist daher letzten Endes Kraft oder Energie. Ebenfalls kann Materie letzten Endes als reines Licht betrachtet werden, das sowohl Substanz als auch Kraft ist, und zwar sozusagen in materielle Form und Gestalt kristallisiert. Daher ist die Welt, in der wir leben, in ihrer letzten Analyse Licht oder Strahlung, kristallisiertes oder konkret gewordenes Licht. Alles in der Natur – Nebel und Kometen, Sonnen und Planeten sowie auf unserer Erde Steine und Vegetation, Tierkörper und auch unsere Körper – ist kristallisiertes, konkret gewordenes Licht, Strahlung. Desgleichen sind es Kräfte, die andere Kräfte oder Energien ins Gleichgewicht bringen und sie in mehr oder weniger stabilem Gleichgewicht halten.

Beispiele, in denen sich intuitive Wissenschaftler den Grenzen einiger Grundprinzipien der Theosophie nähern, sind so zahlreich, dass es zu viel Raum erfordern würde, um mehr als einen gelegentlichen Hinweis zu geben, der aufgrund seiner Angemessenheit und der wissenschaftlichen Bestätigung der theosophischen Prinzipien besonders interessant ist. So sagt Sir James Jeans in seinem *The Mysterious Universe,* S. 83 (mit Erlaubnis des Verlages Macmillan Co.):

> [. . .] die Tendenz der modernen Physik geht dahin, das gesamte materielle Universum in Wellen und nichts als Wellen aufzulösen. Diese Wellen sind zweifacher Art: erstarrte Wellen, die wir Materie nennen, und nicht erstarrte Wellen, die Strahlung oder Licht genannt werden. Wenn Vernichtung von Materie vorliegt, so ist der Vorgang lediglich der, dass die gefangen gehaltene Wellenenergie aus ihrer Erstarrung gelöst und freigesetzt wird, um durch den Weltraum zu wandern. Diese Vorstellungen reduzieren das gesamte Universum auf eine Welt des Lichts, und zwar potenziell oder existent [. . .]

Dies erinnert stark an die Aussage der großen Theosophin H. P. Blavatsky, dass eines Tages durch wissenschaftliche Forschung entdeckt werde, dass das, was wir unser physisches Universum nennen, nur kondensiertes, konkretisiertes oder kristallisiertes Licht ist. Diese Aussage machte sie im Jahre 1888; sie wurde damals als ein bloßes Gedankenspiel von ihr, ein Sichergehen in Fantastereien betrachtet. Ihre Rechtfertigung ist gekommen.

IV

Der deutsche Naturwissenschaftler Max Planck[1], ebenfalls ein Wissenschaftler von internationalem Ruf, hat sehr wirksam dazu beigetragen, die Schranken niederzureißen, die einst zwischen Materie und „Energie" vermutet wurden, indem er seine Quantentheorie verkündete. Bei dem Versuch, die Wirksamkeit gewisser Naturkräfte, insbesondere gewisser elektro-magnetischer Phänomene, die immer verborgen gewesen waren, im Licht der neueren Entdeckungen zu erklären, kam ihm eines Tages eine Intuition: Das, was „Energie" genannt wird, besteht wie die Materie aus einzelnen Quanten, das heißt aus Quanteneinheiten, und „Energie" ist nicht ein ununterbrochener Strom. Wenn Energie oder Kraft konventionell als ein stetiger Strom, geradeso wie ein Strom von Wasser, aufgefasst wird, so werden wir doch jedenfalls jetzt zu dem Gedanken gedrängt, dass Energie oder Kraft, die auf diese Weise dem Wasser gleicht, in Partikel zerlegbar ist, oder mit anderen Worten, ihrer Art nach aus Einzelteilchen besteht. Wie Wasser aus Wasserstoff- und Sauerstoffatomen zusammengesetzt ist, so stellt man sich jetzt Energie oder Kraft als aus Korpuskeln, Partikeln oder Ladungen zusammengesetzt vor, und diese werden „Quanten" genannt. So wie Materie, allgemein gesprochen, aus Atomen zusammengesetzt ist, so wird Kraft oder Energie jetzt ebenfalls als aus „Atomen" oder Korpuskeln zusammengesetzt betrachtet. Planck entwickelte seine Intuition zur Form einer Theorie und evolvierte eine Vorstellung von diesen energetischen Korpuskeln oder einzelnen Partikeln – oder was sonst die beste Art sein mag, sie zu beschreiben. Er gab ihnen den Namen *Quanten,* abgeleitet von *quanta,* einem lateinischen Plural mit der Bedeutung „Mengen". Diese *Quanten* sind keine Einheiten von Energie allein, sondern von Energie multipliziert mit Zeit, was am einfachsten als die Zeit zu

[1] Max Planck (1858 – 1947): Begründer der Quantenphysik. Er fand heraus, dass der Energieaustausch zwischen elektromagnetischen Wellen und Materie nur in diskreten Größen stattfindet, den sogenannten Quanten (d. Hrsg.).

verstehen ist, während der eine jede dieser Einheiten als bestimmte Quantität wirkt, wie zum Beispiel bei einer elektrischen Entladung. Jedes *Quant* oder jede Einheit wird in Verbindung mit dem Zeitelement ein *Ereignis* genannt. Hier wird der Terminologie der modernsten chemischen Physik so weit gefolgt, wie diese äußerst metaphysischen und mathematischen Begriffe auch von anderen, und nicht nur von ihren Entdeckern, erfasst werden können.

Nach dem, was bereits untersucht und besprochen wurde, sollte jedem nachdenklichen Gemüt zur Genüge klar geworden sein, dass unser Universum in allen seinen Phänomenen und Erscheinungen illusorisch ist, dass physische Materie im Grunde das Unsubstanziellste und Unwirklichste ist, was wir kennen, denn wir kennen sie nur durch unvollkommene Vermittler – unsere physischen Sinne. Diese berichten uns nur von einem kleinen Teil des Kosmos, von ein oder zwei Tönen der Tonleiter vom Lied des Lebens. Nur von diesen wenigen Tönen aus dem ungeheuren Bereich der im Universum enthaltenen Schwingungsvorgänge geben uns unsere physischen Sinne Kunde.

Augenscheinlich ist, dass Kraft oder Energie, obwohl substanziell, doch ätherischer und von feinerem und subtilerem Charakter ist als Materie. Unser Universum, unsere Welt, auch der Mensch und jede andere Wesenheit sind mit Kraft oder Energie erfüllt, die, obwohl substanziell, doch ätherischer ist als das Vehikel oder der Körper, auf den sie einwirkt und in dem sie wirksam ist.

Ebenso augenscheinlich ist, dass es von den Kräften oder Energien, die durch die Materie wirken und sie beherrschen, sie kontrollieren und leiten, viele unterschiedliche Arten gibt: die physischen, die ätherischen, die noch ätherischeren und so weiter aufwärts und nach innen, bis hin zum Spirituellen, dem kosmischen Erzeuger. Von hier aus, von diesem Erzeuger aus, beginnt der Aufstieg einer in jedem Sinne des Wortes noch spirituelleren Hierarchie, und so geht es weiter ad infinitum, zumindest soweit menschliches Verstehen der aufsteigenden Skala folgen kann, die die universale Natur bildet.

Wiederum kann, wenn das Bild von der materiellen Seite und dem Darunterliegenden aus betrachtet wird, auch in dieser Richtung kein Letztes gefunden werden. Das Elektron ist nicht ein Letztes, denn es gibt noch etwas darüber hinaus Bestehendes, etwas noch weiter innerhalb Existierendes, etwas in gewissem Sinne noch infinitesimal Kleineres, das die Elektronen, Protonen und so weiter aufbaut oder konstruiert, aus denen unser physisches Universum besteht. Auch wenn diese infinitesimal kleinen Teile von geringerer Größe sind, so sind sie doch keineswegs und mit Notwendigkeit von geringerer Energie oder Stärke.

Buchstäblich wüsste man nicht, wie weit in Richtung dieser Art der Teilbarkeit gegangen werden sollte, noch möchte man auch nur wagen, eine abschließende Grenze anzudeuten, wenn es nicht tatsächlich die erhellenden Ausführungen der Theosophie gäbe. Gemäß der Theosophie reicht die Substanz-Materie oder Mutter-Substanz jeder kosmischen Hierarchie bis zu den Grenzen des „Innen“ oder „Außen“, die die Grenzen der Homogenität genannt werden können. Diese homogene Substanz würde nur einer der Treppenabsätze oder hierarchischen Enden in beiden Richtungen der endlosen Treppe des Lebens oder der Leiter des *Seins* sein. Dringen wir in Gedanken noch weiter vor, ist das, was Homogenität genannt wird, wie sie uns durch unsere Sinnesbeobachtung und unsere mentalen Vorstellungen übersetzt wird, nur der Anfang einer anderen und höheren – oder umgekehrt, tieferen – Stufe oder Skala hierarchischer Lebenswesenheiten.

In Verbindung mit dem, was in Bezug auf die Existenz und die Natur sowie die Funktionen der Layazentren gesagt wurde, ist es angebracht, hier darauf hinzuweisen, dass die Layazentren von *einem* Standpunkt aus als Ausgangspunkte zwischen kosmischer Ebene und kosmischer Ebene, sozusagen als neutrale Zentren beschrieben werden können. Da die Verbindungslinie oder die vereinigende Substanz zwischen kosmischem Plan und kosmischem Plan immer das Höchste der darunterliegenden Unterhierarchie ist und mit der untersten

Substanz der folgenden oder höheren Hierarchie verschmilzt und zu dieser Substanz wird, ist zu erkennen, dass diese Fusionssubstanz oder -linie von homogenem Charakter ist. Es sollte daran gedacht werden, dass sich die Natur in ihrem gesamten Gefüge überall wiederholt. So sind die Layazentren nicht nur Kanäle oder Verbindungswege zwischen kosmischem Plan und kosmischem Plan, sondern sie könnten, von einem anderen Standpunkt aus, mit Recht als individualisierte Punkte, monadische Herzen oder Zentren bezeichnet werden. Ihre Anzahl ist buchstäblich jenseits unseres menschlichen Schätzungsvermögens und kann infolgedessen tatsächlich als quasi unendlich bezeichnet werden.

Auch sollte nicht vergessen werden, dass die Layazentren während ihrer Existenz zeitweise schlummern, passiv oder latent sind, bis sie zur tätigen Funktion erwachen, woraufhin sie zu Brennpunkten intensiver Bewegung werden und dies auch bleiben. Sie bleiben Brennpunkte während der Lebensperiode oder Lebenszeit der Wesenheiten und bringen sie durch ihre funktionelle Wirksamkeit in manifestiertes Sein, sie *beseelen* sie in dem sehr wahren Sinne des Wortes.

V

Naturwissenschaftler bezeichnen das Wasserstoffatom als das einfachste physische Atom. Doch hier stellt sich eine Frage von fundamentaler Bedeutung: Wie kommt es, dass es vorhanden ist, wie entsteht es, und woher kommt es in unser physisches Universum? Die bloße Tatsache, dass gesagt werden kann, es sei hier oder dort, beantwortet die Frage in keiner Weise; es ist lediglich die Umkehrung der Frage in eine Behauptung. Eines Tages wird man allgemein wissen, dass es, soweit physische Materie in Betracht kommt, noch ätherischere, einfachere Dinge als das Wasserstoffatom gibt.

Es sind Anzeichen dafür vorhanden, dass das, was einst „Prouts Hypothese“ genannt wurde, heute zumindest von vielen nachdenklichen Wissenschaftlern angenommen wird und rasch an Boden gewinnt. Dennoch mag vielen Prouts Hypothese revolutionär erscheinen, und zwar selbst noch zu unserer Zeit, die mit den Possen der Elektronen und ihren elfengleichen Bewegungen auf ihrer Laufbahn vertraut zu werden beginnt. Der englische Arzt und Chemiker William Prout (*1785), der im April 1850 starb, entwickelte diese Idee aus seinen Naturstudien heraus und lehrte sie lange Zeit mit aufrichtiger Begeisterung während des letzten Teils seines Lebens. Es ist das, was die Alten die *prima materia* oder πρώτη ύλη (prote hyle) nannten, das bedeutet erste oder ursprüngliche physische Substanz, das, was den europäischen Chemikern unter dem Namen Wasserstoff bekannt ist. Nach Prouts Meinung werden von diesem Gas die anderen Elemente, wie sie in den chemischen Tabellen aufgeführt sind, durch einen bisher unbekannten Prozess der Verhärtung oder Kondensierung und abschließende Gruppierung gebildet. Die Hypothese gewann für eine Weile eine geringe Verbreitung, wurde aber schließlich aufgegeben, als nach genauerer Forschung entdeckt wurde, dass die übrigen chemischen Atome nicht exakte Vielfache des Wasserstoffatoms sind.

Doch jetzt liegt der Fall anders, weil weitere Forschung seit Prouts Tagen und neue Entdeckungen erklärt haben, was die Hauptschwierigkeit in der soeben erwähnten Prout'schen Hypothese zu sein schien. Diese spätere und genauere Forschungsarbeit der chemischen Physik, die zum großen Teil den Arbeiten Joseph John Thomsons (1856 – 1940) zu verdanken ist und die von Francis William Aston (1877 – 1945) aufgegriffen und zu erfolgreichem Abschluss geführt wurde, zeigte, dass zumindest einige der sogenannten chemischen Elemente tatsächlich aus einer Mischung zweier (oder mehrerer, d. Hrsg.) Elemente bestehen, die identische chemische Eigenschaften haben, jedoch tatsächlich ein abweichendes Atomgewicht besitzen. Diese wurden von Friedrich Soddy (1877 – 1956) *Isotope* – nach der griechischen Wortverbindung *ἰσο-τόπος* (iso-topos) – genannt, was darauf hinweist, dass sie dieselbe Stelle in der chemischen Tabelle einnehmen. So wurde zum Beispiel gezeigt, dass Chlor mit dem Atomgewicht 35,45 nicht ein einzelnes einheitliches Element ist, sondern eine Mischung von Atomen mit Chlor-Eigenschaften, aber mit den entsprechenden Gewichten 35 und 37. Ähnliche Resultate erhielt man bei mehreren anderen Elementen, sodass die Atomgewichte der übrigen bisher geprüften Elemente in den chemischen Tabellen gegenwärtig fast immer als ganze Zahlen bekannt sind, die tatsächlich, wie Prout behauptete, Vielfache des Wasserstoffs sind. William Cecil Dampier-Whetham (1867 – 1952) sagt:

> Prouts Hypothese, dass sie alle Vielfache des Wasserstoffs sind, hat sich jetzt als wahr herausgestellt, und die geringe Diskrepanz ist in der modernen Atomtheorie sowohl erklärbar als auch von überragendem Interesse.[1]

Wenn modernste Physikochemiker Recht haben und das Wasserstoffatom nur aus zwei Teilchen zusammengesetzt ist, einem einzelnen Elektron in Gemeinschaft mit einem Proton, die zusammen das Wasserstoffatom bilden (und im Augenblick wollen wir das gelten lassen), so müssen tatsächlich das Elektron und das Proton jeweils eine in sich abgeschlossene und für sich bestehende und doch zusammengesetzte Wesenheit sein; andernfalls könnte keines von beiden als eine individuelle Einheit existieren. Selbst wenn dies so ist oder so sein mag, so wäre es doch töricht anzunehmen – und wir würden uns unter den Einfluss einer naiven Täuschung begeben –, dass, weil wir die Dinge bis jetzt noch nicht weiter zurückverfolgen können, das elektrische Korpuskel die allerletzte Wesenheit physischen Seins sei. Alles, was gesagt werden kann, ist, dass die Einheit eines Elektrons das letzte Stadium der analytischen Forschung ist, das bisher erreicht wurde. Als Tatbestand mag es angebracht sein, hier ein

---

[1] Dieser Auszug wurde mit Erlaubnis des Verlages Macmillan Company aus Dampier-Whethams *A History of Science,* 1931, S. 391 entnommen.

und für allemal zu erklären – welchen Gebrauch der Interessierte davon auch machen wird –, dass gemäß der Theosophie jede physische unitäre Wesenheit, so ätherisch oder grob, so groß oder klein sie auch sein mag, ob sie makrokosmisch oder ultra-mikrokosmisch ist, zusammengesetzt ist. Daher muss die Schlussfolgerung gezogen werden, dass sogar diese sogenannten „elementaren" Partikel physischer Substanz selbst in noch andere sie zusammensetzende Einheiten teilbar sind – wären die Hilfsquellen für ihre Erforschung ausreichend groß und die Technik genügend ausgereift, um zu ermöglichen, unsere Aussagen auf das Ultra-Infinitesimale auszudehnen.[1]

Es könnte eingewandt werden: Gibt es irgendetwas von physischer, das heißt materieller Existenz, so erhaben oder ätherisch es auch sein mag, das gleichzeitig wahrhaft homogen und somit nicht zusammengesetzt ist? Wenn irgendetwas so beschaffen wäre, könnte es kein physischer Stoff sein, denn schon der Sinn dieses Wortes bedeutet Zusammensetzung, Konstruktion – mit anderen Worten, Heterogenität.

Die hierin liegende Idee ist somit, dass die Wurzeln der Dinge, sozusagen ihre Grundlagen, in den inneren und unsichtbaren Welten liegen. Folglich sind die wahren Erklärungen ebenfalls in den inneren und unsichtbaren Welten zu finden. Ferner liegen auch die Samen der Wesen oder ihre monadischen Essenzen in den inneren und *spirituellen* Welten; und auch wir leben dort in unserem inneren und geistigen Bewusstsein.

---

[1] Weitere Elementarteilchen des Atoms wurden seitdem entdeckt, doch die Teilbarkeit im Sinne der Theosophie geht unendlich weiter (d. Hrsg.).

VI

Nur wenige Menschen machen sich klar, wie gewaltig die Kräfte und Mächte der unsichtbaren Reiche und Welten sind. Auch wenn wir einmal für einen Moment unsere eigenen unsichtbaren Hüllen des Seins außer Acht lassen, das heißt die unsichtbaren Kleider oder Gewänder, die sich zwischen uns und dem Geist und noch weiter nach innen zwischen uns und unserem göttlichen Funken, der *Monade,* befinden, so ist doch Wenigen klar, dass selbst die Atome unserer physischen Hülle wahrhaft fantastische Kräfte verkörpern, also in sich schließen. Sie erhalten unsere Körper in kohärenter, beständiger Form und Gestalt, weil sie so erstaunlich ausbalanciert sind, das heißt, sie befinden sich in einem mehr oder weniger stabilen Gleichgewicht. Doch bringen wir als monadische Wesen, die wir in unserem Innersten sind, es irgendwie auf wunderbar instinktive Weise fertig, außerhalb unseres gewöhnlichen menschlichen Verstehens, diese gigantisch mächtigen und fast unbegreiflichen Kräfte, die ständig durch uns hindurchwirken, in einem ziemlich stabilen Gleichgewicht zusammenzuhalten, sodass wir auf diesem physischen Plan als körperliche Wesenheiten existieren können, und das machen wir fast unbewusst; und wir werden von diesen Genien der Natur, die wir unbewusst in unserer physischen Hülle gefangen halten, nicht in Stücke gerissen!

Es ist schon lange ein Traum, vielmehr ein noch nicht ausführbarer Wunschtraum, dass sich der Mensch die ungeheuren Kraftquellen in der atomaren Welt dienstbar machen könnte.[1] Von einem bekannten Wissenschaftler wurde geschätzt, dass ein einziger Kubikzentimeter der Erde derart mit elektrischer Kraft angefüllt ist, dass, wenn deren positive und negative Pole getrennt und auf Punkte, die einen Zentimeter voneinander liegen, konzentriert werden könnten, die Anziehungskraft zwischen ihnen einer Kraft gleichkäme, die hundert

[1] Was ja inzwischen zum Beispiel zu friedlichen Zwecken in Kernkraftwerken geschieht (d. Hrsg.).

Millionen Millionen Millionen (eine Eins mit zwanzig Nullen) Tonnen entspräche!

Einhundert Trillionen Tonnen! Man überlege sich, wie viele Kubikzentimeter Materie in unserem physischen Körper enthalten sind und wie das unbegreiflich erstaunliche Kräftespiel sowie das Ausbalancieren dieser Kräfte in jedem Augenblick, zu jeder Zeit und unaufhörlich vor sich gehen. Auch ist zu bedenken, wie dieser unser physischer Körper im erwachsenen Zustand seine Form im Laufe der Jahre relativ unverändert beibehält; wie er aus einem mikroskopisch kleinen menschlichen Samen durch Kindheit und Jugend zur Volljährigkeit heranwächst, wobei er sich während dieser Übergangsperioden höchst wunderbar verändert und entwickelt und von Anfang an stetig und ohne Unterlass zweckmäßig dem einen Ziel entgegenarbeitet, dem menschlichen Erwachsensein. Dies geschieht unter der beaufsichtigenden und unfehlbar leitenden Führung der inneren und unsichtbaren monadischen Wesenheit, die unser spirituelles *Selbst* genannt wird. Welch ein Wunder ist das alles! Dieses erstaunlich mächtige innere, unsichtbare monadische Wesen, das diese gewaltigen Kräfte der ätherischen Reiche der Natur beherrscht, uns sowohl astral als auch physisch gestaltet und – von den noch subtileren Kräften ganz zu schweigen, die in den psychologischen und spirituellen Gefilden unseres Seins wirksam sind – uns zu dem macht, was wir physisch sind. Wie soeben angedeutet, existiert hinter unseren psychologischen und astralen Teilen die noch weit wunderbarere spirituelle Wesenheit, die noch unfassbarere und erstaunlich subtilere Kräfte beherrscht, denn die spirituelle monadische Wesenheit ist die Wurzel unseres Seins. So gewaltig die Energiequelle auch sein mag, die in jedem Atom eingeschlossen ist, so unterscheidet sie sich doch sowohl in der Stärke als auch in der Beschaffenheit von jenen weit höheren und mächtigeren spirituellen Energie-Wellenlängen des Geistes, die auch von Stern zu Stern dahinziehen.

In fernen, zukünftigen Äonen, wenn die evolutionäre Entwicklung uns auf unserem künftigen Bestimmungsweg ein gutes Stück vorangebracht hat, werden wir selbst-bewusste Herrschaft über die noch geheimnisvolleren und wunderbareren Energien, Kräfte und Fähigkeiten der spirituellen Teile unserer Konstitution erreichen. Gegenwärtig wirken diese in einer Art und Weise in und durch uns, die für unser gegenwärtiges niederes und begrenztes psychologisches Bewusstsein automatisch zu sein scheint. Dieses Bewusstsein, das sich jetzt als Gedanke und Wille zum Ausdruck bringt, ist die zusammengesetzte Fähigkeit und Kraft, die es uns ermöglicht, einen Arm oder ein anderes Körperteil zu erheben oder auch bewusst und mit bestimmten Absichten zu denken, und zwar mehr oder weniger so, wie wir es wollen.

Sir Oliver Lodge sagt in seinem *Ether of Space:* Könnte sich der Mensch nur die verfügbare Energie nutzbar machen, die in einem Kubikmillimeter ätherischer Materie liegt – in einem Partikel, das nicht größer ist als der Kopf einer gewöhnlichen Stecknadel –, so reicht sie aus, um eine Million Pferdestärken zu liefern, die ununterbrochen vierzig Millionen Jahre hindurch arbeiten!

Derartiges berichten Naturwissenschaftler von dem scheinbar leeren Raum, von der „Leerheit", die in Wirklichkeit die ätherische Welt des nächsthöheren Planes ist, der über unserer physischen Erde liegt, mit anderen Worten der kosmische astrale Plan, wie er in der Theosophie genannt wird. Unsere Sinne berichten uns also nicht getreu, oder vielleicht besser gesagt, sie können uns nicht mehr berichten als das, was sie selbst aus dem Bereich ätherischer Schwingungen aufnehmen können, für die sie evolviert wurden oder die sie zu benutzen gelernt haben. Sie sind sehr unvollkommene Instrumente. Wenn wir bedenken, dass unsere grobe, physische Sphäre, die uns so materiell und dicht erscheint, schließlich nichts anderes ist als eine ungeheuer große Zusammenballung elektrischer Ladungen, die in den Körpern der verschiedenen Atome wohnen, aus denen die physische Materie zusammengesetzt ist, und dass diese elektronischen „Sub-Atome" mehr oder weniger ebenso weit voneinander getrennt sind wie die Himmelskörper in unserer physischen Sphäre – wenn wir dies alles bedenken, dann besteht keine große Schwierigkeit, die Tatsache zu erkennen, dass Wesen mit einem von dem unseren abweichenden Sinnesapparat sehr leicht durch die physischen Körper von uns Menschen und durch den physischen Körper unserer Erde hindurchsehen können, als wären sie – „leerer Raum".

Alle Teile der Natur und ihre Funktionen sind so eng aneinandergekettet wie ein ineinander gewirktes Gewebe, und zwar ein Gewebe nicht nur aus „Raum-Zeit", sondern auch aus „Kraft-Materie", wie es genannt werden könnte. So beginnt man jetzt zu mutmaßen, dass nichts im Universum von dieser allgemeinen Regel ausgenommen werden kann – und das ist eines der fundamentalen Postulate der Theosophie.

Die menschlichen fünf Sinne zum Beispiel, wie sie in ihren entsprechenden Organen zum Ausdruck kommen, sind selbst die Ergebnisse nicht nur der Evolution im landläufigen Sinn dieses Ausdrucks, in seiner Bedeutung als Entfaltung oder Entwicklung, sondern sie sind ebenfalls die Ergebnisse ineinanderwirkender und miteinander verwobener Kräfte, die in den verschiedenen Arten von Materie tätig sind, die das Universum zusammensetzen.

Selbst die Sinne des Menschen mit ihren entsprechenden Sinnesorganen – gegenwärtig sind es fünf, in ferner Zukunft werden es aber sieben, wenn nicht gar zehn sein – wurden nicht gleichzeitig miteinander evolviert oder entfaltet. Sie erschienen vielmehr fortlaufend einer auf den anderen folgend, obgleich in jedem Sinn die sensorischen Andeutungen der anderen Sinne oder Sinnesorgane immer vorhanden waren, bevor sie in der relativen Vollkommenheit erschienen, die sie später erreichten.

So erschienen die gegenwärtigen fünf Sinne des Menschen mit ihren entsprechenden Organen in Bezug auf Zeit und Aufeinanderfolge in der Reihenfolge: das Gehör war der erste Sinn, der entwickelt wurde; ihm folgte der Tastsinn; dann kamen in geordneter Folge das Sehen, der Geschmack und der Geruch. Es ist interessant, diese Reihenfolge der fünf Organe mit den Strahlungs-„Oktaven" zu vergleichen, die die moderne Naturwissenschaft entdeckt hat und mit so viel Sorgfalt und Interesse studiert. Die Sinne sind alle miteinander verschiedene Ausdrucksformen von „Strahlung", das heißt von Kräften, die in materieller Substanz wirksam sind, obgleich in diesen Fällen die Strahlungen ebenso sehr von psycho-mentalem wie von physischem Charakter sind und ebenfalls aus den Organen, durch die sie wirken, hervorgehen.

Niemand kann bisher genau sagen, wie viele Strahlungs- oder Schwingungsoktaven existieren. Doch tatsächlich erstrecken sich die Strahlungsoktaven unbegrenzt nach beiden Richtungen der „Frequenzskala". Zur Veranschaulichung sei die übliche Skala herangezogen: Wird die sichtbare Strahlung des Lichtes mit seiner siebenfachen Erscheinungsform im mittleren Bereich der Skala angenommen, so liegt der ultraviolette Bereich an der Seite höherer Frequenzen. Dieser folgen Oktaven noch kürzerer Wellenlänge. Werden in der Richtung zu niederen Frequenzen eine Reihe von Frequenzoktaven längerer Wellen betrachtet, dann haben wir hier eine Skala, die einzigartig mit den fünf menschlichen Sinnen korrespondiert, die bisher in Verbindung mit ihren entsprechenden Organen entwickelt worden sind.

Die niederen Frequenzen[1] sind die Gehör-Wellen (Sprache, Musik). Wenn wir in der Skala weiter, also zu fortschreitend kürzer werdenden Wellen gehen, so kommen wir zu jenen Wellen, die in uns die Empfindung von Wärme hervorrufen.[2] Gehen wir auf unserer Skala weiter, so kommen wir zu den Oktaven von Wellen mit stetig abnehmender Länge und erreichen die Stufe der sichtbaren Strahlung mit ihrem siebenfachen Spektrum.[3] Unser Sehorgan reagiert auf die von diesen Wellen ausgeübten Anstöße, empfängt sie und kann sie dem Gehirn übermitteln. Bei der Fortsetzung unserer Reise durch die Skala kommen wir zu Wellen von ständig abnehmender Länge, das heißt zu kürzeren Wellen, und erreichen damit den ultravioletten Bereich der Skala.[4] Diese würden, könnten die Tatsachen erkannt werden, unserem Geschmackssinn zugeordnet werden, dessen organische Funktion im menschlichen Körper vertreten ist. Setzen wir unsere Reise zu noch kürzer werdenden Wellen fort, betreten wir die Stufe der Röntgenstrahlen, die mit unserem Geruchssinn korrespondieren.

---

[1] Technisch werden die Schwingungen heute nach der Anzahl pro Sekunde gerechnet. Eine Schwingung pro Sekunde ist ein Hertz; Zeichen: Hz. Niedere Frequenzen entsprechen hier 16 – 20 000 Hz (d. Hrsg.).

[2] Infrarot = ca. 300 Milliarden bis ca. 390 Billionen Hz (d. Hrsg.)

[3] Ca. 390 bis 780 Billionen Hz (d. Hrsg.)

[4] 780 Billionen bis ca. 300 Billiarden Hz (d. Hrsg.)

Zwei weitere Sinne und ihre entsprechenden Organe werden im menschlichen Körper entwickelt, bevor unsere Zeitperiode auf diesem Globus in dieser vierten Runde zu Ende geht. Von diesen beiden bisher unentwickelten Sinnen gibt es bisher nur Andeutungen. Sie werden im Vergleich mit der Frequenzskala mit den Wellen übereinstimmen, die sich am äußeren Ende der bisher bekannten Frequenz- oder Strahlungsskala befinden, das heißt mit denen, die in das Ende der Röntgenstrahlen und in den Anfang der Gammastrahlen hineinreichen.

Durch Evolution werden in ferner Zukunft drei weitere Sinne hervorgebracht, evolviert oder entfaltet sein, bevor die Menschheit diese Planetenkette verlässt. Wissenschaftler jener fernen Zeit werden dann erkennen, dass sich diese drei Sinne, die im Menschen bis jetzt noch völlig inaktiv sind, der Reihe nach entfalten und mit den Wellen korrespondieren, die zu jener Zeit am äußersten Ende der Strahlungsskala repräsentiert sind. Sie werden mit noch kürzeren Wellenlängen als denen der Gammastrahlen übereinstimmen, mit denen, die mit dem allgemeinen oder kollektiven Ausdruck „kosmische Strahlen" bezeichnet werden.

Dies bedeutet natürlich nicht, dass die Strahlungsskala der Natur hier endet. Es bedeutet lediglich, dass die vervollkommnete Menschheit jener fernen Zukunft auf Strahlung reagieren wird – und zwar selbstbewusst reagieren wird –, die bisher nur wenig verstanden oder nur vermutet wird.

Was die vielen Bereiche verschiedener Strahlungen auf der Skala der Natur betrifft, so ist es interessant sich zu vergegenwärtigen, dass diese Oktaven faktisch unendlich sind. Die Naturwissenschaft beginnt diese Tatsache zu ahnen. Jeans zeigt dies in seinem Buch *Through Space and Time*[1]: „Unsere Ohren können elf Ton-Oktaven hören, aber unsere Augen können nur eine Licht-Oktave sehen." Logischerweise könnte dies vielleicht bedeuten, dass unsere Ohren als Sinnesorgane viel älter und daher in ihrer Funktion leistungsfähiger sind als unsere Augen. Der Unterschied zwischen der Fähigkeit, elf Oktaven wahrzunehmen und zu interpretieren, wie beim Hören, und eine Oktave, wie beim Sehen, ist – wenn auch nicht gewaltig – so doch sicherlich erheblich, und er sollte bei Schlussfolgerungen nicht vergessen werden.

---

[1] 1934, S. 53, Zitat mit Erlaubnis des Verlages Macmillan Company.

Ebenfalls sollte beachtet werden, dass jeder einzelne der menschlichen Sinne – jetzt als psycho-mentale, vital-astrale organische Funktionen betrachtet – das Potenzial und die Fähigkeiten eines jeden der übrigen Sinne in sich enthält, auch wenn diese noch latent sind. So enthält der Gesichtssinn, und in geringem Grade auch das Organ, nicht nur seine eigene Fähigkeit und differenzierte Funktion, das Sehen, sondern, mehr oder weniger latent, ebenfalls die anderen vier Sinne des Hörens, Tastens, Schmeckens und Riechens. Ähnlich ist es auch mit den übrigen Sinnen, von denen jeder das Potenzial und die latente Funktionsfähigkeit der anderen vier enthält.

Jede der sieben großen Wurzelrassen[1] der Menschheit, die in bestimmter Zeitfolge einander ablösen, bringt, und zwar ebenfalls in geordneter Reihenfolge, einen der sieben Sinne zu voller aktiver Funktion und gleichzeitig jeden der bisher unentwickelten Sinne zu unvollendeter Manifestation oder Entfaltung. Das geschieht auf folgende Weise:

Die erste Wurzelrasse hat gegen ihr Ende den Gehörsinn mit seinem ihm angepassten Organ evolviert, manifestiert aber ebenfalls, wenn auch sehr unvollkommen, die anderen sechs Sinne.

Die zweite Wurzelrasse hat gegen ihr Ende den Tastsinn mit seinem ihm angepassten Organ evolviert, manifestiert aber ebenfalls, wenn auch sehr unvollkommen, die anderen fünf Sinne.

Die dritte Wurzelrasse hat gegen ihr Ende den Gesichtssinn mit seinem ihm angepassten Organ evolviert, manifestiert aber ebenfalls, wenn auch sehr unvollkommen, die anderen vier Sinne.

Die vierte Wurzelrasse hat gegen ihr Ende den Geschmackssinn mit seinem ihm angepassten Organ evolviert, manifestiert aber ebenfalls, wenn auch sehr unvollkommen, die anderen drei Sinne.

Die fünfte Wurzelrasse wird gegen ihr Ende den Geruchssinn mit seinem ihm angepassten Organ völlig evolviert haben, manifestiert aber ebenfalls, wenn auch sehr unvollkommen, die beiden anderen Sinne.

---

[1] Siehe: Gottfried von Purucker: *Esoterische Philosophie – Wörterbuch.* Hannover, 1991, S. 202 (d. Hrsg.).

Die sechste und siebente Wurzelrasse werden gegen ihr Ende ihren eigenen, ihnen zugehörigen Sinn mit seinem ihm angepassten Sinnesorgan evolvieren. So wird die Reihe von sieben vollständig entwickelten Sinnen, jeder mit seinem ihm angepassten Organ und seiner organischen Funktion, am Ende der siebenten Wurzelrasse auf unserem Globus in dieser vierten Runde voll in Tätigkeit sein.

1. Wurzelrasse: Hören
2. Wurzelrasse: Hören und Fühlen
3. Wurzelrasse: Hören, Fühlen und Sehen
4. Wurzelrasse: Hören, Fühlen, Sehen und Schmecken
5. Wurzelrasse: Hören, Fühlen, Sehen, Schmecken und Riechen

und so folgend.

Jeder Sinn enthält also potenziell die Wurzeln oder Rudimente all der anderen Sinne, die zu gegebener Zeit folgen. Eine in der Theosophie bekannte Tatsache ist die, dass alle Sinne lediglich Spezialisierungen dessen sind, was die innere und einheitliche Quelle von allem genannt werden könnte. Der Leser wird auf das Werk des Autors, *Grundlagen der Esoterischen Philosophie,* verwiesen. In diesem wird der Ursprung einer Planetenkette oder irgendeiner anderen evolvierenden Wesenheit aufgezeigt, die in geordneter Reihenfolge aus sich selbst heraus die Kette manifestierter „Ereignisse" entfaltet und entrollt und aus ihrem Aggregat die Gesamtheit einer manifestierten Wesenheit hervorbringt. Der Sachverhalt ist zu kompliziert, um ihn in einem Einschub zu erklären; es wäre töricht, es auch nur zu versuchen.

Hätten wir das „ätherische Auge", würden wir in der Tat den intraatomaren Äther, in dem wir physisch leben, wahrnehmen; wir wären jedoch als physische Körper füreinander unsichtbar. Nur gelegentlich würde ein Elektron wie ein Lichtstreif durch unser Sehen blitzen, ein Elektron, das symbolisch ist für elektrische Energie. Im Menschen ist aber noch mehr als sein bloßer Sinnesapparat enthalten, mit dem er lernen und die universale und unsichtbare Natur erschauen kann: es sind die Fähigkeiten und Kräfte seines inneren Selbstes, das essenziell göttlich ist. Es enthält eine praktisch unbegrenzte Kapazität und unendliche Möglichkeiten, weil es unlösbar mit dem SELBST, der göttlichen Natur des Universums, verkettet ist. Daher ist es imstande, an die Wurzeln der Dinge, mit anderen Worten an die kosmische Realität selbst, heranzugehen und sie zu erreichen; denn dieses Selbst ist ein individualisierter, jedoch identischer Teil dieser kosmischen Realität.

Wenn die Naturwissenschaft erkannt haben wird, dass physische Wesen nicht ohne einen inneren Energie-Brennpunkt existieren können – man mag diesen inneren Brennpunkt „Seele" nennen oder ihm eine andere Bezeichnung geben –, dann wird die wahrhaft philosophische Naturwissenschaft der Zukunft mit jedem Jahr mehr dazu neigen, bestimmter und vollständiger mit der Theosophie, der Esoterischen Tradition, in Einklang zu kommen. Wird die Naturwissenschaft der Zukunft dahin gelangt sein, zu verstehen und zu erkennen, dass die physische Welt nur der Ausdruck der Kräfte oder Energien sowie der ätherischen Substanzen ist, die in sie einströmen und sie dadurch aufbauen – einströmen aus Sphären und Welten, die für unseren gegenwärtigen Sinnesapparat unsichtbar sind und die die „Seele" der physischen Welt genannt werden können –, dann werden wir aller Wahrscheinlichkeit nach, ja notwendigerweise auch sehen, dass sich die Naturwissenschaft dieses zukünftigen Tages mit Ablauf eines jeden Jahres mehr und mehr der Theosophie nähern wird.

Schon jetzt bewegt sich die Naturwissenschaft sehr schnell in die soeben gekennzeichnete Richtung. Täglich werden die Anzeichen dafür zahlreicher, dass der glänzende Geist moderner Wissenschaftler unruhig wird angesichts der sich schnell mehrenden entdeckten Tatsachen, für die bisher noch kein vereinheitlichendes und befriedigendes philosophisches System entwickelt oder gefunden wurde, das sie alle in eine zusammenhängende und überzeugende logische Synthese bringen könnte.

Unglücklicherweise ist die Ehe zwischen der Naturwissenschaft und dem Vater allen menschlichen Wissens, der Theosophie, bisher noch nicht zustande gekommen, und im Ganzen genommen ist ein zu großer Teil der modernen Naturwissenschaft noch „seelenlos“. Dieses anschauliche Wort wird hier nicht mit der Absicht angewandt, respektlos gegenüber den großartigen Arbeiten der Wissenschaftler in allen Ländern zu sein oder zu vergessen, dass sie alles in ihren Möglichkeiten Stehende tun, um die Geheimnisse der Natur zu entschleiern. Sie richten ihr ganzes mentales und geistiges Bemühen darauf, hinter die Schleier des äußeren physischen Scheines zu dringen. Wahrheit ist das Heiligste, wonach ein Mensch streben kann, und ohne Frage sind heute die besten Naturwissenschaftler Wahrheitssucher.

Wenn die soeben angedeutete Zukunft gekommen ist, wird die Naturwissenschaft deutlich religiös geworden sein – religiös jedoch in einem kosmischen Sinn und nicht in dem beschränkten Sinn, der dem Wort „religiös“ in den Ländern des Westens allgemein beigelegt wird. Dann, in jenen zukünftigen Zeiten, wird eine neue und sehr beeindruckende Naturreligion wahrhaft spiritueller Art an die Stelle der jetzigen Periode agnostischer Ungewissheit treten. Es wird nicht *eine* Religion sein, sondern Religion *an sich,* die völlig auf dem Fundament und in allen ihren Teilen auf den Tatsachen des geistigen Universums gegründet ist.

Kapitel 3

Schicksalsgewebe – I

Der Titel „Schicksalsgewebe“ erläutert äußerst anschaulich, in welcher Weise bewusste und selbstbewusste Wesen sich in die Folgen, Resultate oder Wirkungen einweben, die aus den gehegten Gedanken, den Gefühlen und den vollbrachten Handlungen aufgrund innerer Impulse hervorgehen.

Die heute in der westlichen Welt herrschende Ansicht, Zufall oder Schicksal – im Großen oder Kleinen – seien die Ursache für bestehende Verhältnisse, für die Umwelt oder für richtunggebende Impulse, denen die Wesenheiten unterworfen sind und denen sie folgen, während sie in einer Umgebung leben, zu der sie gerade gehören, ist töricht und philosophisch unannehmbar. Bei aufmerksamer Betrachtung und mit etwas Überlegung wird klar ersichtlich, dass ein Universum, das auch nur im kleinsten Ausmaß blinde Zufälligkeiten oder Glücksfälle zuließe, gesetzlos und anarchistisch wäre und weder auf Vernunft noch auf Verstand basierte. Werden die Dinge auf eine so treffende Weise dargelegt, ist wahrscheinlich unter hundert Millionen Menschen nicht einer bereit, die herrschende Ansicht als den Tatsachen entsprechend zu akzeptieren.

Zufall oder Schicksal bilden bei näherer Betrachtung lediglich ein Glied oder einige Glieder in der Kette universaler Verursachung, die noch nicht genügend erforscht wurden. Daher sind „Zufall“ und „Schicksal“ bloße Wörter, die von Unwissenheit oder von noch nicht erlangten Kenntnissen zeugen.

Die Natur – im weitesten Sinne des Wortes verstanden – oder der universale Kosmos, wie auch gesagt werden kann, ist organisch, ein

Organismus. Er ist von buchstäblich unzähligen kleineren Lebewesen aufgebaut, von denen jedes einzeln und individuell seinerseits ein Organismus ist. Die Natur wiederholt sich überall in ihrem grenzenlosen Gefüge. Alles, was im Kleinen vor sich geht, ist lediglich eine Reproduktion, eine Spiegelung oder Reflexion der kosmischen Realität, die in dem gewaltigen Ganzen überall vorherrscht, ob sie nun als kosmische Intelligenz, als Geist oder als Substanz betrachtet wird.

Die Konsequenz hieraus ist, dass die All-Natur als ein ungeheures, unfassbar großes kosmisches Gewebe angesehen werden kann, in das alles, was existiert, hineingewoben ist, da alles einen Bestandteil des kosmischen Ganzen bildet. Aufgrund dieser fundamentalen Zusammenhänge zeigt die Theosophie in anschaulicher und bildhafter Weise die Beziehungen aller Wesen zueinander und zu dem sie umgebenden kosmischen Ganzen auf. Dieses Gewebe ist ein unlösbar miteinander verwobenes, untereinander verkettetes, ineinandergreifendes und sich gegenseitig durchdringendes System von Leben (Plural).

Aus diesem Grund ist der Mensch als ein individueller, kleinerer Organismus mit den ihn umgebenden kosmischen Fäden des großen Lebensgewebes auf ewig verwoben und verkettet. Unweigerlich wiederholt er daher bei allen Ideen, die er entfaltet und manifestiert, oder durch seine Gefühle und die aus ihnen resultierenden Folgen das kosmische Muster, das heißt „Gesetz" und Substanz, die das Universum formen, in dem er lebt, sich bewegt und sein Dasein hat. Jeder Gedanke, den ein Mensch hegt, jedes Gefühl, das er empfindet, und jede Handlung, die den aus diesen Gedanken und Gefühlen aufsteigenden Impulsen folgt, bilden ein äußerst verwickeltes und faszinierendes Schicksalsgewebe. Dieses Schicksalsgewebe webt der Mensch ständig um sich, und von einem gewissen Standpunkt aus ist es wahrhaftig *er selbst.*

Auf keinen Fall sollte nun angenommen werden, die kosmischen Wirkungsweisen schließen Fatalismus in sich, der Mensch sei lediglich eine Marionette, das blinde, willenlose Opfer eines unerforschlichen Schicksals, das ihn hin und her stößt, ob er es will oder nicht. Eine Auffassung wie diese ist gänzlich verkehrt. Daher sollte nichts, was in diesem Kapitel oder anderswo gesagt wurde, dahingehend missverstanden werden. Im Gegenteil, gemäß der Theosophie ist der Mensch auf seinem anfang- und endlosen Schicksalsweg eine mit *Willen* begabte wirkende Kraft, mit anderen Worten, er macht ständig von seinem relativ geringen freien Willen Gebrauch. Seine Willensfreiheit entspricht dem Grad, den er beim Aufstieg zur selbstbewussten Wiedervereinigung mit seiner spirituellen Göttlichkeit, seiner individuellen innersten Essenz, erreicht hat, das heißt mit seiner Monade, dem Selbst seiner vielen menschlichen Selbste, die sich als Reinkarnationen oder Wiederverkörperungen in den Sphären, die er durchschreitet, manifestieren.

Dieses allgemeine Naturprinzip, das Weben solcher Schicksalsgewebe, in die sich der Mensch durch den Gebrauch seines freien Willens ununterbrochen einhüllt, wird mit dem Sanskritwort „Karman" bezeichnet. Es besagt, dass alles, jeder Gedanke, jede Emotion oder jeder innere Impuls, unvermeidliche Folgen, Resultate oder Wirkungen nach sich zieht. In diese verwickelt sich der Mensch und webt die Fäden des Schicksalsgewebes, in dem er sich in jedem Augenblick befindet. Wahrscheinlich wurde Karman niemals anschaulicher dargestellt als von der großen Theosophin H. P. Blavatsky, sie schreibt Folgendes:

> Jene, die an Karma glauben, müssen an das Schicksal glauben, das von der Geburt bis zum Tode ein jeder Mensch Faden um Faden um sich selbst webt, wie eine Spinne ihr Gewebe; und dieses Schicksal ist gelenkt entweder von der himmlischen Stimme des unsichtbaren Vorbildes außerhalb von uns oder von unserem mehr vertrauten *astralen* oder inneren Menschen, der nur zu oft der böse Genius der verkörperten Wesenheit, genannt Mensch, ist. Diese beiden locken den äußeren Menschen, aber einer von ihnen muss

> vorherrschen; und von dem ersten Anfang des unsichtbaren Aufruhrs an setzt das strenge und unerbittliche *Gesetz der Wiedervergeltung* ein und nimmt seinen Lauf, getreulich verfolgend das Hinundherwogen des Kampfes. Wenn der letzte Faden gesponnen und der Mensch anscheinend in das Netzwerk seiner eigenen Tat verwickelt ist, dann findet er sich vollständig unter der Herrschaft seines *selbstgemachten* Geschickes. Dasselbe heftet ihn dann entweder wie die schwerfällige Muschel an den unbeweglichen Felsen, oder es trägt ihn wie eine Feder hinweg in dem durch seine eigenen Handlungen erregten Wirbelwind, und das ist – KARMA.
>
> *Die Geheimlehre,* Bd. I, S. 700 f.

Weiter schreibt sie:

> [...] je enger die Vereinigung zwischen dem sterblichen Widerschein Mensch und seinem himmlischen Vorbild, desto weniger gefährlich sind die äußeren Bedingungen und folgenden Wiederverkörperungen – denen weder Buddhas noch Christusse entgehen können. Das ist kein Aberglaube, am allerwenigsten ist es *Fatalismus.* Fatalismus schließt in sich ein blindes Ablaufen einer noch blinderen Kraft, aber der Mensch ist ein freier Handelnder während seines Verweilens auf Erden. Er kann seinem *herrschenden* Schicksal nicht entrinnen, aber er hat die Wahl zwischen zwei Pfaden, die ihn in dieser Richtung führen, [...] denn es gibt *äußere* und *innere Bedingungen,* die die Bestimmung unseres Willens auf unsere Handlungen beeinflussen, und es liegt in unserer Macht, den einen oder den anderen von beiden zu folgen.
>
> *Die Geheimlehre,* Bd. I, S. 700

Aus diesen anschaulichen, der *Geheimlehre* entnommenen Darstellungen ist klar ersichtlich, dass der menschliche freie Wille frei ist exakt im Verhältnis zu der zunehmenden Vereinigung des Menschen mit seinem inneren göttlichen Vorbild, das heißt mit seinem eigenen innersten monadischen Selbst. Dieses Selbst ist sozusagen ein spirituLeller Tropfen im göttlichen Ozean der universalen Geist-Bewusstsein-Leben-Substanz. Jeder Mensch ist eine zusammengesetzte Wesenheit, die infolge der Übereinstimmung verschiedener monadischer Wesenheiten zu einem einheitlichen Wesen aufgebaut wird. Diese Wesenheiten setzen somit seine Konstitution zusammen und machen ihn durch ihre ununterbrochene, unaufhörliche Wechselwirkung und Zusammenarbeit zu dem komplexen Wesen, das er offensichtlich ist. Wie aus den zitierten Worten Blavatskys deutlich hervorgeht, erklärt dies, dass das normale menschliche Wesen oder der physisch-astrale Mensch als Vehikel oft das unbewusste, quasi-bewusste Opfer oder der Sklave karmischer Ursachen ist. In früheren Leben wurden sie in Bewegung gesetzt, und der jetzige physische Mensch ist sich ihrer in keiner Weise bewusst, er hat sie nicht gewollt und ist daher ihr „Opfer".

So kommt es, dass menschliches Schicksal „unverdientes Leid" enthält, wie es oberflächlich passend genannt werden kann, denn die Gedanken und Handlungen Anderer sind ununterbrochen an der Arbeit, das Schicksalsgewebe, in das sich der Mensch selbst eingehüllt hat, gestalten zu helfen. Wir geben und nehmen ununterbrochen voneinander, wodurch unsere individuellen Schicksalsgewebe so kompliziert und unzertrennbar miteinander verwoben sind. Selbst wenn wir dies einräumen – was ja jedem wahrnehmenden und nachdenklichen Menschen einleuchtet –, würden wir dennoch – wären wir imstande, die Gründe für dieses oder jenes Unglück, Missgeschick oder Leid, das uns zufällt, bis zu seinen letzten kausalen Quellen zurückzuverfolgen – sehr deutlich sehen, dass die Gesamtheit all dieses sogenannten „unverdienten Leides" seinem Ursprung nach unseren eigenen Gedanken, Emotionen oder Taten zuzuschreiben ist. Sie sind zwar längst vergessen und unserem Bewusstsein entfallen, dennoch sind sie ebenso wirkungsvoll tätig, als würden wir uns ihrer erinnern. Blavatsky schreibt auch hier wieder so treffend:

Auch wären die Wege Karmas nicht unerforschlich, wenn die Menschen in Einigkeit und Harmonie wirken würden, anstatt in Uneinigkeit und Streit. Denn unsere Unkenntnis dieser Wege – die ein Teil der Menschheit die Wege der Vorsehung nennt, dunkel und verworren, während ein anderer in ihnen die Wirkung des blinden Fatalismus sieht und ein dritter einfachen Zufall, ohne Götter und ohne Teufel zu ihrer Leitung – würde sicherlich verschwinden, wenn wir nur alle von ihnen ihrer richtigen Ursache zuschreiben würden. Mit der richtigen Erkenntnis, oder zum mindesten mit einer vertrauensvollen Überzeugung, dass unsere Nachbarn ebenso wenig darauf sinnen, uns zu schädigen, als wir daran denken, sie zu kränken, würden zwei Drittel des Weltübels in leere Luft vergehen. Wäre kein Mensch dazu bereit, seinen Bruder zu verletzen, so hätte Karma-Nemesis weder Ursache, deshalb zu wirken, noch Waffen, um durch dieselben zu handeln. Die beständige Anwesenheit in unserem Gemüt von jedem Bestandteil von Streit und Widerstand, und die Einteilung der Rassen, Völker, Stämme, Gesellschaften und Einzelwesen in Kaine und Abel, Wölfe und Lämmer, ist die Hauptursache der „Wege der Vorsehung". Wir schneiden diese zahlreichen Windungen in unsere Schicksale täglich mit unseren eigenen Händen, indes wir uns einbilden, dass wir eine Spur auf der königlichen Heerstraße der Ehrbarkeit und Pflicht verfolgen, und dann uns beklagen, dass diese Windungen so verworren und so dunkel sind. Wir stehen verwirrt vor dem Geheimnis, das wir selbst geschaffen, und vor den Rätseln des Lebens, die wir *nicht* lösen *wollen,* und dann klagen wir die große Sphinx an, dass sie uns verschlingt. Aber fürwahr, es ist kein Zufall in unseren Leben, kein missratener Tag und kein Missgeschick, die nicht auf unsere eigenen Taten in diesem oder in einem anderen Leben zurückgeführt werden könnten […]

> [. . .] Karma-Nemesis ist nichts mehr als die geistige, dynamische Wirkung von Ursachen, hervorgebracht durch unsere eigenen Handlungen, und von Kräften, die von eben denselben zur Tätigkeit erweckt wurden.
>
> *Die Geheimlehre,* Bd. I, S. 705

An anderer Stelle schreibt dieselbe Verfasserin mit gleicher Treffsicherheit und unbeugsamer Logik:

> Ein Okkultist oder ein Philosoph wird nicht von der Güte oder Grausamkeit der Vorsehung sprechen; aber sie mit Karma-Nemesis identifizierend, wird er nichtsdestoweniger lehren, dass sie die Guten schützt und über sie in diesem sowie im zukünftigen Leben wacht; und dass sie den Übeltäter bestraft – ja bis zu seiner siebenten Wiedergeburt – so lange in der Tat, als nicht die Wirkung davon, dass er auch nur das kleinste Atom in der unendlichen Welt der Harmonie in Störung versetzt hat, schließlich wieder in Ordnung gebracht ist. Denn das einzige Gesetz des Karman – ein ewiges und unveränderliches Gesetz – ist unbedingte Harmonie in der Welt des Stoffes, so wie sie es ist in der Welt des Geistes. Nicht Karma ist es daher, das belohnt oder bestraft, sondern wir belohnen oder bestrafen uns selbst, je nachdem wir entweder mit, mittels und gemäß der Natur wirken, indem wir den Gesetzen, von denen diese Harmonie abhängt, gehorchen oder sie brechen.
>
> *Die Geheimlehre,* Bd. I, S. 704 f.

Strengste und unparteiischste Gerechtigkeit regiert die Welt, denn sie ist das Resultat der alles durchdringenden kosmischen Harmonie, die nur durch die Ausübung des freien Willens der Wesen gebrochen wird, die törichterweise und vergebens versuchen, das kosmische Gleichgewicht ins Wanken zu bringen. Das wahre Herz der universalen Natur ist Mitleid oder das, was viele Menschen unendliche Liebe nennen, was unendliche Harmonie bedeutet.

Tatsächlich ist das Nicht-Verstehen des fundamentalen Prinzips dieser kosmischen Harmonie der Fels, an dem sich die zwei Hauptströme philosophischen menschlichen Denkens in Bezug auf Charakter und Natur des freien Willens im Menschen in zwei Strömungen gespalten haben. Die Schule der Fatalisten leugnet es fast oder ganz, gleich, ob die Mitglieder dieser Schule nun zu der Klasse gehören, die einen allmächtigen Alleinherrscher anruft, der dem Menschen sein Los im Leben zuweist und dem dieser nicht entfliehen kann, oder ob es die Klasse der absoluten Materialisten ist, für die der Mensch keinen freien Willen hat, sondern lediglich ein Spielzeug oder ein Stückchen Strandgut ist, das dem starren Determinismus ihrer Schule gänzlich unterworfen ist, das heißt dem Ergebnis blinden Zufalls oder Glücks.

Eine andere Schule ist die der Autonomisten oder die Schule der den absoluten freien Willen Bejahenden (the Free-Willists), um ein neues Wort zu prägen. Sie scheinen zu glauben, der Mensch sei ein ganz oder zum großen Teil völlig unabhängig Handelnder, der sich von dem Universum unterscheidet, der sein Leben so weit ausdehnt, wie sein Wille es erlaubt, und der daher uneingeschränkte Willensbetätigung besitzt.

Die Theosophie lehnt beide Ansichten ab, da keine von ihnen auf Tatsachen beruht; sie schlägt den folgenden Mittelweg ein: Der Wille des Menschen ist zum Teil frei und zum Teil durch die karmischen Folgen seiner vergangenen Handlungen zu seinem Wohl oder Wehe gebunden oder eingeschränkt. Er kann aber durch seinen Willen ein ständig wachsendes Maß an Freiheit erreichen, das im Verhältnis zu der ständig zunehmenden spirituell-göttlichen Kraft steht, die er entfaltet oder evolviert. Diese befindet sich an der spirituellen Wurzel seines Wesens, durch die er mit dem kosmischen Bewusstsein, dem kosmischen Willen, verbunden ist.

Dies wird in der Tat deutlich, wenn die weiten Bereiche oder genauer gesagt, die evolutionären Unterschiede bedacht werden, die die verschiedenen Naturreiche trennen. So streben die monadischen Strahlen, die sich in ungeheurer Zahl in der einfachen Gleichartigkeit eines Gesteins aggregieren oder gruppieren und die folglich im Denken und Handeln gebunden und begrenzt sind, dennoch höheren Dingen zu. Sie streben danach, aus dem Mineralreich heraus in die ausgedehntere Weite von Intelligenz und Willen im Pflanzenreich hineinzuwachsen. Mit der Zeit klimmen sie langsam auch aus diesen beschränkten Gefilden der Intelligenz und des Willens hervor und treten in weitere Bereiche der Freiheit und Tätigkeit ein, die ihnen das Tierreich bietet. Da in den Wesenheiten, die dem Tierreich angehören, das Gemüt aufdämmert und sie beginnen, freie Wahl zu treffen, streben sie ihrerseits in gleicher Weise danach, ihre in dieser Hinsicht relativ begrenzten Gefilde zu verlassen und in das Menschenreich emporzuklimmen, in dem selbstbewusste Willensbetätigung von der Ausübung einer relativ freien Intelligenz begleitet ist.

Nur ein oberflächliches Studium Karmans – des schwierigsten aller Grundprinzipien der Theosophie – kann zu dem Glauben veranlassen, die zuvor gegebene Erklärung könnte die selbstsüchtigen oder sogar grausamen Ansprüche übersehen, die unsere Mitmenschen ständig an uns haben. Wir sind alle zusammen in komplizierte und verwickelte Schicksalsgewebe verwoben, und zwar Mensch mit Mensch und darüber hinaus mit allen anderen Wesen und Vorgängen im Universum. Daher wird eine gemeinsame Unterstützung, gegenseitige Hilfe und das Tragen der Lasten Anderer zu einer klaren philosophischen und religiösen Forderung erster Ordnung, die zusammen mit der Unterlassung üblen Tuns jeglicher Art einhergeht – gleich unter welcher Maske. Es ist das oberste Gesetz unseres eigenen Schicksals.

Insbesondere dieses unfassbar komplizierte Gewebe aus miteinander verwobenen Schicksalen macht deutlich, dass Ethik und Moral keine bloßen menschlichen Übereinkünfte sind, sie gründen sich vielmehr auf die kausalen Gesetze des Universums. H. P. Blavatsky drückt dies so vortrefflich in der Wiedergabe einer Stelle aus den *Heiligen Büchern des Ostens* aus, indem sie Folgendes anführt: „Untätigkeit zu einer Todsünde wird, wenn Barmherzigkeit erforderte die Tat.“[1]

Ob wir wollen oder nicht, wir können nicht vermeiden, auf Andere zu ihrem Wohl oder Wehe einzuwirken. Wirken wir durch die Ausübung unserer eigenen Entscheidung, das heißt unseres freien Willens, auf Andere zu ihrem Verderb oder zu ihrem Schaden ein, tritt sofort das majestätische, unerforschliche und untrügliche Gesetz kosmischer Gerechtigkeit und kosmischen Mitleids in Kraft, und wir bekommen die unvermeidlichen strafenden Folgen in diesem oder einem späteren Leben zu spüren. Das ist Karman.

---

1 *Die Stimme der Stille.* Hannover, 2008, S. 65.

Es gibt somit im Leben jedes einzelnen Menschen „weder einen Zufall noch einen schlechten Tag, noch ein Unglück", wie H. P. Blavatsky im vorhergehenden Text sagt, die nicht durch unsere eigenen Gedanken, Gefühle und Handlungen in diesem oder einem früheren Leben zu uns kommen. Es gibt weder Zufall noch Glück im Universum; denn wenn uns irgendetwas geschehen könnte, mit dem wir nicht auf irgendeine Weise, ob nah oder fern, in Beziehung stehen oder das wir nicht selbst hervorgebracht haben, gäbe es große Ungerechtigkeit, zufällige Grausamkeit und Grund zu echter Verzweiflung. Durch das, was wir denken, fühlen, wollen und daher auch tun, machen wir unser Leben wertvoll und erhaben oder gemein und niedrig oder zu dem, was dazwischen liegt. Nur der physische Mensch mit seiner menschlichen Seele erleidet oft „unverdiente" karmische Vergeltung für das, was das reinkarnierende Ego in anderen Leben beging. Doch für dieses „unverdiente Leiden" sorgt die Natur für reichliche Entschädigung und Belohnung in den devachanischen Unterbrechungen zwischen den einzelnen Leben, wie Blavatsky in ihrem *Schlüssel zur Theosophie* (Teil IX, „Über das Bewusstsein nach dem Tode") so wahr aussagt.

Weigert sich ein Mensch, eine hilfreiche Hand auszustrecken, die Tränen des Leidens zu stillen, oder weigert er sich, jenen zu helfen, deren Mitleid erregender Ruf ihn erreicht, dann ist er ein Unmensch in Menschengestalt. Die von unendlichem Geist und unendlicher Weisheit geleitete Vergeltung der Natur wird ihn im Verlauf der Zeitalter ausfindig machen und eines Tages erreichen, dann aber wird er sagen: „Warum hat mich dies getroffen? Es ist unverdient. Ich habe nichts getan, womit ich dieses Leid verdient habe."

Und abschließend sagt die große Theosophin im Zusammenhang mit dem charakteristischen Wesen dieses universalen und ewig aktiven Wirkens, dieser *Gewohnheit* der universalen Natur, die Karman genannt wird, als Antwort auf die Frage: „Aber was ist Karman?":

> Wie ich schon sagte, betrachten wir es als das *fundamentalste Gesetz* des Universums, als Quelle, Ursprung und Grundlage aller anderen Gesetze, die überall in der Natur existieren. Karman ist das unfehlbare Gesetz, das auf den physischen, mentalen sowie spirituellen Plänen des Seins Ursache und

> Wirkung miteinander ausgleicht. Da keine Ursache ohne ihre zugehörige Wirkung bleibt, von der größten bis zur kleinsten, von einer kosmischen Störung bis hinunter zu der Bewegung eurer Hand, und da Gleiches Gleiches hervorbringt, ist *Karman* jenes unsichtbare und unerkennbare Gesetz, das jede Wirkung *weise, klug und gerecht* ihrer Ursache anpasst, indem es Letztere bis zu ihrem Erzeuger zurückverfolgt. Obgleich selbst *unerkennbar,* ist seine Tätigkeit wahrnehmbar.
>
> [...] Denn wenn wir auch nicht wissen, was Karman *an sich* ist, und es seiner Essenz nach nicht kennen, so wissen wir doch, *wie* es wirkt, und wir können seine Wirkungsweise genau definieren und beschreiben. Nur seine letzte *Ursache* kennen wir *nicht,* wie auch die moderne Philosophie allgemein zugibt, dass die *letzte* Ursache von allem „unerkennbar“ ist.
>
> *Der Schlüssel zur Theosophie,* Kap. XI, „Was ist Karman?“

I

Schicksalsgewebe! Wir haben etwas über die Charakteristik und die Bedeutung dieses großartigen anschaulichen Ausdrucks erfahren. Ein solches Schicksalsgewebe im Leben des Menschen ist tatsächlich nicht nur der Mensch selbst, sondern es ist auch das verwickelte Gewirr von Umständen, in die er sich verstrickt hat. Das Leben selbst ist das große Gewebe aus unsichtbaren, jedoch ungeheuer starken Fäden des Denkens, Fühlens und Wollens, die zu Handlungen werden. Dieses Gewebe wird aus Lebewesen gewoben, von denen jedes in seiner Sphäre ein „Schöpfer“ jener besonderen Fäden ist, die es beim Weben des Lebensgewebes als seinen Beitrag dem allgemeinen Ganzen hinzufügt. Insbesondere diese Heerscharen von Lebewesen und

Geschöpfen aller Arten und Typen machen das Leben so verwickelt, und sie spielen in dem Schicksalsgewebe, das jeder Mensch um sich herum webt, eine so außerordentlich große Rolle.

Zu diesen Heerscharen von Wesen und Kreaturen gehören nicht nur diejenigen, die auf unserer kleinen Erde existieren. Sie umfassen tatsächlich auch die nahezu unzähligen Reihen von großen und kleinen, sichtbaren und unsichtbaren Hierarchien, die im Großen das kosmische Gewebe weben. Das Universum ist in der Tat mit spirituellen Wesenheiten angefüllt, ob sie nun, wie in der Theosophie oder anderweitig, „Götter" oder „spirituelle Wesen" genannt werden, „Engel" und „Erzengel" bei den Juden und Christen, „Ṛishis" und „Devas" bei den Hindus, „Dhyân-Chohans" und „Devas" bei den Buddhisten oder „Theoi" und „Dii" bei den alten Griechen und Römern. Es kommt durchaus nicht darauf an, welche Namen den verschiedenen Hierarchien von Wesen in den einzelnen Ländern und Völkern gegeben werden, solange die fundamentale Vorstellung erhalten bleibt, dass diese Energie spendenden Wesenheiten, diese kausalen intelligenten und quasi-intelligenten Kräfte, die wahren Wurzeln und die hierarchische Struktur sowohl des noumenalen als auch des phänomenalen Universums bilden, in dem wir leben. Sie liefern somit für unser Universum die Gesamtheit der kausalen Kräfte und Energien, die es erfüllen, bewegen und antreiben. „Mens agitat molem" („das Gemüt beherrscht die Materie"), wie es Vergil, der lateinische Dichter, in seiner *Aeneis* so wahr ausdrückte.

Diese kausalen Kräfte bringen sich auf verschiedenartigste Weise in und durch das phänomenale Universum zum Ausdruck, denn sie sind die noumenalen oder produktiv wirkenden Repräsentationen der sogenannten Naturkräfte, über die so oft gesprochen wird, obwohl so wenig wirkliches Wissen über sie besteht. Elektrizität und Gravitation zum Beispiel werden aufgrund neuerer, noch unerklärter Entdeckungen auch in der modernen Wissenschaft als Ausdrucksformen noumenaler Kräfte auf unserem Plan angesehen, die sich als phänomenale Erscheinungen auf dem niedrigsten Plan ihrer betreffenden hierarchischen Tätigkeit manifestieren. Tatsächlich kann einerseits von Kraft oder Energie gesprochen werden oder andererseits von der Substanz unsichtbarer Wesen, denn sie sind beides.

In Wahrheit sind wir Menschen, wie die Alten sagten, Kinder oder Nachkommen dieser inneren, Energie spendenden Kräfte, dieser noumenalen Götter, dieser spirituellen Wesen, die in den unterschiedlichsten Graden evolutionärer Entwicklung, in hierarchischen oder abgestuften Graden oder Zuständen existieren. Daher sind auch wir in unseren höchsten Teilen ebenfalls Götter, jedoch „gefallene Götter", hinabgefallen in die materiellen Welten, aus denen und durch die wir uns langsam unseren Weg zu unserer göttlichen kosmischen Quelle zurück bahnen. So lehrte es die universale Weisheit aus alten Zeiten.

Alle diese mannigfaltigen Hierarchien, die aus göttlichen, spirituellen, ätherischen und physischen Wesen zusammengesetzt sind, verrichten fortwährend ihr Werk unter der nie irrenden Herrschaft jener unfassbaren und geheimnisvollen Gewohnheit der Natur oder *Kraft*, die Karman genannt wird. Karman ist ein Sanskṛitausdruck und bedeutet wörtlich „Handlung" oder „Wirkung"; dies ist die Bedeutung des bloßen Wortes als Vokabel. In der Theosophie ist es jedoch ein hochtechnisches Wort, das eine verborgene und wunderbare Bedeutung enthält. Diese technische Bedeutung kann kurz als „Grundsatz von den Folgen" oder allgemeiner als „das universale Gesetz von Ursache und Wirkung" wiedergegeben werden.

Die Theosophie verwirft aufgrund unerschütterlicher Logik jegliche Vorstellung von „Glück" oder „Zufall" im grenzenlosen Universum, was immer auch diese Worte bedeuten mögen. Eine zufriedenstellende Definition von „Glück" oder „Zufall" als ein in der Natur existierendes fundamentales Attribut oder eine fundamentale Eigenschaft kann niemand geben. Eine sorgfältige Überprüfung dieser Vorstellung lässt erkennen, dass sie tatsächlich nur Fantasie ist. Auch im Westen vertreten fortschrittliche Denker die Meinung, das Wort

„Zufall“ nur aus Unwissenheit anzuwenden, da sie die ursächlichen Zusammenhänge noch nicht verstehen. Es ereignen sich Dinge, deren Ursprung unbekannt ist oder nicht verstanden wird. Wir schreiben sie dem „Glück“ oder „Zufall“ zu und sagen: „Es geschah.“ Dennoch arbeitet unser Gemüt logisch, und wenn jene Kräfte und Energien, die in das physische Universum einströmen, hier erscheinen, erkennen wir in ihnen überall Folgerichtigkeit und Zusammenhänge. Sie treten immer in derselben logischen, zusammenhängenden Aufeinanderfolge auf, wenn Umstände und Bedingungen dieselben sind, und wir sprechen dann von den „Naturgesetzen“.

Aber wo, bitte, ist der Gesetzgeber? Ein Gesetz setzt einen Gesetzgeber voraus. An diesem Ausdruck kann der Einfluss der alten abendländischen Theologie erkannt werden. Ebenso kann in den Ausdrücken „Glück“ und „Zufall“ der noch lebendige Einfluss des bereits im Aussterben begriffenen, wenn nicht toten wissenschaftlichen Materialismus früherer Generationen entdeckt werden. In der Theosophie wird stattdessen vorgezogen, von den „Tätigkeiten der Natur“ zu sprechen. Moderne Wissenschaftler sprechen vom „Gesetz von Ursache und Wirkung“, womit sie unbewusst eine der fundamentalen Aussagen der Theosophie darlegen.

Tatsächlich existiert die Natur in all ihren Tätigkeiten, und alle Wesen in der Natur existieren. Wenn aber von „Naturgesetzen“ gesprochen wird, sind dann gewisse Tätigkeiten natürlicher Kräfte, die immer denselben Verlauf nehmen, gemeint? Und sind diese Kräfte von irgendeinem großen, erhabenen Individuum in Bewegung gesetzt worden, das die Menschen „Gott“ nennen? Entspräche dies der Realität, würde dieses große, erhabene Individuum, ein Titan oder ein kosmischer Mensch, durch die Imagination des Menschen gemäß der eigenen inneren und äußeren Struktur des Menschen gestaltet sein. De facto wäre dieses erhabene Individuum für alles das verantwortlich, was in dem angeblich von ihm erschaffenen Universum stattfindet und den Gesetzen gemäß wirkt, die von einem Wesen dieser Art als dem vermeintlichen erhabenen Gesetzgeber vorgeschrieben und in Tätigkeit gesetzt wurden. Eine derartige Annahme würde den Menschen und alle anderen bewussten und quasi-bewussten Wesenheiten sowie alle Geschöpfe zu der Beschaffenheit bloßer „natürlicher Automaten" herabsetzen. Derart geschaffenen „natürlichen Automaten" aber den Besitz eines freien Willens zuzuschreiben, den sie weder ihrem Ursprung noch ihrer Natur nach haben würden und infolgedessen nicht anwenden könnten, ist ein bloßes Petitio principii[1], ein Zirkelschluss, das heißt, die zu beweisende Behauptung wird von vornherein als bewiesen angesehen.

Eine derartige Vorstellung ist eine bequeme Art, die geistige, intellektuelle und ethische Verantwortung für das, was wir an Gutem oder Bösem zu unserem eigenen oder zu Anderer Wohl oder Wehe tun, jemand Anderem oder anderen Umständen aufzubürden. Doch die unbeugsame, universal anwendbare Logik der Theosophie erlaubt es nicht, die Eigenverantwortung an Andere weiterzugeben. Der Mensch ist lediglich eine der unzähligen Scharen von Wesenheiten, von verkörperten Bewusstheiten, die das Universum erfüllen. Nirgendwo finden wir etwas anderes als diese Hierarchien von Wesen, diese während des kosmischen Manvantaras aktiven Bewusstheiten. Jede einzelne dieser Scharen webt ihr eigenes Schicksalsgewebe, indem sie ihre Energien, die ihrem eigenen spirituellen und mentalen Brennpunkt entströmen, aus ihrem eigenen inneren Wesen ausgießt und mit Intelligenz leitet. Dieser Verknüpfung, dem unaufhörlichen Zusammenspiel und dem Untereinander-Verwobensein aller Intelligenzen und Willen und ihren daraus folgenden Tätigkeiten, die im Universum unaufhörlich vor sich gehen, sind die Ungleichheiten zuzuschreiben, die wir um uns herum sehen: sowohl die Unvollkommenheiten, die wir erkennen oder mehr oder weniger empfinden und deren wir uns ebenfalls bewusst sind, als auch Schönheit und Glanz, Ordnung und Gesetzmäßigkeit.

---

[1] Die Verwendung eines unbewiesenen, erst noch zu beweisenden Satzes als Beweisgrund für einen anderen Satz (d. Hrsg.).

II

Diese Wechselwirkung und der in unbedeutenden Fällen darauf folgende Konflikt zwischen den Willen ist der Ursprung allen Übels in der Welt, und zwar nicht nur unter den Menschen. Er ist der Ursprung von Disharmonie unter all den Wesen, die, von den Übergöttern abwärts durch alle Zwischenstufen bis hin zum Menschen, auf den Sprossen der kosmischen Lebensleiter miteinander verknüpft sind. Auch weiter abwärts ist er ebenfalls die Ursache von Disharmonie unter den Tieren und in geringerem Grade bei den Pflanzen und Mineralien. Ohne diesen Konflikt menschlicher Willen, ohne den falschen Gebrauch jener göttlichen Fähigkeit – einer gottähnlichen Kraft, die in uns wirkt –, unseres relativ freien Willens, gäbe es auf Erden kein Übel, keine Disharmonie, soweit es uns Menschen betrifft.

In Beantwortung der allgemeinen Frage, was wandernde Seelen dazu gebracht hat, ihren göttlichen Ursprung zu vergessen, wodurch sie sich ihrer innewohnenden Spiritualität nicht mehr bewusst sind und daher Verwirrung und Böses verursachen, bemerkt Plotin:

> Das Böse in den Seelen [das gleicherweise im Großen das Böse in der Welt bedeutet] hat seine Quelle in dem Eigenwillen der Seelen und ihrem Verlangen nach Selbstausdruck, der die Verkörperung herbeiführt. Sie fanden Gefallen an dieser falschen Freiheit, was sie dazu führte, nach eigenen Antrieben und Handlungsweisen Verlangen zu haben, sodass sie auf diese Weise, während sie müßig weiter und immer weiter trieben, die Pfade des Üblen und des Unrechts entlanggefegt wurden, bis sie schließlich sogar alle Erinnerung an ihre ursprüngliche Heimat als Strahlen des Göttlichen verloren, [...] ebenso vergessen die wandernden Seelen sowohl das Göttliche als auch ihren eigenen wahren spirituellen Charakter.
>
> *Enneaden,* „Die drei primordialen Essenzen", V, i, 1

Von westlichen Autoren, die in falscher Weise dahingehend geschult wurden, gewisse Dinge zu glauben, die außerhalb pädagogischer, religiöser, philosophischer und wissenschaftlicher Steckenpferde der westlichen Welt keine wirkliche Existenz besitzen, wurde gesagt, dass der Ursprung des Bösen in der Welt und sein Fortbestehen ein unlösbares Geheimnis bilden. Tatsächlich ist dies nicht der Fall, denn was ist das Böse und was das Gute? Sind Gut und Böse Dinge *an sich,* oder sind es, was vollkommen offensichtlich ist, lediglich Bedingungen, Zustände, durch die Wesenheiten hindurchgehen? Das Böse ist Disharmonie, weil es Unvollkommenheit ist, und das Gute ist Harmonie, weil es relative Vollkommenheit ist. Den Menschen betreffend sind das Gute und das Böse fast ausschließlich mit der besonderen Hierarchie, in der wir uns bewegen, leben und unser Dasein haben, in Verbindung zu bringen. Das Böse ist keine Wesenheit; es ist keine Kraft, Energie oder Macht, die aus dem Herzen irgendeines Wesens hervorströmt, sofern wir es nicht auf menschliche Bosheit beschränken, denn dann freilich ist es gerade das. Abstrakt gesagt, ist es der Zustand oder die Bedingung einer evolvierenden Wesenheit, die sich noch nicht völlig in Übereinstimmung und Einklang mit den fundamentalen Gesetzen der Natur gebracht hat. Es ist die Bedingung oder der Zustand einer Wesenheit oder einer Gruppe von Wesenheiten, die dem vorwärtsstrebenden evolutionären Lebensstrom in stärkerem oder geringerem Grade entgegenwirken. Das Böse kann auch jener Tätigkeitsablauf genannt werden, der von Individuen zuwege gebracht wird, die die latente innere Göttlichkeit noch nicht entwickelt haben. Der Ursprung des Bösen lässt sich immer zurückverfolgen auf den Missbrauch des Willens und der Intelligenz vonseiten einer Wesenheit, die sich aufgrund ihrer eigenen Unvollkommenheit in einem vorübergehenden disharmonischen Zustand mit ihrer Umwelt befindet.

Die Tatsache, dass in der Welt das menschliche Böse und aufgrund von Analogie auch das Böse anderer Art der Entartung des Willens der Individuen entspringt, Böses zu tun, das heißt, den fundamentalen spirituellen Strömungen des Universums entgegenzuhandeln oder ihnen mehr oder weniger entgegenzuwirken, ist als Theorie auch im Christentum zu finden, und zwar in den Werken eines seiner geachtetsten und hervorragendsten Schriftsteller, des Ex-Manichäers und Ex-Neuplatonikers Augustinus. Dieser alte Schriftsteller, dessen Einfluss auf die christliche Kirche immer sehr wirksam war, sagte in seinem *De civitate Dei (Der Gottesstaat),* Buch XII, Kap. VI, Folgendes:

> Der Wille wird nicht durch niedere Einflüsse verschlechtert, sondern der Wille ist es, der sich durch sein zügelloses Verlangen, niedrigen Dingen zu folgen, selbst verschlechtert.

Das Gute ist relative Harmonie und daher relative Vollkommenheit. Das Böse ist folglich relative Disharmonie, aus relativer Unvollkommenheit geboren. Weder das Gute noch das Böse existieren als Zustände getrennt voneinander. Es könnte nicht „Gutes“ im Universum geben, wenn es nicht „Böses“ gäbe, das durch den Gegensatz Ersteres hervorhebt. Umgekehrt könnte es im Universum, in unserem Heimatuniversum, nicht „Böses“ geben, wenn es nicht „Gutes“ gäbe, wodurch allein das „Gute“ als Gegensatz erscheint. Das Böse wird nicht aus Nichts erschaffen; das Gute wird nicht aus Nichts erschaffen. Das Böse ist Disharmonie, das Gute Harmonie. Folglich sind Gut und Böse zwei Pole desselben kausalen Ursprungs. So etwas wie das Böse kann nicht von unvollkommenen oder disharmonischen Wesenheiten getrennt existieren; es gibt keine Wesenheit „des Bösen“ an sich, die von Wesenheiten, die relativ „böse“ sind, getrennt existiert. Die gleiche Beobachtung kann, *mutatis mutandis* (sinngemäß abgeändert), in Bezug auf das Gute gemacht werden.

Paradoxerweise ist das Böse ein Zustand, durch den wir Menschen während unseres Wachstums hindurchgehen, um besser zu werden. Dieses „Bessere“ ist jedoch einem größeren und höheren Besseren gegenüber „böse“, und dieses höhere und größere Bessere ist wiederum unvollkommen und disharmonisch und daher relativ „böse“ gegenüber einem noch Edleren, und so geht es weiter *ad infinitum.* Das Gute ist nicht Geist (spirit). Das Böse ist nicht der niedere Pol des Geistes, der Materie, denn das hieße, die Materie wäre essenziell böse, was jedoch nicht zutrifft. Das Böse ist Unvollkommenheit, ob spirituell oder materiell, es ist alles das, was unvollkommen ist und durch die Stufe oder Phase des Wachstums zu etwas Besserem hindurchgeht. Ist eine Stufe oder Phase des Wachstums sehr niedrig, kann mit Fug und Recht von „böswilligem Bösen" gesprochen werden. Befindet sich diese Stufe oder Phase der Unvollkommenheit aber nur um ein Geringes unterhalb der menschlichen Stufe, auf der wir als Menschen gegenwärtig stehen sollten, so sprechen wir korrekterweise von unbedeutendem oder geringfügigem Bösen.

Eine Warnung sollte hier ausgesprochen werden, damit jene empfindlichen Seelen nicht beunruhigt werden, die es vorziehen zu glauben, es gäbe unabhängiges und individuelles Böses in der Welt, das als Wesenheit existiert. Doch sollte verstanden werden, dass das Böse, wie abscheulich, unwürdig und niederträchtig es menschlich auch sein mag, dennoch das Ergebnis des Missbrauchs des relativ freien Willens des Menschen ist, der etwas Göttliches ist. Warum von manchen Menschen vorgezogen wird, an einen Teufel zu glauben, der ständig auf der Lauer liegt, um den unbedachten Schritten Fallen zu stellen, als lieber zu glauben, dass der Mensch, wenn er dem Göttlichen in sich zustrebt, von Missetaten ablassen kann, ist eines jener seltsamen psychologischen Probleme, die auf das verirrte und unstete Denken des niederen Menschen zurückgeführt werden können.

Menschen werden auch nicht dadurch gut, indem sie freiwillig das Böse wählen, um daraus zu lernen. Ein derartiges Missverständnis widerspräche allen Regeln der Philosophie. Sich selbst freiwillig dem Bösen zu verschreiben ist der unfehlbare und sichere Weg zu spiritueller, intellektueller und ethischer Degeneration, was in der Theosophie mit „dem Mond-Pfad folgen" bezeichnet wird. Sich dem Bösen zu verschreiben kann nur auf spirituelle Bosheit schlimmster Art hinauslaufen und führt den „Verlust der Seele" herbei.

Diese Aussagen sind nicht nur überzeugend, sie sind auch außerordentlich anschaulich. Sie sind die nachdrücklichste Warnung für jene, deren verirrter Geist sie unter Umständen dahin führt, die einfache, jedoch einleuchtende philosophische Aussage zu missdeuten und daher zu entstellen. Sie kann – wenn einmal richtig verstanden – das Leben mit Hoffnung und einem großartigen Versprechen erfüllen, denn sie zeigt, wie der Mensch aus dem Sumpf des Üblen zu Besserem emporsteigen kann. Strebt er fortwährend dem Besten zu, kann er schließlich zu einem gottähnlichen Menschen auf Erden heranwachsen.

Es gibt keinen „Teufel" im Universum, der fälschlicherweise für den immertätigen Anstifter des Bösen und für den Gebieter über seine sündhaften Wege gehalten wird. Ebenfalls gibt es auch keinen Gott als Gegenpol im Universum, der ähnlich und gleichfalls fälschlicherweise für den Schöpfer und Stifter des Guten und Herrn über dessen Tun gehalten wird. Beide Perspektiven schließen ununterbrochenes evolutionäres Wachstum, entfaltenden Fortschritt sowie den Übergang von Unvollkommenheit zu einer weniger unvollkommenen Stufe, Phase oder einem derartigen Zustand in sich. Materie ist nicht böse *an sich,* wie in einigen Schulen der Vergangenheit falsch gelehrt wurde, und aus demselben Grunde ist Geist nicht gut *an sich.* Das heißt, weder das eine noch das andere besitzt diesen oder jenen Zustand oder jene Stufe *absolut* und für alle Ewigkeit. Eine spirituelle Wesenheit wächst, evolviert oder entfaltet sich ebenso wie eine Wesenheit, die sich noch im materiellen Wachstum befindet oder dabei ist, die latente Fähigkeit und Kraft zu entfalten. Weil aber die Hierarchien spiritueller Wesen, die den Geist in einem umfassenderen Maße manifestieren, dem göttlichen Herzen der Natur näher sind – das heißt seiner fundamentalen Essenz und seinen fundamentalen „Gesetzen" –, sind Geist und spirituelle Wesenheiten, im Ganzen genommen, vollkommener und daher offensichtlich besser und ebenso offensichtlich weniger „böse" als Wesenheiten, die sich noch im materiellen Zustand befinden. Aus diesem Grund sind Letztere wesentlich weiter von dem göttlichen Herzen der Natur entfernt, das heißt von der fundamentalen Essenz der Natur und den ihr innewohnenden Gesetzen der Harmonie.

Das Böse *an sich* wird auch nicht zum Guten *an sich,* das wäre absurd. Es wäre das Gleiche, als würde man sagen, ein Zustand werde durch Wachstum zu einem anderen Zustand, was unsinnig ist. Wäre dies so, hätten wir eine Individualität, die ihre Individualität behält, um als dasselbe Wesen fortzubestehen – doch zu einer anderen, entgegengesetzten Individualität werden müsste; das ist ebenfalls absurd. Das Böse *an sich* ist keine Wesenheit, die wachsen oder gut *an sich* werden könnte, das heißt, sich zu einer anderen hypothetischen Wesenheit entwickeln könnte. Ebenso ist die Länge keine Wesenheit, die existiert, obgleich es Dinge gibt, die lang sind. Gleichfalls gibt es kein Ding *an sich* wie Tiefe, obgleich es Dinge gibt, die tief sind. Länge und Tiefe existieren nicht als Wesenheit. Sie sind abstrakte Zustände oder Lebensphasen von Wesenheiten.

Es stellt sich nun die Frage: Wie kann das „Böse" göttlich werden? Wie kann Unvollkommenheit vollkommen *werden?* Wie kann Disharmonie Harmonie *werden?* Wie kann Hass zu Liebe *werden?* Das Böse wird niemals göttlich, weil es kein Ding ist, das wächst. Kindheit ist kein Ding. Sie ist ein Stadium, ein Zustand oder eine Phase, durch die eine wachsende Wesenheit hindurchgeht. Dummheit ist kein Ding, auch wird sie niemals zu Intelligenz. Sie ist eine Phase, ein Stadium, ein unvollkommener Zustand in der Evolution oder dem Wachstum von Wesenheiten. Daher ist es ganz falsch zu sagen, dass das Böse zum Guten wird. Nur Wesen oder Wesenheiten „werden".

Der Trugschluss, das Böse werde mit der Zeit zum Guten, entspringt der Vorstellung, dass der Ursprung von allem gut ist und das Böse daher wieder so wird, wie es einmal war. Ist es aber nicht etwas gewagt zu glauben, dass der Ursprung von allem gut ist? Gut und Böse sind rein menschliche Ausdrücke, und da sie menschliche Ausdrücke sind, haben sie menschliche Begriffsinhalte. Es verhält sich wie mit der Moral. Die Moral eines Südseeinsulaners ist nicht die Moral eines Europäers oder eines Amerikaners – hoffentlich zumindest nicht in allen Einzelheiten! In einem gewissen Sinn oder grundlegend kann es in gewisser Beziehung eventuell auch bejaht werden. Die Moral eines Teufelsanbeters unterscheidet sich zwar wirklich sehr von meiner Moral; dennoch ist sie in jedem Fall „Moral“ für jene Wesenheit, die sie befolgt und ausübt. Gut und Böse sind menschliche Ausdrücke, und wir nennen gut, was wir als harmonisch empfinden: harmonische Beziehungen zu anderen Wesenheiten und Dingen. Was manche Menschen böse oder schlecht nennen würden, halten andere möglicherweise für relativ gut. Die Schlussfolgerung hieraus ist: Wenn wir von Göttlichkeit sprechen, wagen wir dann, jenes Unfassbare zu benennen? Wie sollte es benannt werden? Ein Wesen? Nein, Essenz ist vielleicht ein besseres Wort. Sollten wir das, was für uns in seiner ganzen Fülle und in seinen überaus schönen und oft verwirrenden Tätigkeiten und Merkmalen unfassbares Leben ist, mit den Attributen gut und böse ausstatten, so wie wir Menschen sie verstehen? Wer würde es wagen, das grenzenlose Leben so zu begrenzen, es so einzuengen? Alles, was in dieser Hinsicht gesagt werden kann, ist, dass das Herz des unfassbaren kosmischen SEINS Gesetz und Ordnung, unpersönliche Liebe und unpersönliche Harmonie ist. Aus diesem unfassbaren Herzen des SEINS fließen die Ursprünge oder Samen von allem, was ist, hervor, einschließlich der zahllosen Scharen monadischer Individuen. Diese monadischen Individuen sind zu Beginn ihrer evolutionären Reise durch kosmischen „Zeit-Raum“ lernende Monaden. Wenn diese Embryo-Wesenheiten ihre Reise durch Zeit-Raum fortsetzen, gehen sie oft durch „böse Schatten“ hindurch, weil sie ihren Willen und ihre Intelligenz falsch anwenden.

Es sagt sich so leicht, „Gott ist die Liebe“. Aber wenn wir sagen: „Gott ist die Liebe“, merken wir dann nicht sofort, dass unendliche Liebe auch das in sich schließen muss, was böse genannt wird? Kann unendliche Liebe, die in Raum und Zeit grenzenlos ist, aus ihrer umfassenden Unendlichkeit das am meisten irrende Geschöpf, den Menschen, ausschließen, das ursprünglich aus ihrem eigenen Herzen hervorging? Unendliche Liebe ist unendliches Mitleid, und sie umfasst überall auch die Irrenden und Boshaften. Das „Herz“

des Universums ist unaussprechliche Harmonie, aber nicht alle Wesenheiten, gleich, wo sie sich befinden mögen, sind harmonisch. Das Universum ist erfüllt mit jederart Geschöpfen, mit allen Arten, Graden und Stufen evolvierender Wesenheiten; aber das „Herz" der Göttlichkeit umschließt sie alle, denn sie ist ihr Elter und ihre Quelle. Sie ist das endgültige Ziel, zu dem sich alle Wesenheiten durch unzählige Zeitalter hindurch entwickeln auf der Pilgerfahrt zurück zum Selbst.

Kann das Herz der Göttlichkeit verantwortlich gemacht werden für das, was ein irrendes Kind begeht? Kann und darf gesagt werden, dass es so etwas wie ein unendliches und ewiges Verbrechen gibt? Diese Vorstellung ist abstoßend, denn sie ist unglaubwürdig und unzulässig auf jeglicher Grundlage des Beweises oder Denkens. Was wir wirklich wissen, ist, dass die schwachen und irrenden Scharen unvollkommen entwickelter Wesenheiten auf ihrer Pilgerfahrt durch viele Täler des Schattens hindurchgehen – die verschiedentlich auch Sünde genannt werden. Sie sind unvollkommen entwickelte Wesenheiten, die aber dennoch alle Kinder des kosmischen Lebens sind. Doch das kosmische Leben, das kosmische Herz, für das, was diese unzähligen Heerscharen und Mengen evolvierender Wesenheiten tun, verantwortlich zu machen, ist regelrecht absurd.

Was ist Göttlichkeit? Ist Gott ein „vollkommenes Wesen"? Eine übermächtige Gestalt „dort oben", die das Gute schafft und das Böse duldet, die sowohl gute Geschöpfe als auch böse Geschöpfe erschafft? Wenn gesagt wird, „Gott" sei verantwortlich für jeden bösen und irrenden Teil der Unendlichkeit, wie klein dieser Teil auch sein mag, und „Gott" habe eine solche Wesenheit „erschaffen", so bedeutet das, diesen vermeintlichen „Gott" individuell und ewig für das verantwortlich zu machen, was auch immer das unglückliche und unverantwortliche Geschöpf bis in alle Zukunft tun mag, denn, ex hypothesi, ewige und unendliche Weisheit sah die Unendlichkeit der Zukunft voraus und „erschuf" das Geschöpf für den Pfad, dem zu folgen es bestimmt ist. Ist nicht in einem solchen Fall gemäß Logik und menschlicher Gerechtigkeit – ganz zu schweigen von unendlicher Liebe und Weisheit – der vermeintliche „Gott“ selbst der wahre Boshafte?

Der Kirchenvater Lactantius zitiert in seiner Schrift *Über den Zorn Gottes,* Kap. XIII, Epikur, der das Problem des Bösen auf folgende seltsam bedeutsame Weise darstellt:

> Entweder möchte Gott das Böse aus dieser Welt beseitigen und kann es nicht, oder er kann es und will es nicht, oder er kann es nicht und will es nicht, oder schlussendlich kann er es und will er es. Wenn er es will und nicht kann, ist es Unfähigkeit, was der Natur Gottes widerspricht; wenn er es kann und nicht will, ist es Schlechtigkeit, und das widerspricht seiner Natur nicht weniger; wenn er es weder will noch kann, ist es Schlechtigkeit und Unfähigkeit zugleich; wenn er es kann und auch will (was von diesen Bedingungen allein zu Gott passt), woher kommt dann das Böse, das in der Welt existiert?

Der fromme Kirchenvater stimmt natürlich mit dem Obigen nicht überein. Das Argument jedoch, das er gegen Epikur vorbringt, ist nicht nur schwach, sondern umgeht die Hauptfrage: Was ist der Ursprung des Bösen?

Der große Augustinus behauptet in einem seiner Briefe an den heiligen Hieronymus nachdrücklich, dass nicht einmal neugeborene Kinder der ewigen Verdammnis entkommen können, es sei denn durch die Taufe. Die jüdischen Rabbiner behaupteten kühn, Gott allein sei der Urheber des Bösen, und sie wiesen auf dieselbe Lehre hin, die in der Bibel an Stellen gelehrt wird (wie in *Jesaja* 45, 7), an denen der hebräische Prophet schreibt: „Der ich das Licht mache und schaffe die Finsternis; der ich Frieden gebe und schaffe das Übel.“

Andererseits sagt die gesamte zivilisierte Welt, ausgenommen jüdische und christliche Quellen, dass das Böse aus unvollkommenen Wesen selbst hervorgeht. Sie weigern sich, ihren Willen und ihr Handeln den göttlichen Gesetzen anzupassen, die das Universum regieren. Hermes zum Beispiel sagt in der Abhandlung *Krater:* „Das Böse kommt nicht von Gott, sondern von uns, die wir es dem Guten vorziehen.“

Den üblen Gedanken, Gott habe das Böse erschaffen, verwirft Theosophie kurz und bündig, denn für sie ist er frevlerisch und schlecht. Für sie ist das Herz des Seins absolutes Mitleid, absolute Harmonie, unendliche Weisheit. Doch was ist dieses „Herz des Seins"? Mit der nötigen Rücksicht auf die Schwächen des menschlichen Verstehens und die Unvollkommenheiten menschlicher Sprache, die die relativ schwachen Anstrengungen jenes Verstehens wiedergibt, sind wir letzten Endes gezwungen zuzugeben, dass dieses Herz des Seins nicht die grenzenlose, anfanglose und endlose Unendlichkeit und Ewigkeit ist. Vielmehr ist der Hierarch, der oberste hierarchische Hüter unserer eigenen kosmischen Galaxie, unseres Heimatuniversums, das göttlich-spirituelle Wesen oder die göttlich-spirituelle Wesenheit jenseits aller Möglichkeit menschlicher Untersuchung oder Beschreibung, doch sie ist im Vergleich mit noch mächtigeren, noch unfassbar erhabeneren kosmischen Wesenheiten nur ein relativ winziges Göttlein.

Theosophie verwirft daher die Vorstellung, dass „Gott" zahlreiche Scharen von Menschen für das Böse erschafft; diese Idee entspricht der Logik zumindest einer alten Theorie. Die Umkehrung davon ist, dass „Gott" gewisse andere Heerscharen von Menschen für das ewig Gute erschafft, was ebenfalls exakt der Lehre einer anderen und entgegengesetzten alten Theorie des Westens entspricht – sofern dieser Glauben den Namen „Theorie" überhaupt verdient. Jede dieser Ideen oder Lehren ist für den Theosophen tatsächlich frevlerisch, da sie den vermeintlich erschaffenden „Gott" vollkommen und für immer für das Gute und das Böse verantwortlich macht und damit, weil er ein Schöpfer ist, auch zum ersten Handelnden. Gemäß dieser Theorie wusste ein solcher „Gott", da er unendlich weise und unendlich mächtig ist, im Augenblick der Schöpfung alles, was seine Geschöpfe bis in alle Ewigkeit tun würden und werden. Somit erschuf „Gott" gemäß dieser alten Lehre absichtlich bestimmte Menschen zur ewigen Verdammnis oder umgekehrt.

Auf dem Konvent der Kirche von England wurde 1562 – 63 der Artikel XVII der neununddreißig Artikel wie folgt niederlegt:

> Vorherbestimmung des Lebens ist der ewige Zweck Gottes, durch die er (noch bevor die Fundamente der Welt gelegt wurden) seinen uns geheimen Ratschluss auf ewig beschlossen hat, diejenigen, die er in Christo aus der Menschheit erwählte, von Fluch und Verdammnis zu befreien und sie, als Gefäße der Ehre erschaffen, durch Christus ewigem Heil zuzuführen.

Dieser siebzehnte Artikel ist in Ton und Lehre sehr mild, wird er mit der Lehre von der Reprobation[1] im Glaubensbekenntnis von Westminster verglichen, das von einer Synode englischer Theologen in der Zeit zwischen 1643 und 1649 in Westminster formuliert wurde. Reprobation ist in der christlichen Theologie ein Fachausdruck, dessen Lehre bedeutet, dass „Gott einige zu ewigem Tode vorherbestimmt hat". Dieses Westminster-Glaubensbekenntnis wurde zum großen Teil von Geistlichen aufgestellt, die starke calvinistische Neigungen hatten. In Artikel III, Absatz 3 und 4 steht Folgendes:

> Nach dem Ratschluss Gottes sind zur Offenbarung seiner Herrlichkeit einige Menschen und Engel zu ewigem Leben vorherbestimmt und andere zu ewigem Tode. Diese so prädestinierten, vorherbestimmten Engel und Menschen sind besonders und unabänderlich bezeichnet; und ihre Anzahl ist so sicher bestimmt, dass sie weder vergrößert noch verkleinert werden kann.

Artikel III des Westminster-Glaubensbekenntnisses ist halbwegs logisch, vorausgesetzt, man tut seiner Intuition so viel Gewalt an, um den offensichtlichen Voraussetzungen zustimmen zu können, auf denen er beruht: einem unendlichen und ewigen Schöpfer der Welt und des Menschen, der sowohl unendliche Weisheit als auch unendliche Macht ist. Könnte ein derartiges Wesen existieren, wäre offensichtlich jede seiner Handlungen von immerwährender Weisheit und Voraussicht geleitet. Daher würde auch jedes Wesen erschaffen worden sein, um exakt das zu tun, was die immerwährende Weisheit voraussah.

---

[1] Ausschluss von der ewigen Seligkeit (d. Hrsg.).

Einem derart erschaffenen Automaten freien Willen zuzuschreiben, ist lediglich eine „petitio principii", das bedeutet, die Sache wird von vornherein als bewiesen angesehen. Sie wäre nichts anderes als die bedeutungsloseste und frevelhafteste aller kosmischen Ironien vonseiten eines Schöpfers. Ein solcher Schöpfer erschuf, gemäß dieser Hypothese, in seiner unendlichen Weisheit Wesenheiten, von denen er im Voraus alles wusste, was sie als derart erschaffene Wesen sein und tun würden.

In dem von Geistlichen aufgestellten Westminster-Bekenntnis wird das Gesagte also nicht nur anerkannt, sondern positiv bestätigt durch die Aussage, dass gewisse Menschen und Engel „zu ewigem Leben prädestiniert" und andere „zu ewigem Tode vorherbestimmt" sind. Ein solcher „Gott" ist jedoch lediglich ein Fantasiegebilde verdorbener und irregeleiteter Gemüter, wie aufrichtig sie auch gewesen sein mögen.

Wird den obigen Prämissen die gleichfalls universal akzeptierte Prämisse hinzugefügt, dass dieser „Schöpfer" das immerwährende und ewig Gute ist, schwindet sofort die erwähnte strenge Logik, es sei denn, es wird vorgezogen, einen derartigen kosmischen „Gott" als kosmischen „Dämon" zu betrachten. Warum aber wird Gott dann für „unendlich gut" gehalten? Hier stellt sich die Frage, *wann* die Lehren und unsterblichen Gebote des Christus-Menschen, dem die Christen als ihrem Meister folgen und dessen Leben ein ununterbrochenes Beispiel an Schönheit, Liebe und Weisheit ist, verstanden und befolgt werden? Es stellt sich aber auch die Frage: *Wann* werden die finsteren und oft schrecklichen – weil so unmenschlichen – Phantome der Fantasie von Menschen des Mittelalters ein für allemal aufgegeben?

Gräuel dieser Art wurden in alten Zeiten, als noch die großen Mysterien des Altertums mit ihrem mächtigen Einfluss auf menschliche Seelen vorherrschten, niemals gelehrt. In den Mysterienschulen wurden die Menschen nicht nur gelehrt, wie sie leben sollten, sie wurden auch in die Geheimnisse der universalen Natur eingeführt und somit ebenfalls in die innere Konstitution des Menschen, sein Wesen, seinen Ursprung sowie sein Schicksal. Es könnte noch hinzugefügt werden, dass diese Gräuel weder die Lehre des Avatâra Jesus, genannt der Christus, sind, noch die Lehre der Bruderschaft der Meister der

Weisheit, des Mitleids und des Friedens. Es ist eine düstere und unedle Vorstellung, die den verdunkelten Gemütern mittelalterlicher Theologen und der Frühzeit der christlichen Ära entwachsen ist.

Ein Gott der geschilderten Art ist tatsächlich des Menschen eigene Schöpfung. Er wurde von dem schwachen, irrenden und unvollkommenen Verstand des Menschen erzeugt, als er seine eigenen unvollkommenen Fantasien auf den Hintergrund der Unendlichkeit projizierte. Stattdessen ist für den Theosophen das „Herz des Universums" die Quelle allen Lebens, die Quelle aller Intelligenz, aller Ordnung und aller Gesetzmäßigkeit. Es ist die Quelle von allem, dem der Mensch in seinem innersten Herzen und höchsten Geist zustrebt, um durch sein Streben sein eigenes Leben zu veredeln und sein Dasein zu erhöhen. Es ist der erhabenste und höchste Teil der menschlichen Konstitution, denn die innerste Essenz des Menschen ist identisch mit der göttlich-spirituellen Essenz des kosmischen Universums.

Die vorhergehenden Ausführungen bedeuten jedoch nicht, dass die Existenz aller unvollkommen entwickelten kosmischen Leben sowie deren räumliche und zeitliche Phasen im Universum ignoriert werden. Andererseits werden auch nicht die zahlreichen Scharen evolvierender, sich entfaltender oder wachsender Wesenheiten übersehen, die noch in die niedrigeren Tiefen oder Dichtigkeiten der vielen Existenzphasen in der sogenannten materiellen Welt eingetaucht sind. In der Tat, die titanischen Intellekte der Menschheit haben seit langen Zeitaltern diese Bereiche oder Wohnungen des Lebens der linken Hand ebenso sorgfältig erforscht wie die großen Wohnungen und Bereiche kosmischen Lebens, die dem aufsteigenden Bogen manifestierten Seins angehören. Große Gemüter, die eine noch durchdringendere Kraft und noch unpersönlichere und durchschauendere Weisheit haben als selbst die titanischen Intellekte der Menschheit, haben den Letzteren weite und tiefe Bereiche kosmischer Wahrheiten übermittelt. Diese geben ihrerseits ihr Wissen an diejenigen weiter, die sie für würdig und gut vorbereitet erachten, es zu empfangen: kosmische Realitäten, von denen der Durchschnittsmensch keine Vorstellung hat, ja, deren Existenz er sich noch nicht einmal erträumen kann.

Es gibt Hierarchien spiritueller, quasi-spiritueller und ätherischer Wesenheiten, die in den materiellen Hierarchien existieren und sie bewohnen. Auf ihre Weise sind sie von ebenso vielfältiger Art wie die Hierarchien am anderen oder spirituellen Ende der Skala. Es gibt tatsächlich Wesen, die als Wesenheiten von „spiritueller Boshaftigkeit" qualifiziert werden können, wie es auch der christliche Paulus lehrte (*Epheser* 6, 12). Doch was ist mit dem Ausdruck „Wesenheiten, die in einem Zustand spiritueller Boshaftigkeit existieren" gemeint? Offensichtlich und allgemein gesprochen bezieht sich dieser Ausdruck auf Wesenheiten, die aufgrund ihrer Unvollkommenheit und ihres wenigen freien Willens – obwohl sie den spirituellen Reichen angehören – eine gewisse Disharmonie verursachen; folglich sind sie in jenem Zustand schlecht.

Ferner bezieht sich dieser schwierige Ausdruck einerseits auch, und zwar viel ausdrücklicher, auf Wesenheiten, die eine gewisse intellektuelle und psychische Entwicklung besitzen, es aber freiwillig vorziehen, dem „Pfad der Materie" zu folgen. Andererseits bezieht sich der Ausdruck auch auf die sogenannten Mâmo-Chohans, wie sie in Tibet genannt werden. Das sind jene finsteren, mysteriösen Wesenheiten, die in ihrer Gesamtheit die karmischen Agenten, Kontrolleure oder Wächter der materiellen Seite des Universums sind. Die Herren der Finsternis, die dunklen Lords, die Mâmo-Chohans, sind individuell gesehen sozusagen Monaden, die bereits *vor* der Zeit materiell etwas entwickelter waren, als sie ihre Pilgerfahrt in *diesem* kosmischen Manvantara durch die niederen Sphären begannen, um in ferner Zukunft Menschen und später selbstbewusste Götter des Lichts zu werden. Sie sind um uns herum ununterbrochen an der Arbeit oder in Tätigkeit. Tatsächlich sind sie es, die die materiellen Welten in hierarchischer Geschlossenheit halten. Nichtsdestoweniger wirken die Herren des Lichtes durch diese materiellen Welten. Sie kleiden sich in den materiellen Welten mit oder in Körper ein. Das Wort „materiell“, wie es hier angewandt wird, beschränkt sich in seiner Bedeutung nicht nur auf unsere physischen Sphären. Der Ausdruck umfasst die vehikuläre Seite des Universums, die substanzielle Seite im Gegensatz zu der Energie-Seite, der Geist-Seite, den gewaltigen, zusammenwirkenden Hierarchien des Lichts.

Nun sind diese verschiedenen Klassen der „spirituell bösen“ Wesen keineswegs alle Mâmo-Chohans. Ihre Zahl umfasst auch Wesen, die auf dem evolutionären Pfad wesentlich weiter vorangeschritten sind als sogar die Menschen, auch wenn die meisten von ihnen aus der Menschenfamilie heraus zu ihrem gegenwärtigen Zustand aufgestiegen sind. In den meisten Fällen, vielleicht in allen, vereinigen sich diese Wesen in der Boshaftigkeit ihrer Spiritualität absichtlich mit den Mâmo-Chohans und werden somit zu dem, was die Menschheit intuitiv immer unbestimmt als „Kräfte des Bösen“ erkannt hat. Sie sind tatsächlich spirituelle Zauberer, die auf Erden und in anderen materiellen Sphären die aktiven Werkzeuge für den nicht-evolvierten materiellen Teil des Lebens sind oder sich dazu machen. Daher sind sie das, was die „bösen Einflüsse“ genannt wird, die von der „dunklen Seite“ der Natur kommen. Es ist eine Tatsache, dass jeder Mensch, der freiwillig und aus *eigenem Ermessen* eine böse Tat begeht, weil er sie um ihrer selbst willen liebt, ein Werkzeug der spirituellen Boshaftigkeit ist, da er spirituelle und intellektuelle Kräfte für unheilige sowie niederträchtige Zwecke und Ziele gebraucht. Dies ist wiederum aus dem Grunde möglich, weil der Mensch in seiner Essenz ein Gott ist und in seiner höheren Natur der Wille höchste Gewalt hat – wenn er nur wüsste, wie er ihn hier in der Welt der Menschen anwenden könnte. So kommt es, dass er spirituelle Energien mittels seines Willens für üble, schändliche Zwecke anwenden kann.

Jedes Individuum, ob Mensch oder ein anderes Wesen, folgt überall seinem eigenen Schicksalsweg und webt sein eigenes Gewebe, aber nicht nur um sich selbst: *es selbst* ist jenes Schicksalsgewebe, denn es ist ein Charaktergewebe, und dieses besteht aus einem Gemisch von Kräften und Substanzen, die zu seiner siebenfältigen (oder zehnfältigen) Konstitution gehören. Hierin ist also die einfache Erklärung dafür zu finden, wie das Böse oder die Schlechtigkeit in der Welt entsteht: durch die verwickelte und eigensinnige Handlung der zahlreichen Scharen von Individuen, die ihren relativ freien Willen und ihre relativ unentfaltete Intelligenz gebrauchen. Da sich diese unvollkommenen Wesenheiten aufgrund von Unwissenheit und Leidenschaft oft falsch und zum Nachteil und Schaden anderer ähnlicher Individuen, die sie umgeben, entscheiden, bringt dieser „Konflikt der Willen" das verwickelte Geflecht der Fäden der vielen Schicksalsgewebe zustande. Dies ist die große Ursache für Leid und Elend zumindest für Menschen, derer wir uns alle so schmerzlich bewusst sind.

Diese Erklärung stimmt mit der gesamten uns bekannten Natur überein. Sie entspricht vollständig dem intuitiven Sinn für Gerechtigkeit, dass alles, was auch immer mit unserem Leben in Berührung kommt, in uns selbst seinen Ursprung hat und dass wir sozusagen unsere eigenen Eltern und unsere eigenen Kinder sind; denn das, was wir jetzt säen, werden wir ernten, und wir ernten nur das, was wir in diesem oder in einem anderen Leben gesät haben, und nichts anderes. Weder erschafft ein außenstehender Gott Elend, Unglück und Zerstörung, damit es über uns komme, noch umgibt uns ein außenstehender Gott mit unverdienter Freude und glücklichen Folgen von Handlungen, die wir ausführen. Für keinen der beiden Fälle oder Zustände wären wir selbst verantwortlich. Doch wir formen uns selbst, und dadurch tragen wir mit anderen Hierarchien gemeinsam dazu bei, das Universum zu erbauen, das heißt jenen besonderen Teil des Universums, in dem wir uns befinden.

III

So sind also alle Wesenheiten und Geschöpfe, wie überall zu erkennen ist, in Wirklichkeit individuelle Schicksalsgewebe. Auch das Universum selbst ist ein solches Schicksalsgewebe, das durch die Willen und durch das Bewusstsein der Wesenheiten, die es erfüllen, die es tatsächlich zusammensetzen, geformt ist. Sie alle sind tätig und wirken gemeinsam am Aufbau sowohl seiner unsichtbaren und unermesslich wundervollen Welten als auch der äußeren Manifestationen mit ihren herrlichen Sehenswürdigkeiten in der Natur; ja, auch an den Unvollkommenheiten, die wir ebenfalls wahrnehmen.

Jeder „Punkt" im Raum kann daher als Heimstätte einer monadischen Wesenheit betrachtet werden. Dieser „Punkt" wird von seiner eigenen todlosen und unbefleckten monadischen Essenz beseelt und belebt, das heißt von seinem eigenen Bewusstseinszentrum, das sich durch einen solchen infinitesimal kleinen „Punkt", so gut es dies vermag, zum Ausdruck bringt. Auf diese Weise schreitet es durch das Weben seines Schicksalsgewebes auf seiner aufwärtsführenden Reise zurück zu den Sphären unaussprechlichen Lichtes vorwärts. Die Welten über uns, die Sterne und Planeten, sind allesamt lebende, wachsende, evolvierende Wesen. Alle diese Welten sind ohne Ausnahme mit anderen untergeordneten Wesen und Geschöpfen angefüllt. Diese sind in ähnlicher Weise mit dem Weben ihres eigenen individuellen Schicksalsgewebes beschäftigt, das sie selbst sind. Durch dieses Weben aus sich selbst heraus senden sie immer größere Teile, Ströme oder Fluten der sie leitenden bewussten spirituellen Essenz aus, während sie lernen, dies immer besser zu tun. Ferner sind die natürlichen Phänomene, die in unserem physischen Universum sichtbar sind, lediglich die Wirkungen oder Resultate der Tätigkeit von zahlreichen Scharen intelligenter Wesenheiten in den unsichtbaren Bereichen. Ihre Kräfte und Eigenschaften, Attribute und Fähigkeiten erahnen, fühlen oder empfinden wir unbestimmt, wenn sie in unsere Lebenssphäre einströmen.

Bei dieser ununterbrochenen Tätigkeit, die während des gesamten Verlaufs des ungeheuer langen kosmischen Manvantaras fortbesteht, handelt jede Wesenheit gemeinsam mit zahlreichen Scharen anderer Wesenheiten, die ihr mehr oder weniger gleich sind. Sie wirken gegenseitig aufeinander ein, sodass aufgrund dieser verwobenen hierarchischen Struktur des Universums jede Wesenheit überall – gleich welche Größe sie hat – nur eine der Wesenheiten in dem „Lebensstrom" irgendeines noch größeren Wesens ist. Wie in vorhergehenden Kapiteln schon ausführlicher erklärt wurde, ist die Struktur der Natur durchweg hierarchisch. Jeder ihrer zahlreichen kosmischen Pläne, die ihr eigenes Wesen zusammensetzen, wiederholt daher jeden Plan, der höher ist als er selbst. So kommt es, dass jede individuelle Einheit in dem Lebensstrom, der Konstitution und der Substanz in eine andere kosmische individuelle Einheit von weit größerem Ausmaß eingeschlossen ist.

Dieser Gedanke mag auf den ersten Blick sehr mysteriös und schwer verständlich erscheinen, doch die Zusammensetzung des menschlichen Körpers liefert ein einfaches Beispiel für die sich wiederholende Struktur der Natur. Der Gehirnverstand eines Menschen leitet die bewussten Bewegungen seines Körpers, sein so falsch benanntes „Unterbewusstsein" leitet in gleicher Weise die sogenannten unwillkürlichen Handlungen, die unwillkürlichen Bewegungen und die Reflexbewegungen, welcher Art sie auch sein mögen. Verlässt der Verstand oder das Bewusstsein einen Menschen, tritt der Tod ein, der, wie wir sagen, einen „toten" Körper zurücklässt. Doch was geht in dem „toten" Körper vor? Er verfällt und löst sich auf, es findet ein Auseinanderfallen der organischen Zusammensetzung in ihre sie bildenden molekularen und atomaren Bestandteile statt. Die leitende, führende und Energie spendende Kraft hat den Körper verlassen, der dadurch „tot" bleibt. Die inneren Kräfte fließen oder strömen nun nicht mehr in den physischen Körper ein, bewegen ihn nicht mehr, um ihn in Aufregung zu versetzen oder ihm Frieden zu geben – je nachdem, ob die einströmenden Kräfte aus dem niederen oder aus dem höheren Teil der inneren Konstitution des Menschen hervorgehen. Doch unser Körper, als physisches Vehikel betrachtet, ist aus nichts anderem zusammengesetzt als aus ungeheuren Scharen infinitesimal kleiner Wesenheiten. Jede dieser Wesenheiten hat dasselbe Recht und denselben Anspruch, eine „lernende Wesenheit", ein „Bewusstseinszentrum" auf seinem aufwärtsführenden Weg genannt zu werden, wie der Mensch selbst mit seinem dominierenden, umfassenden Bewusstsein und seinem Willen. Während des Lebens sind der menschliche Geist, das menschliche Bewusstsein sowie der menschliche Verstand der vereinigende Oberherr über die zahllosen Scharen von Wesenheiten im menschlichen Körper – es sind tatsächlich unzählige, ihre Zahl ist unermesslich –, die er alle in seinem umfassenden und führenden Griff hat.

Ebenso verhält es sich mit dem Universum im makrokosmischen Maßstab. Es gibt unzählige Scharen solcher Universen, die sich außerhalb unseres Heimatuniversums in der Umgebung der Milchstraße befinden.

Hierdurch wird deutlich, dass wir durch die untrennbaren Bande eines kosmischen Bewusstseins unentrinnbar miteinander verkettet und verbunden sind und sich diese Bande durch alles durchdringenden Willen und Intelligenz zum Ausdruck bringen. Tatsächlich durchdringt jede Kraft im Universum unser Wesen, und jede Substanz im Universum hat ihren angemessenen Teil zu unserem Aufbau beigetragen, wodurch sie uns von sich selbst etwas gegeben hat. So kommt es, dass in allen alten mystischen Schulen der Mensch als ein Mikrokosmos oder als eine „kleine Welt" angesehen wurde, die in sich Teile von allem enthält, was der universale Elter enthält und ist. Da wir alle also Teile eines allumfassenden kosmischen Bewusstseins und seines vehikulären Ausdrucks, des uns umgebenden Universums, sind, finden wir uns nun hier zusammen und fühlen Rückwirkungen von Handlungen Anderer ebenso, wie auch sie diese von uns fühlen. Daher wird auch die Ausströmung einer gewissen

Menge der ursprünglichen Energie einer jeden Wesenheit unmittelbar auf die sie umgebende Natur einwirken, die ihrerseits automatisch darauf reagiert. Diese Reaktion kann sofort eintreten oder aber lange Zeit auf sich warten lassen; in manchen Fällen kann sie sich sogar um Äonen verzögern. Doch bei allen Vorkommnissen und in allen Fällen wird die entsprechende Reaktion unausweichlich eintreten, denn sie ist durch die in der Gleichung enthaltenen Faktoren unentrinnbar festgelegt.

Die Tatsache, dass wir alle nur Teile eines größeren Wesens sind, sollte nicht dahingehend missverstanden werden, als bedeute sie Fatalismus. Fatalismus ist die Idee – als Lehre kann er nicht bezeichnet werden, eher als Meinung oder Spekulation –, dass der Mensch und alle anderen Wesenheiten, bewusste und unbewusste, nichtselbstbewusste und selbstbewusste, gleich auf welcher Stufe ihrer Entwicklung sie sich befinden, die blind umhergetriebenen Stäubchen eines seelenlosen kosmischen Mechanismus sind, der von einer übermächtigen, beherrschenden Kraft gelenkt wird. Von dieser Kraft wird angenommen, sie wirke gänzlich als Schicksal und überall als Zufall: blind, seelenlos, gefühllos, als Geschehen, das zielloses Umherirren mit sich bringt, das zwecklos ist, von irgendwo herkommt, und dass alles ohne irgendein bestimmtes Ziel geschieht.

Dies ist eine Form des Fatalismus der alten materialistischen Schule, die jetzt glücklicherweise ein überholter und im Prinzip aufgegebener Glaube ist. Die andere fatalistische Ansicht ist schwerer zu beschreiben, da es mehrere Spielarten und Schattierungen an Meinungen dazu gibt oder gegeben hat. Sie besagt, dass die Menschen und alle anderen Wesen im Universum nur die Marionetten einer unerforschlichen kosmischen Kraft sind, die wahrscheinlich Intelligenz und Willen besitzt. Sie gebraucht diese Attribute sozusagen, um das kosmische Trugbild der Schöpfung hervorzubringen, in der nichts außer ihr irgendeine wirkliche Kraft der Selbstbestimmung besitzt.

Zwischen diesen beiden Schulen gibt es nur geringe Unterschiede, denn sie gleichen sich wie ein Ei dem anderen. Der einen werden lediglich Begriffe zugeschrieben, die in der anderen nicht angewandt werden. Außerdem werden ihnen gewisse erdichtete Eigenschaften gegeben, die letzten Endes nur Bezeichnungen sind, weil sie leer und bar allen Gehaltes sind.

Europäische Wissenschaftler haben schon lange die Existenz einer Kausalkette im gesamten Universum erkannt. Sie wurde und wird immer noch das „Gesetz von Ursache und Wirkung“ genannt. Ihre Existenz ist in der Struktur der Natur und in ihrer Wirkungsweise so klar ersichtlich, dass ihr Vorhandensein und ihre Prozesse, selbst dann, wenn der Ursprung und die Bedeutung dieses schwer erkennbaren und geheimnisvollen Gesetzes nicht verstanden werden, dennoch überall wahrnehmbar sind, und zwar nicht nur in uns, sondern in allen Dingen und Wesen, die uns umgeben.

Die Ansichten in Bezug auf das Gesetz von Ursache und Wirkung machen jedoch neuerdings einige sehr seltsame und interessante Veränderungen durch. Der physikalische Determinismus[1] des entkräfteten und jetzt sterbenden Materialismus unserer Väter ist so gut wie verschwunden dank des Lichtes, das neuere wissenschaftliche Entdeckungen und die davon abgeleiteten philosophisch-wissenschaftlichen Deduktionen auf die Natur des uns umgebenden Universums werfen.

Wissenschaftler scheinen indessen auch verwirrt zu sein. In einigen Fällen kommen sie zu einem Ergebnis, das kaum anders bezeichnet werden kann als eine unlogische Erklärung für die Ursachen und die Bedeutung physikalischer Phänomene, die sie durch ihre äußerst gewissenhafte Arbeit aufdecken. Als Reaktion auf den alten fatalistischen Determinismus sprechen viele eminente Wissenschaftler heute

[1] Lehre von der Unfreiheit des menschlichen Willens (d. Hrsg.).

von einem „Prinzip des Indeterminismus“[1]. Welchen Sinn oder welche innere Bedeutung dieser Ausdruck jedoch exakt in sich schließt, ist für einen Außenstehenden außerordentlich schwer zu erkennen. Nach einem sorgfältigen Studium vieler wissenschaftlicher Werke, in denen das Prinzip des „Indeterminismus“ erwähnt wird, fühlt man sich fast dazu getrieben zu folgern, dass die eminenten Herren, die dieses Wort geprägt haben, selbst darüber im Zweifel sind, was sie genau damit meinen.

Soll der sogenannte „Indeterminismus“ so aufgefasst werden, als bedeute er, dass die Atome oder die elektrischen Teilchen, die die Atome zusammensetzen, einen kleinen freien Willen besitzen und dass dieser kleine Wille sie veranlasst, in scheinbar regelloser und eigensinniger Weise zu handeln – und zwar oft den Erwartungen entgegengesetzt? Oder soll der „Indeterminismus“ einen Zustand bedeuten, in dem überall Schicksal, Zufall oder kosmische Gesetzlosigkeit regiert, in dem sich jedes Atom weigert, innerhalb jener Grenzen kausaler Verkettung gebunden oder eingeschränkt zu sein – was sogar der alte Materialismus als Determinismus definierte? Was meinen diese großen Wissenschaftler, wissen sie es selbst nicht? Doch einige, wie zum Beispiel Einstein, Planck und andere, stimmen der Kausalität im „Indeterminismus“ zu. Ungeachtet dessen herrscht in der Wissenschaft eine ausgeprägte Atmosphäre von Unwissenheit oder eine Haltung agnostischen „Indeterminismus“ vor. Sie führt nach Aufgabe eines ernsthaften und prüfenden Studiums großer Teile moderner Wissenschaft zu der Überzeugung, dass nichts wirklich präzise definiert und absolut zuverlässig erkannt werden kann. Die Selbstsicherheit sowie die dogmatische Orthodoxie der Naturwissenschaft

---

[1] Heisenberg hat 1927 in seiner Unschärferelation beschrieben, dass Impuls und Ort eines Teilchens nicht gleichzeitig exakt bestimmbar sind. Die Standardinterpretation der Quantentheorie besagt, dass nicht die Unvollkommenheit der Quantentheorie hierfür Ursache ist, sondern dass quantenphysikalischen Vorgängen ein prinzipieller Indeterminismus zugrunde liegt (d. Hrsg.).

von einst wurde durch die erstaunlich gewissenhafte Arbeit bei neuen Entdeckungen abgelöst, die in wissenschaftlichen Kreisen bisher jedoch nur Befremdung und Rätselraten hervorgerufen haben.

Aus diesen Gründen können weder der „Determinismus" des alten Materialismus noch der „Indeterminismus" der modernen wissenschaftlichen Schule angenommen werden, ebenso wenig die unterschiedlichen Variationen des „Fatalismus", die zu verschiedenen Zeiten unter Philosophen und religiösen Denkern vorgeherrscht haben. Sie kommen weder den Bedürfnissen des Intellekts des Menschen noch den Intuitionen seines Geistes oder dem Streben seiner Seele entgegen. Auch entspricht keiner von ihnen in irgendeiner Weise angemessen den Instinkten seines Moralgefühls. Weder „Zufall" noch „Kismet" sind zufriedenstellend, selbst wenn in diesen beiden Ansichten gewisse Andeutungen der kosmischen Wirklichkeit gesehen werden können: eben jene unendliche, universale, nie-irrende und völlig unpersönliche Wirkungsweise der Natur, die unter der ihr vor langer Zeit gegebenen Bezeichnung „Karman" studiert werden kann. Karman ist das Prinzip der Verursachung, der unentrinnbaren Folgen, oder umgangssprachlich das „Gesetz von Ursache und Wirkung". Es kann auch von dem all-durchdringenden Gesetz der Kausalität und der wirksamen Resultate gesprochen werden.

Diese Verkettung oder der Strom ineinandergreifender oder miteinander verflochtener Umstände existiert überall im kosmischen Leben. Daraus ergibt sich die Konsequenz, dass jede existierende Wesenheit und jede Handlung einer jeden Wesenheit, die irgendwo begangen wird, und jeder Gedanke oder jede Gemütsbewegung, die von einer Wesenheit gefühlt wird, die verkettete Wirkung einer vorausgegangenen Ursache ist. In der Kette der Verursachung entspringt die Ursache stets dem Dasein eines Lebewesens. Zudem sind Universen, Welten, Sonnensysteme, Sternennebel, Kometen, Planeten, kosmische Wesenheiten, Menschen, Elementale, Lebensatome, Materie sowie die verschiedenen Pläne und Sphären des Seins und in Wirklichkeit alles Existierende, nicht nur die Resultate oder die Folgen der vorangegangenen und individuellen Aggregate karmischer Ursachen einer jeden Wesenheit. Vielmehr schafft jede einzelne Wesenheit aus sich heraus beständig neue karmische Ursachen in gegenseitiger Verknüpfung oder in Verbindung mit allem anderen.

IV

Nun bleibt noch die Frage: Was bringt diese Ursachen hervor, die in dem Schicksalsgewebe wirksam sind und es aufbauen? Die Lösung dieses Problems hat zeitalterlang die Gemüter der Menschen gequält und verwirrt. Was bringt die Ursachen hervor? Die eindeutige Aussage der Theosophie ist die, dass es niemals *den* „Anfang“ als „Ursprung“ gegeben hat. Wird der Kerngedanke erfasst, liegt die Lösung des Problems auf der Hand: Jede Ursache in der Kette der Kausalität, die sich von Ewigkeit zu Ewigkeit erstreckt, ist lediglich die Wirkung einer ihr vorausgegangenen Ursache, die ihrerseits wiederum die Wirkung einer ihr vorausgegangenen Ursache ist, und so weiter ad infinitum. Das Gleiche gilt für die Zukunft: Jede Ursache erzeugt ihre Wirkung, die sofort zu einer „neuen“ Ursache wird, diese hat ihrerseits eine Wirkung zur Folge, die augenblicklich zu einer „neuen“ Ursache wird, und so geht es endlos weiter.

Die Formulierung dieser so subtilen und tiefen Gedanken sollte nicht dahingehend missverstanden werden, als bedeute sie, dass Karman und seine zeitliche Aktivität nur mechanisch wirkt und seelenlos ist. Eine fundamentale Aussage der Theosophie ist die, dass alles Karman, gleich welcher Art, welcher Klasse und welchen Grades, im Wesentlichen von dem kosmischen Bewusstsein gelenkt und geleitet wird und in zweiter Linie von den zahlreichen ineinandergreifenden Hierarchien, die den Raum erfüllen, ja ihn zusammensetzen und die alle ihrem Grade nach und ihrer Art entsprechend bewusst sind. Karman ist somit essenziell nicht nur eine „Funktion" des Bewusstseins, sondern Bewusstsein *an sich* in Tätigkeit. Der menschliche Geist in seiner unvollkommenen Entwicklung und mit seinem daher notwendigerweise begrenzten Blickwinkel kann den Bewegungen des kosmischen Bewusstseins aufgrund der ungeheuren Amplitude seiner vitalen Bewegung nicht folgen. Der Mensch kann sich das kosmische Bewusstsein daher bestenfalls als ein uferloses Meer vorstellen, das im kosmischen Raum existiert und dem Anschein nach unveränderlich und unfassbar still ist.

In Relation gesetzt verhält es sich etwa so, als würde sich der Bewohner eines infinitesimal kleinen Partikels, das einen Teil des menschlichen Körpers bildet, die Zeitspanne zwischen zwei menschlichen Herzschlägen vorstellen. Für ihn wäre dies sozusagen eine Quasi-Ewigkeit! Die 7 Dekaden menschlicher Herzschläge in einer Minute (zum Beispiel 72) wären für ihn gänzlich unvorstellbar langsam, sie würden eine Zeitspanne umfassen, die ihm endlos erschiene. So sind auch die Bewegungen eines Organs des menschlichen Körpers für ihn von derart enormem Ausmaß, von so unermesslicher Amplitude, dass das winzige wahrnehmende Bewusstsein dieser Wesenheit ihre Existenz wohl intuitiv erkennen, sie aber nicht begreifen kann.

Die Realität ist jedoch, dass sich das kosmische Bewusstsein während des kosmischen Manvantaras in unaufhörlicher Bewegung befindet, ja sogar auch während des kosmischen Pralayas. Weil aber der kosmische Raum in einzelne Hierarchien aufgeteilt ist, die Welten und Pläne bilden, und diese ihrerseits wieder nach dem hierarchischen analogen Prinzip in noch kleinere Wesenheiten teilbar sind, ist zu erkennen, dass, wenn diese Amplituden der Bewegung oder diese Größen im Raum kleiner werden, schließlich die Stufe erreicht wird, auf der menschliche Intelligenz beginnen kann, diese kosmisch kleineren Gruppen und ihre Bewegungen zu erkennen und zu verstehen. So kann in Gedanken die Skala hinabgestiegen und wahrgenommen werden, dass das Kleine in ständig an Größe zunehmende Bereiche eingeschlossen ist und dass es Bereiche ständig abnehmender anderer Größen bis zum infinitesimal Kleinen umfasst: die verschiedenen Galaxien, die Familien im Raum bilden, dann eine einzelne Galaxie, danach ein Sternenhaufen, danach ein Sonnensystem, dann ein Planet und schließlich infinitesimal kleine Welten.

KARMAN ist überall unaufhörlich tätig. Um Karman richtig verstehen zu können, sollte sorgsam beachtet werden, dass jeder winzigste Punkt im kosmischen Raum oder im kosmischen Bewusstsein als monadisches Zentrum betrachtet werden kann, das an der karmischen kosmischen Arbeit teilhat. Alles und jede Wesenheit, wie groß oder klein sie auch sein mag, arbeitet in den Weiten karmischer Tätigkeit auf ihrer eigenen Stufe mit. Jede Wesenheit ist daher ein Vermittler dieser geheimnisvollen und für uns Menschen so unfassbaren Wirkungsweise der Essenz der Natur. Zum Zweck leichterer Beschreibung kann sie das „Gesetz" von Karman genannt werden, das die Unendlichkeit hindurch in dem unaussprechlichen geistigen Prinzip seine Wurzeln hat.

Es verwundert daher nicht, dass wirklich große Wissenschaftler gelegentlich eine Intuition von Wirklichkeit haben. Männer wie Einstein, Jeans, Edison und andere haben öffentlich erklärt, dass ihrer Erkenntnis nach die Essenz oder die fundamentale Substanz des Universums Geist ist! Der Zyklus menschlichen Denkens hat somit einen vollständigen Umlauf gemacht!

Hierin liegt also der Schlüssel. Dieses allgegenwärtige Naturprinzip soll am Beispiel des Menschen veranschaulicht werden. Der Mensch ist eine zusammengesetzte Wesenheit. Seine höchsten Teile sind reine Göttlichkeit, daher sind sie auch reines Bewusstsein und daher reiner Geist, reiner Wille, reine Kraft. Da diese Eigenschaften als Einheit zusammenwirken und somit für jeden Menschen ein individuelles Kompositum sowohl aus Kraft als auch aus Substanz bilden, die nicht nur aufeinander einwirken, sondern auch nach außen hin tätig sind und von der Außenwelt Wirkungen empfangen, ist der Mensch ein „Handelnder" im ursprünglichen Sinne des Wortes. Er ist jemand, der Taten erzeugt, der sich bewegt, der tätig ist, weil sein Herz, sein Kern dieses zentrale göttliche Bewusstsein ist, die reine göttliche Geist-Wille-Energie. Diese Einheit ist es, die kosmisch gesehen ihrer wahren Natur nach ununterbrochen aktiv und am Werk ist. Sie wirkt sogar in den niedersten Wesenheiten, damit auch im Menschen sowie in jeder anderen Wesenheit ebenfalls. Diese göttliche Geist-Wille-Kraft, dieses innere göttliche Bewusstsein versucht stets, seine transzendenten Kräfte zum Selbstausdruck zu bringen, und zwar durch die Schleier der Materie hindurch, die den Menschen wie auch alle anderen Wesenheiten einhüllen. Die essenzielle Natur dieser göttlichen Einheit ist völlig frei, da sie reines, uneingeschränktes Bewusstsein ist, sozusagen ein Tröpfchen des kosmischen „leuchtenden Meeres".

Ferner steht dieses fundamentale und erhabene kosmische SELBST im Herzen aller Wesenheiten – allgemeinverständlich ausgedrückt – völlig „über Karman". Und obgleich es tatsächlich der eigentliche Ursprung und die Quelle alles nur möglichen Karmans ist, hat es natürlich sein eigenes Karman, das als göttlich bezeichnet werden kann. Folglich wird das kosmische SELBST von niedrigerem Karma niemals beeinflusst, weil diese göttliche Wesenheit selbst die fundamentale wirkende Bewusstsein-Geist-Substanz des Universums genannt werden kann. Sie ist die kausale Harmonie dieses Universums, und daher ist sie auch die kausale Harmonie aller Wesenheiten, die unser Universum umfasst. Aus diesem Grunde ist sie die eigentliche Wurzel und Quelle, der eigentliche Born aller nur möglichen Tätigkeiten der Natur, sie ist die Wurzel von Karman. Es wäre außerordentlich schwer mit anderen Worten zu sagen, was Karman ist, denn die kausale Harmonie schließt das tiefste kosmische Mysterium in sich ein: die Natur und die wirksame Tätigkeit des essenziellen Seins kosmischer Bewusstsein-Geist-Substanz-Kraft.

Da Karman in allen manifestierten Differenzierungen unaufhörlich tätig ist, schließt es auch alle ihre unvollkommenen Ausdrucksformen in sich ein. Es sind jedoch nur diese Differenzierungen oder Unvollkommenheiten, die sich unvollkommen zum Ausdruck bringen. Offensichtlich kann nur das vorher Involvierte später evolvieren. Mit anderen Worten: Evolution oder Entfaltung folgt auf Involution oder Einhüllung. Das, was seiner wahren Natur nach absolute Vollkommenheit oder die göttliche Einheit des Universums ist, bildet die kausale Wurzel oder Quelle jeder sogenannten Tätigkeit der Natur, der sogenannten „Naturgesetze". Hieraus wird ersichtlich, warum dieser göttliche Teil der zusammengesetzten Konstitution des

Menschen von den niederen natürlichen Tätigkeiten ursächlich unbeeinflusst ist, obwohl sie seine eigenen Ausflüsse sind, außer insofern, als diese Ausflüsse dazu bestimmt sind, in zukünftigen Äonen zu ihm zurückzukehren.

Wenn dieses erhabene Bewusstsein einer Wesenheit, wie zum Beispiel das eines Menschen, seine eigenen transzendenten Kräfte so zum Selbstausdruck bringen kann, wie es zuweilen bei einzelnen Individuen der Menschheit in einem gewissen Ausmaß geschehen kann und auch geschieht, so haben wir das, was wirklicher freier Wille genannt werden kann. In dem Maße, wie der Mensch diese inneren, transzendenten Fähigkeiten und Kräfte entwickelt und entfaltet, sie hervorevolviert – die sein Kern sind und der innersten Natur nach diesem transzendenten Bewusstsein in und über ihm entsprechen –, in dem Maße besitzt er in immer höherem Grade diese wunderbare Fähigkeit der freien Wahl, des freien Handelns, des freien Willens. Denn freier Wille ist ein Aspekt oder eine Energie jenes auf ewig unzerreißbaren Fadens der Bewusstsein-Geist-Substanz-Kraft, der uns mit der grenzenlosen Unendlichkeit vereint. Kein Mensch hat abgekoppelt vom Universum einen freien Willen – wie so viele oberflächliche Denker glauben –, denn das würde bedeuten, dass er sich außerhalb des Universums befände. Der Mensch hat in größerem oder geringerem Grade freien Willen, was jedoch von seiner individuellen Entwicklung abhängt, denn sein innerster Kern, das Herz seines Herzens, ist, wörtlich genommen, Unendlichkeit. Die vedischen Weisen weigerten sich, irgendein beschreibendes Adjektiv anzuwenden, weshalb sie diesen Kern DAS nannten. Daher ist der freie Wille des Menschen – der in ewiger unlösbarer Einheit mit seinen anderen göttlich-geistigen Attributen und Eigenschaften steht – das Element oder Prinzip, das ihn mit dem kosmischen Urgrund verbindet, denn sein höchstes oder innerstes Selbst ist identisch mit dem Herzen Parabrahmans.

Parabrahman ist ein zusammengesetztes Sanskṛitwort und bedeutet „jenseits von Brahman" – von पर (para) „jenseits" und ब्रह्मन् (Brahman) „der kosmische Urgrund" oder „der kosmische Geist". Der Ausdruck, der somit „jenseits von Brahman" bedeutet, bezieht sich nicht nur auf die unfassbar zahlreichen Scharen der Hierarchien jenseits von Brahman unserer Galaxie, er ist vielmehr ein anschaulicher Ausdruck, der auf die gänzlich undenkbaren und daher unbeschreiblichen göttlichen Tiefen der Unendlichkeit hinweist.

Neben dem unaufhörlichen und fortschreitenden Entfalten von Fähigkeiten, Kräften und Hilfsmitteln bedeutet Evolution daher gleichfalls Wachstum oder Entfaltung des freien Willens, und zwar aufgrund der fundamentalen Tatsache, dass Evolution das langsam fortschreitende, aber unaufhörliche Entfalten zu immer vollständigerem Ausdruck der parabrahmanischen Essenz in und über dem Menschen ist.

Der freie Wille wächst daher sowohl an Kraft als auch an Freiheit in dem Maße, wie der sich entwickelnde Mensch auf dem leuchtenden Bogen der Natur – das heißt auf der Bewusstseins-Seite des Universums – vorwärts- und aufwärtsschreitet. Ebenso nimmt er ab, wenn sich der sich entwickelnde Mensch von der Bewusstseins-Seite abwendet und einem immer größeren Abstieg oder „Fall" in absolute Materie entgegengeht. Diese Materie könnte letzten Endes als aus kristallisierten oder passiven Monaden bestehend beschrieben werden, die sich sozusagen vollkommen automatisch mit den dortigen Tätigkeiten der Natur bewegen.

V

Beim Studium alter Schriften – besonders jener des Orients und der mehr oder weniger modernen Kommentare – stößt man zweifellos insbesondere bei Letzteren auf Äußerungen, die sinngemäß besagen, dass ein Mensch, der den Zustand oder die Bedingung der Meisterschaft über das Leben und im Leben erreicht hat, der einer der großen Weisen und Propheten geworden ist oder eine noch erhabenere Größe an Spiritualität erreicht hat, sich „über Karma" befindet, das heißt oberhalb der karmischen Reaktionen, und somit über den Bereich karmischen Einflusses hinausgeschritten ist. Derartige Aussagen müssen mit großer Zurückhaltung aufgenommen und mit ebenso großer Sorgfalt geprüft werden. Nun ist es vollkommen richtig, dass ein sich entwickelndes Individuum wie der Mensch, der aus seinem Inneren seine transzendenten Kräfte entfaltet, die immer im Einklang mit dem kosmischen Gesetz wirken, eine so hohe Stufe in der geistigen Evolution erreichen mag, ja erreichen kann, dass er dadurch – natürlich in seiner eigenen Sphäre – ein direkter und selbstbewusster Mitarbeiter und Vertreter dieser kosmischen Gesetze wird. Daher kann von ihm zu Recht gesagt werden, dass er „über Karma hinaus" sei, wenn sich der Ausdruck Karma auf seine eigene Evolution, seinen eigenen Charakter und seine eigene Tätigkeit als Mensch bezieht, wie hoch auch immer die Stufe sein mag, die er erreicht hat.

Ebenfalls richtig ist jedoch, dass das *universale* Karman kosmischen Seins der Urgrund für die Betätigung des individuellen Karmas ist, da kein Individuum vom kosmischen Sein, vom Universum trennbar ist. Selbst die höchste Göttlichkeit im relativ höchsten Himmel ist *universalem* Karman ebenso unterworfen wie die bescheidenste Ameise, die einen Sandhügel hinaufklettert, nur um wieder hinunterzufallen.

Besteht zwischen diesen beiden Aussagen nun ein Widerspruch in üblicher Logik oder Metaphysik? Nein, auch wenn darin eines der zahlreichen Paradoxa enthalten sein mag, denen sich Studierende der Theosophie ständig gegenübersehen. Folgendes kann als Erklärung für das Paradoxon dienlich sein: Ein Mensch oder irgendeine Wesenheit, gleich, welche hohe Stufe evolutionärer Entwicklung er oder sie erreicht haben mag, schreitet aus dem Einfluss oder über den Bereich karmischer Tätigkeit jener Hierarchie, zu der er gehört, hinaus, wenn er mit ihr eins geworden ist oder sich in vollkommener Einheit mit dem erhabensten Teil dieser Hierarchie befindet. Für diese Zeit hat der verklärte Mensch Quasi-Göttlichkeit erreicht, weil er sich mit den göttlich-geistigen Teilen seiner eigenen Hierarchie vereinigt hat. Alle Triebkräfte seiner Natur sind dann vollkommen harmonisch und stehen im Einklang mit der Hierarchie, mit der er sich göttlich und spirituell in enger Vereinigung befindet. So ist er nun eins mit der spirituellen Natur dieser Hierarchie und arbeitet im Gleichklang „mit der Natur". Damit steht er offensichtlich über der Stufe, auf der er als Untertan der Hierarchie unter dem Einfluss, der „Herrschaft" oder der „Regierung" des allgemeinen Feldes karmischer Tätigkeit in dieser Hierarchie stand. Von nun an hat jenes hierarchische Karma keine weitere Gewalt mehr über ihn, denn in dieser Hierarchie ist er zu einem Meister ihres Lebens geworden, da er eine wirkende Kraft ihrer innersten Impulse und Weisungen geworden ist. Sein Geist und sein Bewusstsein sind in das leuchtende Meer eingegangen.

Die besondere Hierarchie, zu der er gehört und in der er nun ein Meister des Lebens geworden ist, soweit es das Universum betrifft, ist dennoch nur eine aus Scharen anderer Hierarchien. Einige von ihnen sind weitaus niedriger und andere weitaus höher als sie, denn im grenzenlosen All gibt es unzählige Hierarchien. Verglichen mit dem grenzenlosen All – den grenzenlosen Räumen der Unendlichkeit – schrumpft seine eigene Hierarchie, wie groß sie auch sein mag, sozusagen zu den Dimensionen eines reinen mathematischen Punktes zusammen, sie wird zu einem zusammengesetzten hierarchischen Atom in den Gefilden des universalen Lebens.

Dies alles bedeutet, dass, während ein derartiger „Meister des Lebens" oder eine solche Wesenheit in der Evolution fortschreitet und die Zeit kommt, da er seine eigene Hierarchie verlässt und in höhere Sphären kosmischen Lebens übergeht – er noch umfassendere und erhabenere Sphären betritt, in denen er weitere Erfahrungen erlangt und aus den sich daraus ergebenden Betätigungen lernt. Bei seinem Eintritt befindet er sich jedoch auf der untersten Stufe dieses neuen kosmischen Bereiches der Lebensleiter. Damit fällt er unmittelbar unter den Einfluss, das Gesetz oder die „Herrschaft" des noch größeren Karmans dieser erhabeneren hierarchischen Sphäre.

Ein Mensch kann sich also tatsächlich über die karmische Sphäre der relativ begrenzten Hierarchie, in der er sich befindet, erheben, wenn er mit der innersten Essenz jener höheren Hierarchie spirituell eins wird und somit zu ihrem Mitarbeiter und ergebenen Diener wird. Doch sollten seine Existenz in einer solchen besonderen, begrenzten Hierarchie oder seine karmischen Wanderungen und Pilgerfahrten durch sie hindurch nur als das Erklimmen einer einzigen höheren kosmischen Stufe auf der grenzenlosen „Leiter" des kosmischen Lebens betrachtet werden, die durch die miteinander verwobenen, ineinandergreifenden und aufeinander einwirkenden Welten führt, aus denen der Kosmos aufgebaut ist.

Die Hauptfähigkeit oder -eigenschaft in jedem sich entwickelnden Wesen, wie zum Beispiel dem Menschen, der diesen evolutionären Aufstieg durch die Sphären zuwege bringt, ist in erster Linie der sich entfaltende Wille. Während der Mensch in höherem Maße evolviert, wird dieser Wille fortschreitend freier. Dabei wird er von der sich fortschreitend entfaltenden Fähigkeit oder Eigenschaft des Bewusstseins, oder besser, dem Denkprinzip geführt, beaufsichtigt und geleitet. Diese beiden, Wille und Verstand, entwickeln sich eng zusammen und in relativ gleichem Maße, *pari passu,* in gleichem Schritt. Von dem Willen des Menschen kann daher zu Recht gesagt werden, dass er zu jeder Zeit – ob nun in seiner Vergangenheit, Gegenwart oder Zukunft – zum Teil gefesselt oder gebunden und zum Teil frei ist. Die „Freiheit" nimmt stetig zu, wenn die sich entwickelnde Wesenheit immer mehr eins wird mit der Göttlichkeit in ihrem Herzen, die ihr eigenes Höheres Selbst ist. Sie ist auch die Quelle des Bewusstseins oder des Denkprinzips, das ihren Willen in die Tat umsetzt.

So befindet sich also im Geist eines Wesens, in seiner inneren spirituellen Sonne, seinem inneren Bewusstsein, die Quelle oder der Born des freien Willens. Der Wille bringt sich immer nach außen zum Ausdruck durch die ihn umgebenden und einschließenden ätherischen Schleier der siebenfältigen Konstitution der Wesenheit. Je fortgeschrittener die Wesenheit ist, desto weitreichender ist auch die Freiheit ihres Willens und folglich auch der Wahl ihrer Handlungen. Der freie Wille ist eine der konstitutionellen und daher angeborenen oder vielmehr innewohnenden Attribute und Kräfte, die der Mensch besitzt; er ist eine göttliche Eigenschaft, seinem Ursprung nach ein wahrhaft göttliches Attribut. Und obwohl die gesamten Kräfte des Kosmos während des Erdenlebens wie auch in den vorgeburtlichen und nachtodlichen Perioden beständig und ohne einen Augenblick innezuhalten von allen Seiten auf den Menschen einwirken, hat er dennoch seinen Teil sich entfaltenden oder entwickelnden freien Willens. Mit ihm kann er sein Schicksal weben, ganz wie er es möchte: zum Guten oder zum Bösen für sich und seine Mitmenschen.

Natürlich wird nicht in Abrede gestellt, dass es im Universum auch Mechanismen gibt – denn es gibt sie in der Tat. Zudem wird nicht bestritten, dass das Universum in seiner äußeren Form, so wie wir sie verstehen – jenem Querschnitt des Kosmos, den wir unsere physische Sphäre oder die weiten Dimensionen unseres physischen Universums nennen –, in seinen physischen Prozessen mechanisch verläuft, und in der Tat verhält es sich mit unserem physischen Körper ebenso. Alles in den uns bekannten Welten bewegt sich nach sogenannten „mechanischen“ Gesetzen. Diese „mechanischen Gesetze“ sind der äußerste und physische Ausdruck innerer, immer-aktiver spiritueller und ätherischer Kräfte; und eben hierin liegt die Lösung des Lebensrätsels. Das physische Universum befindet sich in unaufhörlicher Bewegung. Es bewegt sich allein aufgrund der innewohnenden Intelligenzen und Willen, die sich auf allen der unzähligen Stufen der inneren hierarchischen Lebensleiter befinden, vom höchsten Dhyân-Chohan oder Erzengel abwärts bis zu dem am geringsten entfalteten oder entwickelten Elemental. Hinter den mechanisch ablaufenden Prozessen stehen die inneren, unsichtbaren, immer aktiven

„Techniker"; und hinter und in den mechanisch ablaufenden Vorgängen wirken die unsichtbaren bewegenden Kräfte, die „Triebkräfte".

So können auch wir Menschen in einem Sinne als lebendige Mechanismen von spirituellem und intellektuellem Typ angesehen werden, die – jeder von uns – von der innewohnenden und überstrahlenden Göttlichkeit belebt und beseelt werden. Wir weben unser Schicksalsgewebe, in das wir uns nur allzu oft verstricken, während wir durch Zeit und Raum wandern und die Fäden des Gewebes, das uns unsere Tugend oder aber auch unsere Torheit fertigen ließ, aufrollen und wieder ausrollen. Wie die Spinne ihr zartes Gewebe aus der Substanz ihres eigenen physischen Selbstes webt, webt auch der Mensch – jeder von uns – in ähnlicher Weise sein Schicksalsgewebe aus jenen Kräften und Substanzen, die er aus seinem Inneren hervorbringt – seinem Willen, seiner Intelligenz, seinen Gemütsbewegungen und Gefühlen sowie seiner Substanz –, indem er diese zarten Fäden des Denkens und Fühlens verknotet und löst. Es ist wunderbar, dass dieses Schicksalsgewebe, das jeder Einzelne von uns webt, er selbst ist.

»Dies, das GESETZ, es wirkt Gerechtigkeit,
niemand entgeht ihm, keiner hemmt's zuletzt;
sein Grund ist *Liebe,* und sein Ziel
Fried' und Vollendung.«

»Wer sich als Sklave mühte, wird vielleicht
als Fürst einst ernten frommen Lebens Saat;
wer König war, büßt nun in Lumpen,
was einst er unterließ und tat.«

Aus: Edwin Arnold: Die große Rede Buddhas,
in: Die Leuchte Asiens

Kapitel 4

Schicksalsgewebe – II

Die fundamentale Grundlage über den Aufbau der Schicksalsgewebe wurde in den meisten großen religiösen und philosophischen Systemen der Alten öffentlich gelehrt oder zumindest angedeutet: Es ist die erhabene Tatsache, dass jedes Individuum, wo auch immer es sich aufhält oder lebt, gleich welchen Charakter es hat und auf welcher Stufe der evolutionären Lebensleiter es stehen mag, im Wesenskern völlig identisch ist mit dem Universum, in dem sich alle Wesenheiten und Geschöpfe bewegen, leben und ihr Sein haben.

Ob sich der Studierende nun den tiefgehenden Philosophien Alt-Hindustans zuwendet oder das berücksichtigt, was von den religiös-philosophischen Systemen der Griechen und der Völker um das Mittelmeer geblieben ist, er wird feststellen, dass diese tiefste und grundlegendste aller Lehren überall zu finden ist. Der Mensch, als passendes Beispiel, ist nicht lediglich ein integraler Teil oder Faktor des Universums und von ihm untrennbar. Er bezieht vielmehr sein gesamtes Leben und Sein sowie die mannigfaltigen und Multimyriaden Ausdrucksformen aus der kosmischen Quelle, und zwar ursprünglich als Geist (spirit). Doch in zweiter Linie bezieht er dies gleichfalls aus den ineinandergreifenden, miteinander verwobenen kosmischen Hierarchien, von denen seine eigene menschliche Hierarchie nur eine ist.

Diese erhabene Vorstellung hatte Gautama, der Buddha, bei seiner Lehre hinsichtlich dessen im Sinn, was später die „große Ketzerei des Sonderseins" genannt wurde. Sie bedeutet die völlig illusorische und falsche Idee, dass irgendeine Wesenheit anders als das Ganze und dem Ganzen gegenüber vollständig unverantwortlich sei. Stets war es der charakteristische philosophische Fehler allen westlichen Denkens – mit wenigen beachtenswerten Ausnahmen –, den Menschen als einen vom Universum abgesonderten Teil zu betrachten, der sich von ihm unterscheidet. Dieser charakteristische westliche philosophische Irrtum hat – mit den wenigen angedeuteten beachtenswerten Ausnahmen – nicht nur die gesamte westliche Religion in allen ihren Erscheinungsformen durchdrungen, sondern ebenfalls auch die gesamte westliche Philosophie und in gleicher Weise die gesamte westliche Wissenschaft.

Glücklicherweise scheint das Pendel des Denkens in dieser Hinsicht jedoch langsam zu der archaischen Tatsache zurückzuschwingen, die einst vor Zeitaltern auf der ganzen bewohnten Erdkugel allgemein akzeptiert wurde. Diese fundamentale Tatsache, dass alles im Universum essenziell identisch ist, klar im Sinn zu haben, ist so wichtig, dass es keiner Entschuldigung bedarf, wenn sie da, wo es angebracht ist, wiederholt wird. Sie sollte die Grundidee oder Grundlehre eines jeden Denksystems sein, das wert ist, religiös, philosophisch oder wissenschaftlich genannt zu werden. Dank der Verbreitung der Theosophie in der modernen Welt durchdringt der Geist dieser fundamentalen Tatsache des Seins langsam modernes europäisches und amerikanisches Denken und beeinflusst es daher. Dieser Einfluss ist insbesondere in den Schriften vorausschauender und intuitiver Denker zu bemerken.

Diese Lehre, die richtigerweise eine Naturtatsache genannt werden sollte, wirkt sehr machtvoll für das Gute im Menschen. Durch ihren starken Einfluss fördert sie viele Bewegungen, die auf der Grundlage sowohl eines philosophischen und wissenschaftlichen als auch eines religiösen Altruismus errichtet wurden. Als Beispiel für die Art und Weise, in der diese erhabene Lehre auf empfängliche Gemüter übertragen wird, zitiert der Verfasser des vorliegenden Werkes nachfolgend eine Anzahl Stellen aus *Y Fforwm Theosophaidd*[1], die durch

[1] *Das Walisische Theosophische Forum,* Dezemberausgabe 1934, veröffentlicht von der Walisischen Abteilung der Theosophischen Gesellschaft. Die zitierten Abschnitte wurden aus zwei oder drei außerordentlich interessanten und tiefgründigen Stellen ausgewählt. Zweifellos stammen sie aus der

ihre genaue philosophische und ethische Darstellung der Lehre beeindrucken.

> Die Samen im Apfel enthalten alles das, was im Apfelbaum enthalten ist; neue Apfelbäume können daraus hervorwachsen. Wir sind Äpfel am Baume des Universums; in uns muss alles das enthalten sein, was das Universum enthält. Durch inneres Forschen können wir ausfindig machen, welche Geheimnisse die Sterne vor uns verbergen; warum das Grenzenlose mit einer Unendlichkeit von Universen übersät ist; wozu es Sonnen und Planeten gibt; warum es Menschen gibt und aus welchen Gründen sie gedeihen oder unglücklich sind. Es muss so sein. Selbsterkenntnis muss der Schlüssel zu allem Wissen sein, weil uns das Universum hervorbringt und alle Kräfte, Mächte, Eigenschaften, Fähigkeiten und Essenzen, die darin enthalten sind, zu unserem Aufbau beitragen und latent in uns sind. Ebenso wie wir bewusste Wesen sind, ist auch das Universum bewusst. Wie der Mensch die unterschiedlichsten Bewusstseinsgrade in sich hat, so gibt es auch im Universum eine Unendlichkeit von Bewusstseinsgraden. Und ebenso, wie der Mensch in der Lage ist, sich zu entwickeln, die niederen Elemente seines Wesens zu meistern, sein Bewusstsein zu erweitern und seinen Charakter zu vervollkommnen, so evolvieren auch das Universum und all die Myriaden Wesenheiten, die es die Unendlichkeit hindurch zusammensetzen. Und da tatsächlich kein höherer oder der Wirklichkeit mehr entsprechender Zweck unserer Existenz gefunden oder ersonnen werden kann und es keinen anderen Zweck geben kann als den, dass sich Mensch und Universum gleichermaßen auf diese Weise entwickeln, so wird

---

Feder des talentierten Herausgebers Kenneth Morris, D. Litt., der auch Präsident der Walisischen Abteilung der Theosophischen Gesellschaft war.

> zur Gewissheit, dass Evolution die große Aufgabe aller Wesenheiten ist. Die Sterne entwickeln sich ebenso wie die Atome, die Götter der Milchstraße und die Infusorien (Kleinstlebewesen) in einem Wassertropfen. Es gibt kein Teilchen Materie, das nicht die Verkörperung und der letzte äußere Ausdruck einer sich entwickelnden Wesenheit wäre. Es gibt keinen Menschen, der, wenn er um seine Aufgabe und den Zweck seiner Existenz wüsste, nicht seinen Sinn darauf richten würde, sich von jenen Dingen in ihm zu befreien, die ihn niedrig halten, und das in sich wachsen zu lassen, was ihn für die Menschheit wertvoll macht.

Und weiter heißt es auf einer anderen Seite derselben ausgezeichneten Zeitschrift:

> [...] wenn wir in uns gehen und uns über das tierische Selbst, das begehrt und der Sitz der Leidenschaften ist, erheben; wenn wir uns erheben über das persönliche Selbst, das uns mit unserem äußeren und abgesonderten Wesen identifiziert; und wenn wir darüber hinaus von dem unpersönlichen Selbst in uns, das denkt und überlegt, zu dem spirituellen Selbst gelangen, das tatsächlich in uns existiert und entdeckt werden kann; wenn wir es entdecken, erkennen wir, dass es unpersönliche Liebe und Mitleid über alle Wesen ausströmt und keine Belohnung für seine Wohltaten verlangt; dann sind wir in den reinen Geist in uns eingetreten und offenbaren die Charakteristik und die Kräfte jenes innersten Selbstes in uns, das universal ist und das „die Liebe ist, die die Sonne sowie alle Sterne bewegt".

Morris führt seinen edlen Hauptgedanken wie folgt fort:

> Studiert die sieben Prinzipien des Menschen. So, wie wir zurzeit sind, sind wir persönliche Selbste, niedere Manase. Aber in uns liegt latent ein höheres Manas – die Kraft, so zu denken, wie die Größten der Menschheit gedacht haben –,

das darauf wartet, dass wir es entwickeln. Darüber liegt „Buddhi“, die buddhische Kraft, das Universum mit strahlendem Mitleid zu lieben und zu erwärmen. Diesem folgt Âtman, das universale Selbst, in dem Unendlichkeit ruht. Der Wille ist etwas Unpersönliches und Universales, das auf den Ruf des Wunsches antwortet. Wünsche der Menschen erfüllen sich deshalb nicht, weil sie so zahlreich und widerspruchsvoll sind und weil der Wunsch über den Willen umso weniger Herrschaft hat, je weniger unpersönlich er ist. Wenn wir für uns selbst etwas wünschen, ist es weniger wahrscheinlich, dass wir es erhalten, als wenn wir es für die Menschheit wünschen.

Das bedeutet: Wer sein Herz an höhere Ziele heftet, zieht ständig Ströme universaler Willenskraft in sich hinein und wird zunehmend stärker. Der Wille und dessen Absicht erwecken in dem persönlichen Selbst des entsprechenden Menschen das Höhere Selbst, indem sie die Töne der Oktave des persönlichen Selbstes schwingen lassen, die die Oktaven Manas, Buddhi und Âtman in Schwingung versetzen, weil sie mit ihnen korrespondieren. Die Kräfte und Fähigkeiten des göttlichen Universums strömen in seine Persönlichkeit, wenn er sie braucht, und er wird jeder noch so unmöglich erscheinenden Aufgabe, die sich ihm in den Weg stellt, gewachsen sein. So hängt sein Wert für dieses Werk von der Stärke des Wunsches nach dessen Erfolg ab. Wenn unser Geist vorwärts eilt und sich mit jenem Wunsch in all unseren freien Augenblicken vereinigt, wenn jenes Sehnen unseren aktiven Augenblicken zugrunde liegt, ziehen wir, da dies unpersönlich und selbstlos ist, den Willen des Universums, für den nichts unmöglich ist, in uns hinein. Der Wille wirkt auf zweierlei Weise: Er weckt die Kräfte des Manas, des denkenden Selbstes, wodurch wir immer fähiger werden, große Gedanken im Dienste an unseren Mit-

> menschen auszudrücken. Außerdem werden die Kräfte des Buddhi, des spirituellen Selbstes, erweckt. Sie sind eine wirkungsvolle Hilfe für die Menschen, denn sie halten sie von üblen Wegen ab, schützen jene in ihrem Umfeld und erwecken in ihnen göttliches Streben.

Die vorhergehenden Abschnitte sind äußerst bewundernswert durchdacht und mit ebenso bewundernswerter Klarheit und mit Nachdruck formuliert. Es verhält sich genau so, wie ihr Verfasser es dargestellt hat: Das Weben des Schicksalsgewebes, mit dem jedes Individuum, ob es will oder nicht, ständig und für alle Zeiten beschäftigt ist, ist nicht nur das Weben seines eigenen zukünftigen Schicksals, das in der Tat sein zukünftiges Selbst ist, sondern es ist auch der Beitrag des Individuums zum gemeinsamen Weben aller Wesen an dem größeren Schicksalsgewebe, das das Universum zusammensetzt.

Dieser weitreichende Gedanke, im Umkehrschluss betrachtet, zeigt: Wenn tatsächlich jedes Individuum seinen Teil zum Aufbau des Schicksalsgewebes des Universums beiträgt, von dem es ein untrennbarer und integraler Teil ist, entspricht der Umkehrschluss ebenso der Tatsache: unser Universum mit seinem erhabenen göttlich-spirituellen Hierarchen – dessen Kinder und Sprösslinge wir alle sind, wie Kleanthes, der Stoiker, so edel sagte – erfüllt unaufhörlich und das kosmische Manvantara hindurch in seinem erhabenen Werk fortwährend alle Wesenheiten und Geschöpfe innerhalb seiner weitverstreuten Bereiche mit seiner Essenz, seiner Intelligenz, seinem Denken, seiner Kraft und folglich auch mit seinem Willen.

Hierin liegt die wunderbare Vorstellung, dass wir Menschen, selbst dann, wenn wir als Individuen untrennbare und mitwirkende Teile in dem gewaltigen Ganzen sind, doch als einen Teil bildende Individuen keine bloßen Automaten, keine willenlosen, unintelligenten Geschöpfe eines unerforschlichen und seelenlosen Fatums sind. Jedes Individuum besitzt vielmehr die unendliche Dauer hindurch aufgrund seiner Teilhaberschaft am Wesen der kosmischen Essenz für immer seinen eigenen Teil jener kosmischen Essenz. Bezogen auf den Menschen kann gesagt werden, dass er tatsächlich eine Wesenheit mit einem relativ freien Willen ist, jedoch nur insofern, als er durch selbst-geleitete und selbst-entwickelte Anstrengungen jenen Willen freigesetzt hat. So meißelt sich der Mensch sein eigenes künftiges Schicksal, webt um sich sein eigenes Schicksalsgewebe, das wahrlich er selbst ist.

Folglich ist Karman von der Zeitlosigkeit und Essenz des Universums selbst und tatsächlich des unbegrenzten Grenzenlosen. Und so schafft sich jedes evolvierende Individuum, das durch die mannigfaltigen Sphären des Universums kreist, durch das Weben seines individuellen Schicksalsgewebes nicht nur sein eigenes individuelles Karma, sondern es hilft auch als wirkende Kraft des Universums beim Weben des karmischen Gewebes, mit dem auch das Universum selbst beschäftigt ist.

I

Unser Gemüt ist bei dem Studium dieser Art nur allzu leicht geneigt, unter den mächtigen psychologischen Einfluss der kosmischen Mahâmâyâ oder der Welt-Illusion zu fallen, die wir selbst zu formen helfen. Insbesondere aufgrund dieser psychologischen Neigung unseres Gemütes sind wir nur allzu leicht gewillt, eine begrenzte Ansicht von den jeweiligen Dingen anzunehmen, anstatt uns in die freien Räume unseres inneren spirituellen Wesens zu erheben, um dort die Wahrheit aus erster Hand zu erkennen – kosmische Realität.

Als Illustration dieser völlig illusorischen und doch starken Kraft, in die wir als Menschen so sehr verstrickt sind, kann unsere vollständige Unterwürfigkeit unter die Idee der Zeit als Beispiel angeführt werden, die ziemlich vernunftgemäß, jedoch vom absoluten Standpunkt aus völlig falsch in Vergangenheit, Gegenwart und Zukunft aufgeteilt wird. Könnten oder würden wir in diesem Zusammenhang die tieferen Tatsachen erkennen, wäre sogleich ersichtlich, dass diese Zeitaufteilung lediglich eine illusorische Darstellung der kosmischen Mahâmâyâ ist, denn tatsächlich gibt es weder Vergangenheit noch Gegenwart, noch Zukunft als existierende Realitäten, sondern einzig und allein ein ewiges JETZT.

Angesichts des Vorhergehenden drängt sich die sehr treffende Frage auf: Ist Karman selbst ein Aspekt dieser Welt-Illusion, die für uns, die wir uns darin befinden, sehr real ist, da wir an ihrem Wesen teilhaben, und die doch so unreal ist vom Standpunkt der Wirklichkeit aus? Oder sollte wahrheitsgetreuer gesagt werden, dass Karman von der wahren Natur, Substanz und Essenz der Wirklichkeit selbst ist und dass Karman daher die tatsächliche kosmische Ursache oder schaffende Kraft der kosmischen Illusion selbst ist? Ich denke, jede der beiden Fragen enthält etwas Wahrheit. Beide Fragen sprechen Wahrheit in Frageform aus, denn dem nachdenklichen Gemüt leuchtet ein, dass Karman – wenn es die kosmische Ursache der Welt-Illusion und daher aller kleineren Mâyâs ist, die uns als evolvierende Individuen umhüllen und umschließen – dieser Welt-Illusion oder der kosmischen Mahâmâyâ vorauseilt und sie schafft und dennoch auch darin verwickelt ist. Letzteres scheint zweifellos der Fall zu sein.

Das unvollkommene menschliche Gemüt (mind) handelt, uns allzu oft unbewusst, unter dem Druck des Zeitzwanges und verleitet dazu, unnötige Seitenwege des Schicksals einzuschlagen. Insbesondere hierin liegt vermutlich die Ursache für die Verwirrung, die beim gewissenhaften Studium der Wirkungsweise Karmans auftreten kann, der am schwierigsten zu verstehenden universell wirkenden Kraft, die in der Theosophie als eine der fundamentalsten Wirkungsweisen in der Natur gelehrt wird. Es ist äußerst irrig, anzunehmen, die „Vergangenheit" könne jemals von der Gegenwart oder von der Zukunft getrennt sein, auch kann sie nicht von ihnen abgetrennt werden; unsere Zeitillusion bringt diese Verwirrung zustande. Für uns

Menschen ist die Zeitillusion Realität, ja auch richtig, da wir in einem gewissen Sinn Geschöpfe Mâyâs sind, wie ebenfalls der Zeitbegriff reine Mâyâ ist. Daher ist es aus menschlicher Sicht völlig in Ordnung, Erkenntnisse sowohl aus der Vergangenheit als auch aus der Zukunft zu ziehen und ihre Tragweite für die Gegenwart zu erkennen. Hingegen ist es falsch, einen dieser drei gedachten Zeitabschnitte so zu betrachten, als bestände er unabhängig oder losgelöst von den beiden anderen oder sei nicht mit ihnen verbunden, denn diese drei sind in Wirklichkeit fundamental eins.

Ein seinerzeit prominenter theosophischer Mitarbeiter, Alfred Percy Sinnett (1840 – 1921), behandelt die Frage der Zeitillusion kurz wie folgt:

> Es liegt an meiner völligen Unfähigkeit, Ihnen durch die Erklärung schon der physischen Phänomene meine Ansicht verständlich zu machen, geschweige denn durch die des spirituellen Daseinsgrundes. Es ist, als würde mich ein Kind bitten, ihm die tiefsten Lehren des Euklid zu veranschaulichen, bevor es auch nur begonnen hat, die elementaren Regeln des Rechnens zu lernen. Einzig und allein der Fortschritt, der beim Studium des verborgenen Wissens ausgehend von den Anfangselementen gemacht wird, führt allmählich zum Verständnis der Zeitillusion. Nur so und nicht anders werden jene geheimnisvollen Bindeglieder der Sympathie zwischen gebildeten Menschen gestärkt und verfeinert und in vollständige Verbindung miteinander gebracht – die zeitweilig isolierten Bindeglieder der universalen Seele und der kosmischen Seele selbst. Nur wenn dies geschehen ist, werden die erweckten Sympathien dazu dienen, den MENSCHEN mit jener energetischen Kette[1] zu verbinden,

[1] In Ermangelung eines europäischen wissenschaftlichen Wortes fühle ich mich gezwungen, die Idee angemessen mit „energetische Kette“ zu umschreiben.

> die den materiellen und nicht-materiellen Kosmos – Vergangenheit, Gegenwart und Zukunft – miteinander verbindet. Sie lässt seine Wahrnehmung so lebendig werden, dass nicht nur alle Dinge der Materie, sondern auch die des Geistes klar erfasst werden. Es irritiert mich, dass ich diese drei plumpen Wörter – Vergangenheit, Gegenwart und Zukunft – benutzen muss! Als armselige Begriffe für die objektiven Phasen des subjektiven Ganzen sind sie für diesen Zweck ebenso schlecht geeignet wie eine Axt für feine Schnitzarbeit.
>
> *The Mahatma Letters to A. P. Sinnett,*
> Ausgabe von A. T. Barker, S. 29

Da wir also selbst zu der großen Mâyâ des Universums gehören, obwohl wir durch unser eigenes innerstes Herz des Seins auch mit seinem innersten Herzen der Realität verbunden sind, sollten die Prozesse und Tätigkeiten unseres Gemütes (mind) – das in Wirklichkeit selbst in mehr als einer Weise ein Produkt der Illusion ist – den Tätigkeiten und den Funktionen der Natur folgen. Diese sind *an sich* wirklich ganz wunderbar. Sie umgeben uns von allen Seiten, und wie illusorisch oder mâyâvisch sie auch sein mögen, so enthalten sie dennoch die Essenz einer Realität in sich, die das Göttliche ist. Die wichtigste und geheimnisvollste all dieser Tätigkeiten, Funktionen und Wirkungsweisen der universalen Natur ist zweifellos jener unergründliche und in seiner letzten Funktion unbegreifliche Faktor in der Natur. Er wird zum Zweck des leichteren Verstehens das karmische Gesetz genannt oder einfach als Karman bezeichnet.

Karman ist weder Fatum noch zufällige Tätigkeit. Da es im Unvorstellbaren wurzelt, ist es vielmehr von der wahren Essenz kosmischen Geistes, und daher ist es selbst eine Funktion kosmischen Geistes. Es kann auch kosmisches Schicksal genannt werden oder kosmische Notwendigkeit, vorausgesetzt, dem Wort Notwendigkeit wird nicht das falsche Attribut des blinden Fatalismus beigelegt. Die alten Griechen – zumindest die edelsten Geister unter ihnen – verstanden die tiefere Bedeutung der Idee von der Notwendigkeit oder dem unerbittlichen und unausweichbaren Schicksal sehr genau; dabei ist es unerheblich, ob unter deren Namen „Adrasteia“ oder „Nemesis“ oder unter einem anderen verständlicheren Aspekt darüber nachgedacht wird.

Die essenzielle Bedeutung von Schicksal oder Notwendigkeit, so, wie sie von den alten Griechen gelehrt wurde (und auch heute noch gelehrt wird, d. Hrsg.), ist etwa die folgende: Wer Weizen, Gerste oder Roggen gesät hat, wird nicht Hafer, Mais oder ein anderes Korn, irgendein anderes Getreide ernten, es wird nur das gerntet, was gesät wurde. Wird ein Weizenkorn in den Boden gesetzt, so entsteht daraus Weizen und nichts anderes – erst das Weizenblatt, dann die wachsende Pflanze, dann der gelb werdende Samen. Wird dieser eingesammelt und erneut ausgesät, entstehen wiederum nach einiger Zeit andere Weizenkörner.

Hesiod, der große griechische Dichter und Philosoph, besang drei sogenannte „Schicksalsgöttinnen“. Seiner Meinung nach müsste das Schicksal oder die Notwendigkeit unter drei Aspekten betrachtet werden, diese sind: Vergangenheit, Gegenwart und Zukunft. Hesiod gab in Übereinstimmung mit anderen Griechen diesen drei Aspekten des karmischen Schicksals folgende Namen und stellte sie als Gottheiten dar: „Lachesis“ steht der Vergangenheit vor. Sie bedeutet für jedes menschliche Individuum alles das, was es gedacht, gefühlt und getan hatte. Das Wort „Lachesis“ (die „Zuteilerin“, d. Hrsg.) stammt von einer griechischen Wortwurzel, die „sich ereignen“ bedeutet.

Die Gottheit „Klotho“, die „Spinnerin“, stellt das Schicksal oder die Notwendigkeit der Gegenwart dar. Dieses Wort ist von einem griechischen Wort abgeleitet, das „spinnen“ bedeutet – jenes Schicksal, das sich ein Mensch zu irgendeiner Zeit in der Gegenwart selbst spinnt. Mit anderen Worten: gegenwärtig webt er das Gewebe seines zukünftigen Schicksals.

„Atropos", die „Unabwendbare", ist die Gottheit der Zukunft. Atropos ist ein zusammengesetztes Wort und bedeutet das, was nicht vermieden oder umgangen werden kann – das zukünftige Schicksal, das dem gegenwärtigen Weben entstammt. Dieses Gewebe wiederum ist es, das infolge der Gedanken- und Handlungsfäden eines Menschen in der Vergangenheit gewoben wurde.

Die Vergangenheit hat den Menschen zu dem gemacht, was er jetzt ist. Jener Vergangenheit entsprechend spinnt er jetzt, in der Gegenwart, sein Schicksalsgewebe, und dieses jetzt gesponnene Gewebe wird sogleich zu dem, was nicht beiseite geschoben werden kann und in der Zukunft sein wird. Daher wird es zur Notwendigkeit, zum Schicksal, das der Mensch als Frucht seiner eigenen Gedanken, Gefühle und Handlungen erntet – seine eigene Seelen- und Körperernte der Zukunft. Diese Kette von Ursache und Wirkung ist der Pfad, den wir Menschen in der Vergangenheit beschritten haben, und der Pfad, den wir in der Zukunft beschreiten werden, hängt ganz davon ab, was wir *jetzt* für uns und damit für unsere Zukunft schaffen. Was ist also tatsächlich die Zukunft *an sich?* Ist sie etwas, das vor uns liegt? Nein, wahrhaftig nicht. Sie ist das, was wir aus mentaler Unbeholfenheit die „Vergangenheit" nennen, denn genau gesprochen gibt es nichts als ein ewiges JETZT – die Tätigkeit der Essenz kosmischen Bewusstseins.

Dieser Gedanke wurde von einem modernen Denker in schöner Weise folgendermaßen ausgedrückt:

> Die Zukunft kommt nicht von vorn, um uns zu begegnen, sondern sie strömt von hinten über unsere Köpfe hinweg.

II

Karman ist die „Lehre von den Folgen“: Was der Mensch sät, wird er ernten, jetzt oder zu einer späteren Zeit. Schicksal oder Notwendigkeit resultieren daher sowohl aus unseren Handlungen als auch aus den ungetan gebliebenen Handlungen, den gedachten und befolgten Gedanken sowie den nicht ausgeführten Gedanken. Von jeder Handlung und jedem Gedanken geht eine entsprechende Wirkung aus, die uns auf Schritt und Tritt verfolgt und überschattet: sie kann positiv sein und direkt oder negativ und indirekt. Die aus menschlicher Sicht als positiv oder negativ empfundene Wirkung ist Karma, das Weben des Schicksalsgewebes durch das transzendente Bewusstsein einer jeden Wesenheit. Da das Universum mit Wesenheiten angefüllt ist, ist es nichts anderes als diese verkörperten Wesenheiten. Daher „ist“ das Universum die verkörperten Bewusstheiten, die ihre eigenen Gewänder weben, ihre eigenen Charaktere und Schicksalsgewebe, und die unaufhörlich aufeinander einwirken und von denen jede auf jede, jede auf alle und alle auf jede zurückwirken.

So paradox es auch erscheinen mag, wir verändern das Karma eines Angehörigen, eines uns Nahestehenden mehr oder weniger, weil wir das unsere verändern. Alle Menschen sind unlösbar miteinander verbunden und in einem erstaunlichen Ausmaß miteinander verkettet, sodass kein Mensch zu irgendeiner Zeit für sich allein leben kann. Wir sind füreinander verantwortlich! Ständig beeinflussen wir das Karma Anderer, in manchen Fällen sogar ganz außerordentlich, ob wir es wollen oder nicht. Mit jeder Begegnung beeinflussen wir das Gemüt eines Anderen, wenn auch nur in einem infinitesimalen Grade. Dieser mag die Richtung seines Weges geändert haben mit der

Folge eines Unfalls, um ein Beispiel zu geben. Andernfalls kann die Begegnung möglicherweise einen Unfall verhindert haben.

Es ist von äußerster Tragweite und von größter Bedeutung, wiederum mit größtmöglichem Nachdruck festzustellen – insbesondere bei dem Studium Karmans und seiner Tätigkeit –, dass Beispiele dieser Art nicht dahingehend missdeutet oder missverstanden werden sollten, als besagten sie, die Tätigkeit Karmans sei in irgendeiner Weise fatalistischen Charakters. Auch können andererseits die Wirkung, Charakteristik und Tätigkeit Karmans nicht, wie westliches Denken aufgrund falscher wissenschaftlicher Ausbildung in der Vergangenheit fast automatisch als Erklärung für solche Beispiele anführt, dem Glück, Zufall oder der Willkür zugeschrieben werden.

Der erste Irrtum würde den Eindruck erwecken, Karman wäre die Tätigkeit einer beherrschenden bewussten oder nichtbewussten Kraft, der der Mensch wie eine hilflose Marionette ausgeliefert ist. Der zweite Irrtum besteht in der Annahme, die Natur selbst sei seelenlos und gefühllos. Es wird angenommen, dass auch alles in ihr, der Mensch eingeschlossen, nur blind bewegte, automatisch angetriebene Marionetten seien, die weder das wollende und führende Bewusstsein, das sich über schwierige Umstände erheben kann, besitzen noch die Fähigkeit oder Kraft haben, die vor ihnen liegende Zukunft willentlich zu gestalten. Sinn und Zweck des vorhergehenden und des gegenwärtigen Kapitels ist es daher, die fundamentale Realität aufzuzeigen, dass die universale Natur selbst wie auch jedes Individuum in den ihnen entsprechenden Bereichen von Bewusstsein, der Fähigkeit des Denkens und der Möglichkeit der Wahl innerhalb karmischer Grenzen durchdrungen sind. Daher besitzt jedes einzelne Individuum entsprechend dem Grade seiner evolutionären Entfaltung seinen Teil oder sein bisschen freien Willen, Bewusstsein oder, wie im Fall des Menschen, *relatives* Selbst-Bewusstsein.

Jede Individualität, jedes Geschöpf ist ein Glied in einer Kausalitätskette, denn bei der Hervorbringung und Gestaltung dieser Kette hat jedes Individuum, gleich auf welcher evolutionären Stufe es steht, vom Kleinsten bis zum Größten, seine eigene Rolle zu erfüllen – und es erfüllt sie auch. So beeinflusst also jede Einheit oder jedes Individuum in der universalen Natur jede andere Einheit oder jedes andere Individuum in dem gewaltigen Ganzen entweder stark oder schwach entsprechend der jeweiligen Entwicklungsstufe innerhalb der universalen Natur. Einige tun es mehr oder weniger bewusst, fast automatisch, andere mehr oder weniger mit selbstbewusst geleitetem Willen; doch wie, wann und wo im universalen Weltgeschehen die Beeinflussungen stattfinden, stets geschehen sie mit dahinterstehendem Bewusstsein und Willen.

So kommt es, dass wir Menschen uns gegenseitig, je nach individuellem Fall, entsprechend schwach oder stark beeinflussen. Und gerade diese während des großen manvantarischen Zyklus unaufhörliche und nie endende Wirkung und Wechselwirkung der Individuen aufeinander erzeugt die ungeheuren und komplizierten Situationen und Bedingungen, in denen sich jedes evolvierende Individuum in jedem Augenblick in Raum und Zeit befindet.

Als Folge der wechselseitigen Wirkungen kann zum Beispiel ein Mensch einen anderen Menschen oder eine Gruppe von Menschen gemäß seiner eigenen Kraft und Stärke mehr oder weniger beeinflussen. Entspringen derartige Beeinflussungen unpersönlichem Denken und Wollen zum Wohle Anderer oder für das Gemeinwohl, so erzeugen sie – aus ethischer Sicht – Wirkungen, die als sogenanntes „gutes Karma“ bezeichnet werden können. Die Rückwirkungen oder Folgen für den Urheber können vorteilhaft sein, schlimmstenfalls können sie jedoch auch eine Art „relativ schlechtes Karma“ darstellen. Das als „schlecht“ oder unangenehm empfundene Karma ist dem Umstand zuzuschreiben, dass kein Mensch allwissend oder nur gut ist. Offensichtlich kann daher die seiner Handlung vorausgegangene Beurteilung eines Menschen, einer bestimmten Situation oder sonstiger Gegebenheiten sehr leicht fehlerhaft, weil begrenzt und unangemessen sein.

Kein Mensch sollte jedoch zögern, zum Wohle Anderer zu handeln, sich einzusetzen und sein Äußerstes zu tun, um zu helfen, insbesondere dann, wenn ein Ruf um Hilfe ergangen ist. Es ist die Pflicht und Schuldigkeit eines jeden Menschen, nach eingehender Beurteilung und bestem Verstehen zu helfen, wenn ein Ruf um Hilfe ergeht. Wird die Hilfe verweigert, setzt sofort eine Kette karmischer Folgen ein, die sich im direkten Verhältnis zu den verursachenden Situationen auswirken werden.

In gleicher Weise und dem Gesetz der Reaktion folgend, wirkt Karma auf jene Menschen ein oder auf sie zurück, wenn sie aus selbstsüchtigen Motiven und zum persönlichen Vorteil auf Andere einwirken, indem sie ihnen ihren Willen aufdrängen. Als Folge werden sie entweder sofort oder zu einer späteren Zeit entsprechend ihrem Handeln leiden. In jedem Fall entscheidet das Motiv, ob sogenanntes „gutes" oder „schlechtes" Karma erzeugt wird.

Die moralische und naturbedingte Pflicht des Menschen ist die, stets Anderen zu ihrem Wohl zu helfen und davon abzusehen, selbstsüchtig zum persönlichen Vorteil auf ihr Leben einzuwirken. Während das Motiv des Helfens essenziell göttlich ist, kann die Verweigerung einer Hilfe dem Wesen nach als diabolisch bezeichnet werden. Durch die Beeinflussung Anderer zu deren Schaden entstehen jene sehr häufigen Fälle, die sogenanntes „unverdientes Leid" hervorbringen – das unverdiente Leid jener, die karmische „Opfer" der selbstsüchtig gedankenlosen Taten Anderer sind.

In späteren Abschnitten dieses Kapitels wird auf das „unverdiente Leiden", das in der Reihe karmischer Folgen einen interessanten, aber relativ unwichtigen Seitenzweig in sich schließt, näher eingegangen. Wichtig an dieser Stelle ist zunächst, Klarheit über Karman und seine Wirkungsweise sowohl in der Natur selbst als auch in Bezug auf die komplizierten Beziehungen, in die wir Menschen verwickelt sind, zu erhalten. Karman ist stets auf eine „ursprüngliche" Ursache, die in jedem Menschen selbst liegt, zurückzuführen, denn Karma wird von dem ursprünglich Handelnden verursacht und erlitten und nicht in anderer Weise.

Absichtlich darauf hinzuwirken, den Willen Anderer zu beeinflussen, ist immer falsch. Es darauf anzulegen, sich bewusst in das Karma eines Anderen einzumischen, ist selbst dann verwerflich, wenn das Motiv anfänglich gut ist. Jeder Mensch sollte daher ernsthaft bemüht sein, durch Überzeugung und Beispiel Gutes zu bewirken. Das bedeutet jedoch nicht, Anderen den eigenen Willen aufzuzwingen, sie wider eigenen Willen zu beeinflussen. Die Unterbindung des persönlichen Willens, zum Beispiel durch Suggestion, die subtilste Art der Hypnose, kann nur als diabolisch bezeichnet werden, da jegliche durch das Bewusstsein gesteuerte Aktivitäten ausgeschaltet werden.[1]

Kann die Liebe eines Menschen zu einem Freund diesen vor zukünftigem Leid bewahren, indem er das Karma des Freundes auf sich nimmt? Diese rein theoretisch anmutende Frage muss im Allgemeinen mit „Nein“ beantwortet werden, denn letzten Endes ist das Karma des Freundes der Freund selbst. Dennoch gibt es eine Möglichkeit, das Karma des Freundes nicht tatsächlich auf sich zu nehmen, sondern mit Klugheit und mittels eines starken, kraftvollen Willens einen großen oder kleinen Teil der karmischen Folgen zu tragen, die im natürlichen Verlauf den Freund wesentlich stärker getroffen hätten.

Das Geheimnis dieser Situation liegt darin, dass das eigene Leben mit dem Leben des Anderen innig verbunden wird in der Hoffnung, dessen schweres Karma mittragen zu können. Zu bedenken ist jedoch, dass für denjenigen, der eine so edle Tat wagt, ein daraus folgendes und unentrinnbares „Schaffen neuen Karmas“ entsteht. Mit anderen Worten: Durch ein derartiges Denken und die sich daraus ergebenden Handlungen wird neues Karma für denjenigen verursacht, der so die Last als Kette zukünftiger Wirkungen auf sich nimmt. Auf diese Weise schafft er die resultierenden Folgen für sich selbst, die er auch selbst abzutragen oder zu erschöpfen hat.

---

1 Siehe auch: Gottfried von Purucker: *Esoterische Philosophie – Wörterbuch.* Hannover, 1991, S. 104 ff. (d. Hrsg).

So ist es möglich, sich in das Karma eines Anderen zu verwickeln, doch kann diese Handlungsweise auch mit Leid verbunden oder gefahrvoll sein, wenn das Motiv rein selbstsüchtig und unedel ist. Es gibt jedoch auch verhältnismäßig zahlreiche Fälle, in denen dies mehr oder weniger sehenden Auges in Bezug auf die gefährlichen Konsequenzen, die folgen können, getan wird. Wird jedoch einzig und allein zum Wohle dessen gehandelt, dem geholfen werden soll, so ist das Motiv sowohl unpersönlich als auch wirklich erhaben. Die sich daraus ergebenden karmischen Wirkungen sind dann ursächlich nicht selbstsüchtig gefärbt oder befleckt.

Jene edlen und altruistischen Handlungen, die zum Segen aller Wesenheiten unternommen werden oder die, wie gehofft wird, einem großen Teil der Menschheit Segen bringen, sind buddha-gleich, christus-gleich. Doch wie schon gesagt wurde, sind selbstsüchtige Unternehmungen für jene gefahrvoll, die weder die Weisheit noch die Erkenntnis eines Buddhas oder eines Christus besitzen. Ohne Ausnahme ist jedoch stets das Motiv ausschlaggebend. Wenn Hilfe mit unpersönlicher Liebe ausgeführt wird, trägt sie mit Notwendigkeit im Laufe der Zeit dazu bei, den Charakter derjenigen, die in dieser Weise handeln, zu veredeln, ihn zu stärken, die intellektuelle und moralische Natur zu erweitern und zu reinigen.

Karman wirkt also sehr kraftvoll, wenn ein starker Wille mit Intelligenz geleitet wird, denn offensichtlich sind derartige Handlungen ebenso karmisch bedingt wie jene, denen unwürdige Motive zugrunde liegen. Karma hat für den Handelnden daher entweder großen Segen oder Leiden und Schmerz im Gefolge. Zur Illustration mag das Beispiel der „Buddhas des Mitleids“ dienen. Eine der edelsten Lehren der Theosophie handelt von der Existenz dieser „Buddhas des Mitleids“ und von der Natur ihres Wirkens.[1] Sie erläutert deren völlige Selbstaufopferung zum Segen für die Welt, wie sie freiwillig, vielleicht Zeitalter hindurch, auf ihre eigene evolutionäre Entfaltung,

---

[1] Siehe auch: Gottfried von Purucker: *Esoterische Philosophie – Wörterbuch.* S. 40 f. (d. Hrsg.).

auf ihr Emporsteigen verzichten, um in der Welt der Menschen zum Zwecke mitleidsvoller Hilfe tätig sein zu können. Auf diese Weise können sie nicht nur durch Lehre und Beispiel den Pfad zu den Göttern zeigen, sondern tatsächlich unter der Menge der intellektuell blinden und nur zum Teil moralisch bewussten Menschheit leben und wirken. Sie wirken ähnlich den „Dhyâni-Chohans des Mitleids", die aus ihrer eigenen Sphäre heruntersteigen und eine gewisse Lebenszeit in unserer Sphäre relativer spiritueller Finsternis verbringen.

Handlungen dieser evolutionär weit vorangeschrittenen und edlen Wesenheiten sind völlig freiwillig und daher selbstgewählt. Ihre große Selbstaufopferung und der Verzicht auf individuellen Fortschritt können jedoch in einem sehr wahren Sinn karmisch genannt werden. Doch selbst dann, wenn ihr Handeln karmisch bedingt ist, schließt es weder eine Verminderung ihrer erhabenen spirituellen Größe noch den Verlust der karmischen Belohnung oder Entschädigung in sich, die unfehlbar ihr Ausgleich in der Zukunft sein wird. Tatsächlich ist das Gegenteil der Fall, denn ihre freiwillige Tätigkeit wird zum Segen für alles, was lebt, unternommen. Da ihr Verzicht dem Charakter nach von göttlicher Art ist, werden auch die daraus hervorgehenden Folgen von entsprechendem Typ sein. Die christliche Kirche bezog ihre Lehre vom stellvertretenden Sühneopfer aus dieser Quelle, doch wurde sie in hohem Grade falsch ausgelegt und falsch verstanden. Die Theosophie lässt jedoch nicht gelten, dass in diesem christlichen Dogma wesentliche Wahrheit enthalten ist, denn so, wie das Sühneopfer jahrhundertelang in der christlichen Kirche verstanden wurde, steht es in direktem Widerspruch zu dem Fundamentalprinzip, das im karmischen Gesetz enthalten ist, und missachtet es. Dieses fundamentale Prinzip besagt, dass kein Mensch den karmischen Früchten und Folgen seiner Handlungen entfliehen kann, die aus seinen Gedanken und Gefühlen geboren wurden, weder im Ganzen noch teilweise.

Wie so viele fundamentale Lehrsätze oder Dogmen des Christentums wurde auch die Lehre des „Sühneopfers", deren Ursprung in der Weisheitsreligion des Altertums liegt, in hohem Grade falsch ausgelegt. Derartige Fehlinterpretationen sind, da sie entstellt und irreal sind, weitaus gefährlicher als offensichtlich falsche und irreführende philosophische oder religiöse Spekulationen, da diese als solche erkannt werden.

Nach diesem kurzen Hinweis auf die „Buddhas des Mitleids“ sei der nicht seltene Fall des alltäglichen Menschen herangezogen, der das Verlangen in sich trägt, seinen Mitmenschen Gutes zu tun. Er wird Mittel und Wege finden, um jenen zu helfen, die er liebt, wie auch denen, die seine Liebe noch nicht wachgerufen haben, jedoch seine mitfühlende Hilfe ebenso nötig hätten. Er kann dies tun, ohne den freien Willen, den jeder Mensch besitzt, anzutasten oder in irgendeiner Weise zu verletzen. Niemand hat das Recht, spirituell, intellektuell, psychisch oder physisch auf den freien Willen oder die freie Handlung eines Anderen einzuwirken. Die Last eines Anderen auf sich zu nehmen, etwa durch die Beeinflussung der Richtung, die dessen Wille eingeschlagen hat, ist karmisch bedingt nicht möglich. Bei Versuchen dieser Art wird absichtlich störend auf die Selbstwahl oder den freien Willen des Anderen eingewirkt. Tatsächlich wird ihm, anstatt ihm Gutes zu tun, Schaden zugefügt, weil sein Charakter geschwächt wird. Auf unpersönliche und indirekte Weise zu wirken, hilft ihm hingegen bei seinen Schwierigkeiten, stärkt seinen Charakter und bereitet ihn vor, seine karmische Last leichter zu tragen.

Das Herz der Natur ist Harmonie und daher ebenso, wie der griechische Philosoph Empedokles es nannte, „Liebe“, oder wie die Generation unserer Zeit es lieber nennen mag, „Mitleid“. „Mitleid“ ist das fundamentale Gesetz der Natur. Aufgrund dieser Tatsache ist es die natürliche Pflicht eines jeden Menschen, der Natur zu helfen und mit ihr zu arbeiten. Dies ist lediglich eine andere Art zu sagen, dass es unsere Pflicht ist, allen Individuen, aus denen sich die Natur zusammensetzt, zu helfen, und zwar in vollem Umfang unserer Möglichkeiten. H. P. Blavatsky sagt hierzu in *Die Stimme der Stille:*

> Hilf der Natur und arbeite mit ihr, sie wird als einen ihrer Schöpfer dich erkennen an und dir gehorsam sein.
>
> Fragment I, S. 46

Wahre Menschlichkeit, Mitleid, Liebe und Selbstlosigkeit sind veredelnde Eigenschaften des relativ voll entwickelten Menschen. Infolge ihrer Wirkungsweise gehören sie deutlich in diese Richtung der Zusammenarbeit mit der fundamentalen Essenz und dem fundamentalen Sein der Natur. Wer mit hartherziger Gleichgültigkeit die Not Anderer ignoriert, handelt dem fundamentalen Gesetz der Natur zuwider und lädt eine schwere Last karmischer Verantwortung auf sich. Die Natur wird ihn bei der Wiederherstellung der Harmonie unfehlbar bis zum Äußersten seiner Verfehlung heimsuchen.

Ein völlig nutzloses Argument und eine Entstellung von Karman ist die Auffassung, dass einem Menschen in einer Notsituation Hilfe verweigert werden solle mit der Begründung, dass der Notleidende ja seine karmisch bedingten Strafen abarbeite. Diese Auffassung ist sowohl ethisch als auch von Natur aus ungeheuerlich. Sie läuft den in der Natur wirkenden Grundprinzipien direkt zuwider, die von den größten Weisen aller Zeitalter gelehrt wurden.

Auch in *Die Stimme der Stille,* einer der tiefgehendsten Erbauungsschriften aller Zeiten, wird direkt auf diese ungeheuerliche und irrige Schlussfolgerung mit folgenden sehr bedeutsamen Worten hingewiesen:

> Untätigkeit zu einer Todsünde wird, wenn Barmherzigkeit erforderte die Tat.
>
> Fragment II, S. 65

Es ist fraglich, ob ausdrucksvollere Worte gefunden werden können, um die unzweifelhafte Tatsache zu beschreiben, dass absichtliche und willentliche Untätigkeit, wenn eine mitleidsvolle Tat erforderlich ist, zu einer direkten und tatsächlichen Handlung fundamentalster Art wird, von der die große Verfasserin der *Stimme der Stille* als von einer

„Todsünde" spricht. Auch wenn derjenige vollkommen untätig ist und keine Regung des Gemütes oder des Herzens hervorbringt, so läuft dies den strukturellen und fundamentalen Tätigkeiten der Natur so direkt entgegen, dass er sich zu einem zeitweiligen Brennpunkt des Widerstandes gegen die Kräfte der Natur macht. Hierdurch ruft er für sich selbst einen Strom karmischer Folgen ins Leben, der ebenso machtvoll und mit Bestimmtheit auf ihn zurückwirken wird, als wenn er mit eigenem Willen und aus überlegter Wahl heraus eine schwere Tat des Bösen begangen hätte.

Buddha, Christus und andere große Weise haben das Prinzip der ethischen Verantwortung mit durchaus klaren Worten gelehrt. Sie fordern dazu auf, wach zu sein und unsere Pflichten Anderen gegenüber zu erfüllen. Es gibt im Leben keine zu unserer Entwicklung und Evolution beitragende Kraft, deren Folgen sich so stark, sicher und schnell auswirken wie selbstvergessenes Handeln im mitleidsvollen Dienst für Andere. Hierdurch können die Hilfsquellen des eigenen Herzens und des Geistes gefunden werden und die wunderbaren, in ihnen latent liegenden Geheimnisse erkannt werden. Unpersönliche Hilfe lehrt auch, wie sich die feineren spirituellen und intellektuellen Fähigkeiten am sichersten entwickeln. Mitmenschlichkeit, die zu wohltätigem Handeln im Dienst für Andere führt, kann wahrhaftig als der königliche Weg der Chelaschaft bezeichnet werden; nur Menschen mit starkem Herzen können diesem Pfade stetig und bis zu seinem Ende folgen.

Beachten wir, was in *Die Stimme der Stille* steht, einem Buch, das für den *täglichen Gebrauch der Schüler* geschrieben wurde:

> Lass deine Seele jedem Ruf des Schmerzes leihen ihr Ohr, so wie sein Herz enthüllt der Lotos, um die Morgensonn' zu trinken.
>
> Lass nicht die grelle Sonne trocknen eine Schmerzensträne, bevor du selbst sie von dem Auge des Leidenden hast fortgewischt.

> Doch lass tropfen jede brennende menschliche Träne auf dein Herz und dort verbleiben, auch wische ab sie niemals, bis beseitigt ist der Schmerz, der sie verursacht hat.
>
> Fragment I, S. 45

Die Folgen und Wirkungen eines rein persönlichen und selbstsüchtigen Lebens sind äußerst bitter und haben den Geschmack des Todes. Ein Lebensverlauf dieser Art engt den Charakter ein und erniedrigt ihn, weil die Sphäre des Handelns immer beschränkter und begrenzter wird. Hingegen ist Menschlichkeit, die wohltätiges Handeln zugunsten Aller ungeachtet Einzelner zur Folge hat, das sicherste Heilmittel für Gemüt und Herz, da sie davon befreit, all die Kleinigkeiten im Charakter jener zu sehen, die uns umgeben, wofür wir leider äußerst empfänglich sind.

Menschen, die dem Pfade des niederen Selbstes folgen, verfallen der irrigen Meinung, er sei einfacher und bringe ihnen Vorteile. Doch auch das Gemüt eines selbstsüchtigen Menschen kann geöffnet werden, und indem seine Imagination angeregt wird, kann ihm gezeigt werden, dass die spirituelle Verbundenheit aller Wesenheiten die fundamentale Grundlage in der Natur ist. Kein Mensch kann für sich allein leben, so sehr er auch danach streben mag. Versucht er es dennoch, gerät er – und zwar unmittelbar – nicht nur mit den grundlegenden Gesetzmäßigkeiten der Natur in Konflikt, sondern auch mit den von seinen Mitmenschen aufgestellten Gesetzen. Wird seine Imagination entflammt, beginnt er nach entsprechender Zeit selbst in den angedeuteten Richtungen zu denken. Es wächst die Erkenntnis in ihm, dass wahres spirituelles, intellektuelles und selbst soziales Zusammenwirken die große Aufgabe der Menschen ist; dass sie edel in dem Maße sind, wie es ihnen gelingt, in dieser Weise zu handeln, und schwach und unedel in dem Maße, wie sie sich von der großen Menge ihrer Mitmenschen abzusondern versuchen. Der Mangel an spiritueller Imagination macht Menschen selbstsüchtig und veranlasst sie, aufgrund ihrer Blindheit und Unwissenheit, dem Pfad „linker Hand“ zu folgen, dem Pfad des individuellen Gewinns. Er bedeutet in der Regel auf Kosten des Wohlergehens ihrer Mitmenschen zu leben.

Aufgrund der Gesetzmäßigkeiten der Natur kann kein Mensch lange für sich allein leben. Doch weil viele Millionen unweiser und unwissender Menschen derart zu leben versuchen, gibt es so viel Elend und Unglück in der Welt. Die Geschichte zeugt jedoch auch von großen und edlen Menschen, die sich selbst vergaßen und für die Menschheit lebten. Durch Selbstlosigkeit beschleunigten sie ihre Evolution und erlangten schließlich ein Bewusstsein, das es ihnen ermöglicht, ausgedehntere Gefilde des Erkennens zu betreten. Die meisten Menschen hingegen, die nur für sich selbst leben, haben eine außerordentlich begrenzte und eingeschränkte Sichtweite. So entstehen fortgesetzt Konflikte und ergreifende Schicksalsverknüpfungen. Es sind die Großen der Menschheit, die jenen edlen Pfad einschlagen – im Gegensatz zu denjenigen Menschen, die aufgrund von Unwissenheit und Egoismus eine eingeschränkte Sicht haben, sich absondern und so der Natur zuwider handeln. Die Natur wird Eigennutz nicht lange dulden.

Imagination kann durch erhabene Visionen entfacht werden. Betrachten wir das uns umgebende Universum: Gibt es eine einzige Sonne, ein einziges Atom, das für sich allein leben kann? Nein! Würde irgendein einzelnes Element versuchen, seinem eigenen selbstsüchtigen Pfad zu folgen, würden sich alle anderen Elemente im Universum ihm entgegenstellen. Nach und nach wäre es durch den ungeheuren kosmischen Druck gezwungen, in die Ordnung und Harmonie des Universums zurückzukehren. Jene Menschen, die mit der Natur für Harmonie, für Liebe und Menschlichkeit, für eine alle Lebewesen einschließende universale Bruderschaft wirken, haben den gesamten Evolutionsstrom der Natur auf ihrer Seite und für sich wirkend. Jene Menschen aber, die selbstsüchtig für eigenen Gewinn, auf

Kosten Anderer wirken und somit gegen den Strom schwimmen, *in adversum flumen,* ihren winzigen Willen dem mächtigen Strom des Lebens entgegensetzen, haben das ganze unberechenbare Gewicht der Natur auf sich lasten.

Nichts lähmt intellektuell so sehr und lässt Menschen spirituell so blind werden wie das Verweilen in ihren eigenen begrenzten persönlichen Fähigkeiten. Darin liegt weder wahres Glück noch Friede, noch Lebensweisheit, im Gegenteil, sie lähmen sich selbst und beschwören ihre Konflikte, ihre Not und ihr Leid selbst herauf. Doch – wunderbares und mitleidvolles Paradoxon der Wirkungsweise der Natur – vorwiegend durch Krankheit, Leid und Not, durch den Überdruss an Zank und Streit lernen die Menschen besser und suchen die von der Sonne erleuchteten Wege, die zu Weisheit und Frieden führen. Schicksalsschläge sind daher tatsächlich verkleidete Engel; sie sind verbunden mit Wachstumsschmerzen, den Geburtswehen für evolutionären Fortschritt. Unter ihren befleckten Gewändern sind sie lieblich und unsere besten Freunde, weil sie uns erwecken, die in unserer Seele latent und schlafend liegenden Kräfte und Fähigkeiten zu erkennen. Not und Schmerz stärken die moralischen Fasern unseres Wesens. Sie regen den Verstand an, rütteln schlafende und oft kalte Herzen wach und lehren, mitfühlendes Verständnis mit Anderen und für Andere zu haben. Sie wecken die Humanität im Menschen, den wahren Menschen. Die angenehme Trägheit des Luxus und der Selbstgefälligkeit vermögen dies nicht. Es ist die Selbstgefälligkeit, die zum abwärtsgerichteten Pfad führt, zu spiritueller und intellektueller Blindheit, zu dem Verlust an Weisheit und innerer Vision, an wahrer Menschlichkeit.

III

Einer der Hauptzwecke dieses und des vorhergehenden Kapitels wäre verfehlt, wenn der Leser nicht schon einen der wesentlichen Gedanken erfasst hat, der in der Ausarbeitung dieses Themas – das Weben der Schicksalsgewebe – enthalten ist: Obwohl jeder Mensch bis in alle Ewigkeit mit dem Weben seines eigenen Schicksalsgewebes beschäftigt ist, kann dennoch keiner für sich allein bestehen. Jeder Mensch ist mit allen anderen ihn umgebenden Menschen und deren Schicksalsgeweben eng verknüpft, ja, untrennbar verwoben, da jeder seinen Teil oder Anteil zum Weben des kosmischen Ganzen beisteuert. Daher trägt auch jeder Mensch, weil er nicht vom Universum zu trennen ist, als aktiv Handelnder zum kosmischen Schicksalsgewebe bei. Er leistet seinen Beitrag zum großen Werk des Universums, da er jede Substanz, jede Kraft, jede Charakteristik und jedes Attribut, das das Universum selbst enthält, in sich verkörpert.

Die Schlussfolgerung, die aus dieser großen Wahrheit resultiert, ist von unermesslicher Tragweite: Sie besteht darin, dass sich die Schicksale von uns Menschen beständig und für immer, wieder und wieder kreuzen; unsere Wege treffen sich ständig. So kommt es, dass wir während des gesamten Verlaufs des kosmischen Manvantaras aufeinander einwirken und aufeinander zurückwirken: einer auf alle und alle auf einen und jeder auf jeden. Daher ist das Karma von uns, als Individualität[1] betrachtet, so kompliziert und oft in seinen tieferen

[1] Siehe auch: Gottfried von Purucker: *Esoterische Philosophie – Wörterbuch.* Hannover, 1991, Individualität, S. 107, Persönlichkeit, S. 187. Zwischen Individualität und Persönlichkeit besteht ein beträchtlicher Unterschied. Die Individualität ist der spirituell-intellektuelle und unsterbliche Teil von uns, die Persönlichkeit der niedere (d. Hrsg.).

Bereichen so schwer zu verstehen. Es verwundert daher wenig, wenn selbst bei hochintelligenten, gewissenhaften und ernsthaft studierenden Schülern der Theosophie das Verständnis für die Geheimnisse karmischer Tätigkeit gelegentlich wankt. Aus diesem Grund werden oft Seitenlinien und kleinere Aspekte und Tätigkeiten des unergründlichen karmischen Gesetzes falsch ausgelegt.

Aus der obigen Darlegung ist ebenfalls sehr deutlich das philosophische und wissenschaftliche wie auch religiöse Grundprinzip zu erkennen, dessen moralischen Aspekt die großen Weisheitslehrer und Philosophen aller Zeitalter übereinstimmend beständig ihren Mitmenschen einschärfen: Kein Mensch kann für sich allein leben. Infolgedessen ist jeder Mensch nicht nur für das, was auch immer er tut, selbst verantwortlich. Er ist auch dafür verantwortlich, dass andere Menschen stark von ihm beeinflusst werden, und zwar oft auf derart tiefgründigen und geheimnisvollen Wegen, dass die ursprüngliche karmische Ursache, die die beeinflussten Menschen in eine Sphäre des Kontakts mit dem ursprünglich Handelnden führt, außerordentlich schwer aufzudecken, zu entdecken und zu erkennen ist. Oft liegen die Ursachen für das Kreuz-und-quer-Laufen der Fäden der verschiedenen Schicksalsgewebe zweier Menschen in der weit zurückliegenden karmischen Geschichte, ob nun in dem letzten Leben oder, was viel wahrscheinlicher ist, in anderen vorhergehenden Leben in ferner Vergangenheit.

Forschen wir in dieser Richtung weiter, die die gesamte innere Bedeutung von Karman umfasst, so bekommen wir eine Vorstellung davon, wie weitreichend und auch wie untrennbar unsere Handlungen sind, die wir gegenseitig, zum Wohl oder Wehe unserer Mitmenschen, zu ihrem Glück oder Unglück, zu ihrer Freude oder zu ihrem Schmerz ausführen. Die große Masse unserer Mitmenschen ist unwissend über die oft weit zurückliegenden karmischen Ursachen, die allen Schicksalsschlägen zugrunde liegen. Daher sind sie nur allzu leicht geneigt, sie der Bestimmung einer unerbittlichen kosmischen

Gottheit zuzuschreiben, oder sie werden einem seelenlosen, zufallsbasierten, durch und durch toten Universum zugeschrieben, das ihnen auf geheimnisvolle Weise ihr unergründliches Schicksal auferlegt.

Beide Ansichten lassen jedoch die fundamentale Bedeutung von Karman außer Acht: die strenge und völlig unbeugsame, von Menschen unbeeinflussbare Gerechtigkeit, die mit kosmischem Mitleid und kosmischer Harmonie verbunden ist – sie ist überall, ständig und die endlose Zeit hindurch wirksam. Wie erhaben ist doch die Vorstellung, dass jeder Mensch ein Handelnder, eine wirkende Kraft der kosmischen Harmonie ist und daraus sein Schicksal resultiert, ob er dies erkennt oder nicht, ob er es will oder nicht! Wir leben in einem Universum strengster Ordnung und Regelmäßigkeit. Das bedeutet, dass kosmische Gesetzmäßigkeit überall wirksam ist. Hierin liegt der Grund, warum jeder Mensch, der auch nur einen winzigen Teil seiner Umgebung in Disharmonie bringt, im entsprechenden Verhältnis aus dem Gleichklang mit dem kosmischen Ganzen gerät. Dies wird folgenschwer auf ihn zurückwirken, und zwar mathematisch genau gemäß der Ursache, die seine Handlung ins Leben ruft.

So machen wir durch unsere Gedanken und Gefühle und die sich daraus ergebenden Handlungen Anderen auch Freude. In identischer Weise verursachen wir ihnen aber auch Sorgen und Leid, für das sie nur indirekt und passiv verantwortlich sind. Somit bringen wir „unverdientes Leiden" über sie, für das wir streng nach karmischer Gesetzmäßigkeit zur Rechenschaft gezogen werden, aber in unendlicher Weisheit unserem Fehlverhalten angepasst.

Der Ausdruck „unverdientes Leiden" ist ebenso zutreffend wie die Aussage, dass Leiden, „verdientes" oder „unverdientes", wie auch immer es hervorgerufen wurde, in allen Fällen aufgrund der Natur Karmans ursächlich auf den Erzeuger zurückgeführt werden kann, auf die unglückliche Person, die vielleicht anschaulich und nicht ganz zu Unrecht als das „Opfer" bezeichnet werden kann.

Im Leben eines Menschen gibt es allerdings tatsächlich so etwas wie „unverdientes Leid". Doch dieser Ausdruck darf unter keinen Umständen so ausgelegt werden, als bedeute er Ungerechtigkeit, „ungerechtes Leid“ oder andererseits, dass „unverdientes Leid“ keine karmische Ursache in dem Täter und seinem Opfer habe.

Über das Thema des unverdienten Leidens wurde selbst von H. P. Blavatsky, der neuzeitlichen Gründerin der Theosophie, nicht viel geschrieben. Die ganze Bemühung bestand bisher darin, die fundamentale Wirkungsweise Karmans grundlegend zu erläutern und auszuarbeiten: Karman ist essenziell unendliche Gerechtigkeit. Das, was uns auch immer irgendwann und irgendwie zustößt, was Leid oder Freude bringt, kann letzten Endes auf Ursachen zurückverfolgt werden, die, karmisch gesehen, durch uns selbst in diesem oder in einem anderen Leben in Bewegung gesetzt worden sind. Diese Aussage ist allumfassend und schließt alles ein, was in unserem Leben vor sich geht – wie H. P. Blavatsky es sinngemäß so großartig ausdrückt: „[...] kein Unfall in unserem Leben, kein unglücklicher Tag, kein Missgeschick, das nicht auf unsere eigenen Handlungen in diesem oder in einem anderen Leben zurückverfolgt werden könnte.“

Was wir aufgrund unserer schwachen und unvollkommen entwickelten Intelligenz und aus Mangel an Intuition einerseits sehr richtig „unverdientes Leiden“ nennen, ist lediglich ein kleiner Aspekt oder eine Tätigkeit der kurz skizzierten fundamentalen Gesetzmäßigkeit Karmans: der unerschütterlichen, von kosmischer Weisheit geleiteten und bis in alle Ewigkeit wirksamen kosmischen Gerechtigkeit. Es wäre daher sowohl dem Wesen nach als auch philosophisch falsch, anzunehmen, das „gegenwärtige“ Karma eines Menschen könnte tatsächlich oder theoretisch getrennt, losgelöst oder unabhängig von seiner Vergangenheit sein. Es würde das Gleiche bedeuten wie von seinem vergangenen Karma zu sprechen. Eng verbunden mit diesem philosophisch grundlegenden Gedanken ist die Vorstellung, dass die Zukunft, auch wenn sie für uns Menschen auf Vergangenheit und Gegenwart zu basieren scheint, vom kosmischen Standpunkt aus in Wirklichkeit mit dem ewigen JETZT identisch ist.[1]

---

[1] Siehe auch: A. P. Sinnett: *The Mahatma Letters*, Abschnitt 1. Die originalen Briefe waren von 1939 an im Besitz des Britischen Museums und später der British Library (d. Hrsg.).

Um jedoch jegliche nutzlosen Argumente bezüglich des „unverdienten Leidens" zu vermeiden, werden die folgenden Zitate aus den wichtigsten Abhandlungen von H. P. Blavatsky über das Thema des „unverdienten Leidens" angeführt, zusammen mit einigen Auszügen aus anderen ihrer Schriften, in denen sie die umfassendere oder fundamentale Natur von Karman lehrt. Soweit sich der Verfasser erinnern kann, ist alles, was H. P. Blavatsky über sogenanntes „unverdientes Leiden" gesagt hat, zumindest das, was irgendwie von Wichtigkeit ist, in *Der Schlüssel zur Theosophie* zu finden. Es werden also zuerst diese Stellen angeführt, und einige, die die allgemeine Lehre geben, folgen. Die Passagen über „unverdientes Leiden" beziehen sich auf eine der untergeordneten oder geringeren Bedeutungen Karmans:

> Karmische Vergeltung erreicht das Ego erst in seiner nächsten Inkarnation. Nach dem Tode empfängt es nur die Entschädigung für die in seiner vergangenen Inkarnation erfahrenen unverdienten Leiden.

Hier folgt eine Fußnote, sie lautet: „Gegen diesen Satz wurden einige Einwendungen gemacht, doch es sind die Worte des Mahâtman, und die mit dem Wort *unverdient* verbundene Bedeutung ist die oben gegebene [...] Die essenzielle Idee hiervon war, dass Menschen oft unter den Wirkungen der von Anderen begangenen Taten leiden, Wirkungen, die streng genommen nicht zu ihrem eigenen Karma gehören – und für diese Leiden verdienen sie natürlich eine Entschädigung."

> Die Strafe nach dem Tode besteht daher, sogar für den Materialisten, in dem Ausbleiben jeglicher Belohnung und dem gänzlichen Verlust des Bewusstseins seiner Seligkeit und Ruhe. Karma ist das Kind des irdischen Egos, die Frucht der Tätigkeiten des Baumes, der die allen sichtbare objektive Persönlichkeit ist; ebenso sehr ist es auch die Frucht aller Gedanken, ja, aller Motive des spirituellen „Ichs". Karma ist aber auch die zärtliche Mutter, die die im vorhergehenden Leben von ihr geschlagenen Wunden heilt, bevor sie beginnt, das Ego zu quälen, indem sie ihm neue Wunden zufügt. [Wenn man sagen kann, dass es kein mentales oder physisches Leiden im Leben eines Sterblichen gibt, das nicht die direkte Frucht und Folge irgendeiner Sünde in einer früheren Existenz ist – und da er andererseits nicht

die leiseste Erinnerung daran in seinem jetzigen Leben zurückbehält und selbst das Gefühl hat, er habe eine derartige Strafe nicht verdient, und daher meint, er leide aufgrund keiner eigenen Schuld –, so genügt dies allein schon, damit die menschliche Seele Anspruch auf den reichsten Trost hat, auf Ruhe und Seligkeit in ihrer nachtodlichen Existenz.] Der Tod kommt zu unserem spirituellen Selbst immer als Befreier und Freund.

[...] In dem feierlichen Augenblick des Todes sieht der Mensch, auch wenn der Tod plötzlich eintritt, die Gesamtheit seines vergangenen Lebens bis in die kleinsten Einzelheiten an sich vorüberziehen [...] Aber dieser Augenblick genügt, um ihm die ganze Kette der Verursachungen zu zeigen, die während seines Lebens am Werk gewesen ist. Er sieht und versteht sich nun, wie er ist, ungeschmückt durch Schmeichelei und Selbsttäuschung. Er liest sein Leben, wobei er als Zuschauer in die Arena hinunterblickt, die er verlassen hat; er fühlt und kennt die Gerechtigkeit allen Leidens, das über ihn gekommen ist.

Wir sagen, dass der Mensch durch die Schuld der Anderen, mit denen er verbunden ist, oder durch seine Umgebung so viel unverdiente Trübsal erleidet, dass er bestimmt Anspruch auf vollkommene Rast und Ruhe, wenn nicht auf Seligkeit hat, bevor er die Last des Lebens von Neuem auf sich nimmt.

[...] Devachan ist die idealisierte Fortsetzung des gerade aufgegebenen irdischen Lebens, eine Periode ausgleichender Gerechtigkeit und eine Vergeltung für die in jenem besonderen Leben erduldeten Kränkungen und Leiden.

[...] die Reinkarnation wird alle jene anderen Egos um ihn versammeln, die entweder direkt oder indirekt, absichtlich oder sogar durch die unbewusste Vermittlung der vergangenen *Persönlichkeit* gelitten haben. Sie werden durch Nemesis [ausgleichende Gerechtigkeit, d. Hrsg.] auf den Weg des neuen Menschen gestoßen, wobei der *alte* [das ewige Ego, d. Hrsg.] verborgen bleibt [...]

Frage: Aber sicherlich sind nicht alle diese Übel, die fast ohne Unterschied die Massen befallen, tatsächlich verdientes und INDIVIDUELLES Karma?

> Antwort: Nein, sie können in ihren Wirkungen nicht derart streng definiert werden, um zu zeigen, dass jedes individuelle Milieu und die besonderen Lebensbedingungen, in denen sich eine Person befindet, nichts weiter wären als das vergeltende Karma, das das Individuum in einem früheren Leben hervorrief. Wir dürfen den Blick nicht für die Tatsache verlieren, dass jedes Atom dem allgemeinen Gesetz untersteht, das den ganzen Körper regiert, zu dem es gehört; und hier stoßen wir auf eine ausgedehntere Spur des karmischen Gesetzes. Merken Sie nicht, dass das Aggregat des individuellen Karmas zu dem der Nation wird, zu der diese Individuen gehören, und dass weiter die Gesamtsumme des nationalen Karmas das der Welt ist? [. . .] Auf dieser breiten Bahn gegenseitiger menschlicher Abhängigkeit findet das Gesetz von Karman seinen gesetzmäßigen und gleichförmigen Ausfluss.

Bei den vorhergehenden Zitaten aus *Der Schlüssel zur Theosophie,* die in diesem einführenden Buch H. P. Blavatskys verstreut zu finden sind, handelt es sich um die wichtigsten Darlegungen in Bezug auf das Thema des „unverdienten Leidens". In den *Mahâtma Letters to A. P. Sinnett* ist die folgende kurze Anspielung auf dasselbe Thema zu finden:

> [. . .] dass „der Adept *wird* und nicht *gemacht wird*", ist buchstäblich wahr. Da jeder von uns der *Schöpfer* und Erzeuger der *Ursachen* ist, die zu diesen oder jenen *Folgen* führen, so müssen wir nur das ernten, was wir gesät haben. *Unseren Chelas wird nur dann geholfen, wenn sie an den Ursachen, die sie in Bedrängnis führen, unschuldig sind;* wenn solche Ursachen von fremden, äußeren Einflüssen erzeugt worden sind. Das Leben und das Ringen um Jüngerschaft wäre zu leicht, hätten wir alle Straßenreiniger hinter uns, um die *Wirkungen* fortzufegen, die wir durch unsere eigene Anmaßung und Unbesonnenheit ins Leben gerufen haben.

Anzunehmen, dieses Zitat lehre, dass „unverdientes" Leiden oder entsprechend „unverdiente" Hilfe abgesondert wären von den ins Leben gerufenen karmischen Ursachen, ist absurd und entspringt nur einer oberflächlichen, hastigen Durchsicht und Analyse der Worte des Mahâtmans.

Das Zitat sagt nichts weiter aus, als dass Karman die Ursache alles dessen ist, was uns geschieht. Das ist aus den ersten zwei Sätzen und ihrer abschließenden unzweideutigen und umfassenden Bekräftigung klar ersichtlich: „Wir müssen nur das ernten, was wir gesät haben." Diese Aussage ist allumfassend und beinhaltet kein Wort über „unverdiente" im Sinne von ungerechtfertigten oder nicht verursachten karmischen Folgen.

Im nächsten Satz fährt der Lehrer sogleich fort, zu zeigen, dass im Fall der Chelas, die hier besonders angesprochen werden – wie überhaupt in dem gesamten Abschnitt von ihnen die Rede ist –, sogar den Chelas, auch wenn sie aufgrund vorangegangener karmischer Ursachen Chelas sind, geholfen wird, wenn sie an den grundlegenden karmischen Ursachen, die zu Bedrängnis führen, „unschuldig" sind und diese Ursachen von fremden, äußeren Einflüssen erzeugt wurden. Dies ist aus dem Grunde der Fall, weil Chelas sozusagen Eintretende in eine neue Welt sind, in eine neue Sphäre von Kräften, die alle gefährlich und von denen einige furchtbar sind. Hier sind diese Chelas wie kleine, eben erst geborene Kinder, und in einer Hinsicht sind sie ebenfalls wie kleine Kinder unfähig, „fremden, äußeren Einflüssen", die auf sie einwirken, erfolgreich zu begegnen und sie abzuwehren. Genauso verhält es sich mit einem kleinen Kind. Fast hilflos wird es in eine Welt hineingeboren und braucht Führung, Beistand und Hilfe, die es von seinen Eltern empfängt, die es behüten, es beschützen und ihm helfen. Wenn das kleine Kind jedoch seinen Finger in das Feuer hält, verbrennt es sich den Finger, und die Unschuld des Kindes ist kein Schutz davor. Um Unfälle dieser Art zu verhindern, passen die Eltern auf das Kind auf.

Die Parallele ist richtig, was die Chelas betrifft. In eine neue Welt hineingeboren, deren Kräfte und Einflüsse „fremd" sind und „von außen" kommen, sind sie fast hilflos und unfähig, sich hinreichend zu schützen. Folglich werden sie so lange sorgfältig überwacht und unterstützt, bis sie sich an die neue Welt gewöhnt haben. Doch wenn der Chela die Warnungen des Lehrers ignoriert und „seinen Finger" absichtlich in das Feuer hält oder eigenwillig mit den furchtbaren Kräften und Bewohnern der neuen Welt experimentiert, muss er die Folgen selbst tragen.

Anzunehmen, der Lehrer lehre „unverdientes" Leiden als gleichbedeutend mit nichtkarmischen Folgen, die ohne Ursache auf den Leidenden treffen, ist absurd und unsinnig, denn Derartiges wird hier nicht gelehrt. Vielmehr ist die Lehre von Karman, wie H. P. Blavatsky sie zum Beispiel in ihrem *Schlüssel zur Theosophie* gibt, in den ersten zwei Sätzen dieses Auszuges festgelegt, und zwar in umfassenden, allgemeinen Ausdrücken.

Natürlich gibt es „unverdientes" Leiden in dem hier und anderweitig erklärten Sinne des Leidens des unvollkommenen „persönlichen" Menschen in der Aufeinanderfolge von Umständen in einem Leben, die verursacht zu haben jene besondere „Person", der „neue Mensch" des gegenwärtigen Lebens, sich nicht selbstbewusst bewusst ist. Daher leidet er bitter unter den scheinbar nicht verursachten, aber dennoch karmischen Ereignissen, die ihm widerfahren.

Das Obige behandelt die untergeordnete Tätigkeit oder den „Lauf" karmischer Gesetzmäßigkeit. Wenden wir uns jetzt den allgemeinen Aussagen über das Gesetz zu, das allumfassend ist und daher auch den untergeordneten Weg des sogenannten „unverdienten Leidens" in sich schließt. Es könnte nicht besser zum Ausdruck gebracht werden als durch H. P. Blavatskys eigene Worte in ihrem großen Werk *Die Geheimlehre*. Ein Beispiel wird hier genügen. Der Leser wird auf ihre Schriften und auf frühere Zitate dieses Werkes verwiesen, die das allgemeine Gesetz von Karman darlegen, wie zum Beispiel im vorhergehenden Kapitel „Schicksalsgewebe – I".

> [...] Karma-Nemesis oder das Gesetz der Wiedervergeltung. Dieses Gesetz – sei es bewusst oder unbewusst – prädestiniert nichts und niemand. Es existiert von und in Ewigkeit, fürwahr, denn es ist Ewigkeit selbst; und als solches, da keine Handlung der Ewigkeit gleich sein kann, kann man von ihm nicht sagen, dass es handelt, denn es ist Handlung selbst. Es ist nicht die *Welle,* die einen Menschen ertränkt, sondern die *persönliche* Handlung des Wichtes, der vorsätzlich hingeht und sich unter die *unpersönliche* Wirkung der Gesetze begibt, die die Bewegung des *Ozeans* beherrschen. Das Karma schafft nichts, noch plant es. Der Mensch ist es, der plant und Ursachen schafft, und das karmische Gesetz gleicht die Wirkungen aus, diese Ausgleichung ist keine Handlung, sondern universale Harmonie, die immer ihre ursprüngliche Lage wieder einzunehmen strebt, wie ein Bogen, der, zu gewaltsam niedergebogen, mit entsprechender Kraft zurückspringt. Wenn er zufällig den Arm verrenkt, der

> versucht hatte, ihn aus seiner natürlichen Lage zu biegen, sollen wir da sagen, dass es der Bogen war, der unseren Arm gebrochen hat, oder dass unsere eigene Torheit uns hat Schaden nehmen lassen? [. . .] Karma ist ein unbedingtes und ewiges Gesetz in der Welt der Offenbarung; [. . .] Karma ist eins mit dem Unerkennbaren, von dem es ein Aspekt ist, in seinen Wirkungen in der Erscheinungswelt.
>
> *Die Geheimlehre,* Bd. II, S. 318 ff.

Die große Schwierigkeit, Karman zu verstehen, sofern es diese für einen klarblickenden Menschen mit philosophischer Neigung überhaupt gibt, liegt allenfalls in den scheinbaren „Widersprüchen". Dabei handelt es sich nicht um tatsächliche Widersprüche, vielmehr um Paradoxa. Alles, was einem Menschen geschieht, ist karmisch bedingt. Da sich der Mensch aber ständig weiterentwickelt und sich somit sein Charakter und daher auch sein Schicksal ändern, fallen, wenn die karmische Vergeltung nicht unmittelbar eintritt – was meist der Fall ist –, ihre leichten oder schweren Wirkungen auf den „späteren" oder „neuen Menschen" zurück. Von diesem neuen Menschen kann daher tatsächlich zu Recht gesagt werden – da er eine vollkommenere Inkarnation oder Verkörperung der Seelenkräfte seiner höheren Natur ist –, dass er „unverdientes Leiden" durchmacht; doch auch dies geschieht durch karmische Rückwirkung.

Abschließend ist zumindest zu erwähnen, dass Karma oft dadurch erschöpft wird, dass es durch seine geheimnisvolle und unerforschliche Tätigkeit sowie durch die Mitwirkung des reinkarnierenden Egos dessen Reinigung zuwege bringt, die der unglückliche „neue Mensch" – ein Strahlenkind des reinkarnierenden Egos – jedoch als „unverdientes" Leid zu erdulden hat. Seine Entschädigung und Belohnung ist die lange, wenn auch illusorische, ungetrübte Seligkeit und glückliche Wiederherstellung im Devachan. Wird die Einheit allen Seins stets berücksichtigt, ist die Erklärung naheliegend, sofern sie verstanden wird.

Es wäre falsch anzunehmen, Karman oder die karmischen Folgen befänden sich außerhalb von uns und unterschieden sich auf irgendeine Weise von unserer innewohnenden fundamentalen Essenz. Das Gegenteil ist der Fall. Es kann uns nicht das Geringste zustoßen, wenn wir nicht selbst irgendwie, irgendwann und irgendwo entsprechend gehandelt und dadurch die schlafenden oder die aktiven Kräfte der Natur aufgeweckt haben. Diese Kräfte wirken früher oder später in einem Verhältnis und Ausmaß auf uns zurück, das mit der Ursache, die ihren Ursprung in uns selbst hat, genau und wunderbar ausbalanciert oder im Gleichgewicht ist. Daher ist Karma, wird es bis auf seinen Ursprung zurückverfolgt, die Folge des Handelns unseres eigenen freien WillensfreiheitWillens. Da wir einen freien Willen haben, denken, fühlen und handeln wir, wodurch wir eine unentrinnbare Reihe von Resultaten oder Folgen in Bewegung setzen; und gerade deshalb, weil wir mit dem Universum essenziell eins sind, fließen diese Resultate eines Tages als karmische Folgen auf uns zurück. Sie würden uns niemals betreffen, wenn wir als Wesenheiten mit freiem Willen nicht jene Naturkräfte in Tätigkeit gesetzt hätten. Ich halte zum Beispiel meine Hand ins Feuer und verbrenne sie mir. Durch meinen eigenen freien Willen habe ich absichtlich oder unabsichtlich das Verbrennen meiner Hand verursacht. Dass ich meine Hand sehr wahrscheinlich als das Ergebnis von Fahrlässigkeit meinerseits ins Feuer hielt, hebt die Naturgesetze nicht auf, die unvermeidlich wirken und zurückwirken, wann immer sie bewusst oder unbewusst geweckt werden. Ein anderes gravierendes Beispiel ist Selbstmord – Freitod. Wer dieses Verbrechen an sich selbst mit relativ freiem Willen begeht, erfährt sogleich oder kurz danach einen Teil der Folgen – den physischen Tod. Doch es gibt andere damit verbundene Folgen, denn wer sich entschließt, Selbstmord zu begehen, begeht an sich selbst ein Verbrechen, das den Absichten der Natur zuwiderläuft. Daher sind sowohl ethische Prinzipien als auch physische, spirituelle und intellektuelle Ursachen mit der Situation verbunden, die durch den Freitod des Handelnden in Tätigkeit gesetzt wurden. Sein Charakter war geschwächt, weil er aus Angst und anderen Umständen nicht in der Lage war, dem Leben und den Hindernissen zu trotzen, vor die er sich selbst gestellt hat. Da er aber mit dem Universum eins ist, werden ihn folglich die Wellen oder Schwingungen, die sich als

Wirkungen ergeben, früher oder später aufsuchen und wiederfinden. Als Folge wird er dann jene Resultate seiner Handlung, die keine sofortige Erschöpfung fanden, als die Tat begangen wurde, als Teil seines zukünftigen Karmas spüren.

Eines der Resultate ist klar ersichtlich: indem aus Charakterschwäche, Hilflosigkeit oder anderen Gründen Selbstmord begangen wird, wird der eigene Wille geschwächt – und dies ist eine der ethischen und psychologischen Folgen. Es ist in jeder Hinsicht besser, den Schwierigkeiten entgegenzutreten, als ihnen den Rücken zuzuwenden. Selbstmord geschieht aus Schwäche. Der Charakter wäre gestärkt worden, moralische Stärke und innerer Halt hätten zugenommen, wenn den Schwierigkeiten mutig getrotzt worden wäre.

IV

Karman ist nicht außerhalb von uns im Sinne von verschieden, unterschiedlich, losgelöst oder abgesondert von unserer inneren Essenz. Das kosmische karmische Gesetz ist, soweit es einen bestimmten Menschen betrifft, immer ruhend, sofern es nicht durch dessen Gedanken, Gefühle und die daraus folgenden Handlungen zur Tätigkeit aufgerüttelt und wachgerufen wird. Jeder Mensch webt im Verlauf der Zeitalter, im Verlauf nie endender Dauer das Gewebe seines eigenen Wesens. Er selbst ist daher sein eigenes Schicksalsgewebe. Was immer er tut oder getan hat oder in Zukunft tun wird, es ist sowohl das Gesetz seines eigenen Wesens als auch das Gesetz der Natur, dass er die Folgen auf sich nehmen muss. Er hat sein Schicksalsgewebe zu einem Teil von sich selbst gemacht, sein Charakter und sein Gemüt haben sich entsprechend geändert und seine ethischen Prinzipien sind in einem passenden Verhältnis beeinflusst worden. Selbst sein physischer Körper wird entsprechend beeinflusst. So ist der Mensch wahrhaftig sein eigenes Karma.

Verrichtet ein Mensch ein übles Werk, kehrt das Üble in diesem oder in irgendeinem zukünftigen Leben zu ihm zurück, weil er die Struktur seines Charakters ungünstig beeinflusst oder verzerrt hat. Diese Beeinflussung oder Verzerrung wird sich in einer verwirrten oder verzerrten Verstandeskraft äußern und sich in den daraus folgenden Handlungen auswirken, die entsprechendes Übel über ihn bringen. Ebenso kommt, wenn ein Mensch Gutes bewirkt, das Gute in diesem oder einem zukünftigen Leben zu ihm zurück, da das Gute das Einarbeiten von Harmonie in ihn selbst bedeutet, das In-Ordnung-Bringen des Charakters, die Beseitigung von Disharmonien und die Erweiterung intellektueller und psychischer Fähigkeiten. Wird beständig Gutes getan, wirkt sich dies auch auf den physischen Körper aus und hat zur Folge, dass es die innere Struktur des Menschen zu einem harmonischer handelnden Mitarbeiter werden lässt, der mit all den anderen erhabenen und führenden spirituellen Kräften des Universums, das ihn umgibt und in dem er für immer lebt, zusammenarbeitet.

Wir haben unzählige Leben vor dem jetzigen gelebt. In keinem einzigen vergangenen Leben war ein Mensch imstande, alle darin in Bewegung gesetzten Ursachen zu erschöpfen – alle ausgesäten karmischen Samen zur Reife zu bringen. Aufgrund dieses aufgespeicherten karmischen Schatzes müssen wir Leben auf Leben, Leben auf Leben inkarnieren, um die gelegten Ursachen zu erschöpfen.

Das Karma des Menschen kann allgemein in zwei Hauptklassen eingeteilt werden: Karma, das noch nicht abgetragen oder erschöpft ist, und Karma, das *jetzt* erzeugt wird. Eine andere Sichtweise dafür ist: Karma, das sich jetzt zu erschöpfen beginnt und das in der Vergangenheit entstanden ist; und Karma, das gerade angesammelt wird oder das sich erst in der Zukunft zu erschöpfen beginnt. Jene Klasse von Karma, die sich jetzt zu erschöpfen beginnt, kann als „reif" bezeichnet werden. Das technische Sanskṛitwort dafür ist प्रारब्ध (prârabdha), das, was beginnt. Jene Klasse von Karma, das jetzt erzeugt wird und sich in der Zukunft erschöpft, kann als „unreif" bezeichnet werden, das technische Sanskṛitwort dafür ist सञ्चित (saṃchita).

Bevor sich das reinkarnierende Ego von Neuem verkörpert – wobei es von der göttlich-spirituellen Monade im Innern geführt wird –, ist es aufgrund seiner ihm innewohnenden und eingeborenen Eigenschaft oder Fähigkeit des relativ freien Willens, das heißt der Entscheidungskraft, so beschaffen und in der Lage, jene besonderen zusammenlaufenden karmischen Ursachen zu wählen, die es in dem zurzeit beginnenden Leben am besten als karmische Wirkungen abtragen kann. Diese Entscheidungskraft wird zu Beginn einer neuen Geburt auf Erden tätig, und jeder normale Mensch bringt sie sein Leben lang zur Anwendung. In jedem Leben wählt er von Augenblick zu Augenblick, von Tag zu Tag oder von Jahr zu Jahr den Pfad oder den Handlungsverlauf aus, der ihm als der zu bevorzugende erscheint; und möglicherweise gibt es Millionen und Abermillionen Seitenstraßen oder Pfade – verschiedene Wahlmöglichkeiten –, die er in jedem solchen Augenblick der Wahl hätte einschlagen können. Wir haben eine unendliche Anzahl karmischer Erfahrungen hinter uns. Und wenn sich ein neues Leben auftut, wenn wir auf der Bühne des Lebens erscheinen, um unsere neue Rolle zu spielen, so tun wir dies streng dem karmischen Teil entsprechend, den wir aus dem Buch unserer dann erwachten Vision und Erinnerung ausgesucht und ausgewählt haben. Die von uns nicht ausgewählten karmischen Ursachen werden wir in einer späteren Wahl auszuwählen oder zu verkörpern haben, wenn wir in irgendeinem zukünftigen neuen Leben eine neue Laufbahn auf Erden beginnen. Mit jedem Erdenleben liegen unweigerlich bestimmte Bedingungen vor uns, die eine bestimmte Wahl und einen sich daraus ergebenden Handlungsverlauf mit sich bringen. Und diese bringen uns zu bestimmten Zivilisationen, zu bestimmten Familien. Dabei überblickt das beobachtende und wartende Höhere Selbst dieses allgemeine Feld unserer Wahl: diesen Pfad und jenen Pfad und noch einen anderen Pfad. Analog benutzen wir diese Fähigkeit, wenn wir beim Fahren eines Autos eine Weggabelung oder auch eine Kreuzung mehrerer Straßen erreichen. Sind sie uns neu, kennen wir sie nicht, doch wir ziehen den einen Weg den anderen zwei, drei oder vier vor. Wir hätten auch einen anderen Weg nehmen können, haben aber in jedem Fall unsere Wahl getroffen. Der einzige Unterschied zwischen uns, die wir unsere Wahl treffen, und unserem Höheren Selbst ist der, dass unser Höheres Selbst eine Übersicht und eine Vorausschau sowie eine Rückschau auf unsere Inkarnationen besitzt, die im Vergleich mit unserer Unterscheidungskraft unvergleichlich stärker und sicherer sind.

Ich wurde oft gefragt, ob Karma Menschen mit extremer geistiger Behinderung beeinflusst und ob sie neues Karma verursachen können. Als Antwort auf diese interessante Frage kann gesagt werden, dass Karman, abgesehen von dem physischen Karma, diese Menschen nicht erfassen kann. Hält ein geistig Behinderter seinen Finger ins Feuer, ist er gezwungen, sich physisch zu verbrennen. Aber alle anderen Arten von Karma erfassen ihn nicht, da er ohne die übliche spirituelle und mentale Kraft der Wahl und Handlung ist. Da, wo der individuelle Wille untätig ist und keine Kraft der intelligenten Unterscheidung und Wahl besitzt, kann es kein wirklich zukünftiges karmisches Resultat geben. Dennoch brachte natürlich früheres nicht abgetragenes Karma diese geistig Behinderten ins physische Dasein. Ein bestimmter Bestand an nachfolgendem physischen Karma ist daher dazu bestimmt, in Inkarnationen dieser Art erschöpft zu werden. All dies ist das Resultat oder die Folge von Fehlern und üblen Handlungen, die entweder in einem oder in mehreren früheren Leben begonnen wurden.

Ist die Inkarnation eines geistig Behinderten beendet, wird die wartende menschliche Monade – denn die Monade kann während einer derartigen Inkarnation tatsächlich als wartend beschrieben werden – dann diesen besonderen Aspekt oder Teil ihrer angesammelten karmischen Früchte, Resultate oder Folgen abgetragen haben. Die nächste Inkarnation ihres reinkarnierenden Egos wird sehr wahrscheinlich mehr oder weniger normal sein, wenn auch ebenso wahrscheinlich eine niedrigere Inkarnation auf der menschlichen Skala. Karma brachte den Zustand des geistig Behinderten zuwege, doch wird Karma keine andere Wirkung als eine physische auf ihn haben. Der Zustand des geistig Behinderten schafft kein wirklich spirituelles, intellektuelles, ethisches oder psychisches Karma, das nennenswert wäre. Ähnlich wie Tiere entbehren geistig Behinderte der starken speziell menschlichen Fähigkeit des Willens, des

Urteilens, der Unterscheidungskraft und der freien Wahl, folglich sind sie wie Tiere relativ unverantwortlich, wenn nicht gänzlich. Dennoch bringt Karma, wie schon gesagt wurde, ebenso die Geburt eines Tieres zuwege wie auch die Geburt eines geistig Behinderten. Damit Karma für das Schicksal eines Menschen wirksam werden kann, muss die Fähigkeit des freien Willens, der Wahl so ausgeübt werden, dass sein Denken und Handeln fortlaufend und nachdrücklich in eine bestimmte Richtung geht.

Unsere Gedanken, die uns bewegenden Gemütsregungen und die daraus folgenden Handlungen tragen ihre Früchte in diesem Leben oder in irgendeinem der folgenden Leben, wenn ihre Chance für die Manifestation da ist: Dann treten sie wie eine reißende Flut von Energien hervor – jene latenten Kräfte, die wir in unsere Konstitution eingefügt haben und deren Aggregat wir unseren Charakter nennen. Wenn die geeignete Zeit gekommen und das Umfeld bereit ist, manifestiert sich unser Charakter in entsprechender Weise zu unserem Wohl oder Wehe, oder anders gesagt: Die karmischen Samen, die wir jetzt säen, bringen ihre Früchte entweder gleich oder zu einer späteren Zeit hervor, und zwar nehmen sie den Weg des geringsten Widerstandes, nach dem sich alle anderen Energien der Natur auch richten. Auf diese Weise machen wir schließlich unsere Verfehlungen gegenüber Anderen, ja, gegenüber uns selbst wieder gut. Die Resultate von alledem enden in dem großartigen Lauf von Zeit und Schicksal – in dem durch Evolution der Kern unseres Charakters gestärkt und entwickelt wird hin zu einem erhabeneren und sich immer mehr ausweitenden Geschick.

Karman ist daher im Wesentlichen natürliche Harmonie, die die Harmonie und Symmetrie des Universums als Ganzes in sich schließt. Jede Handlung einer jeden Wesenheit auf jedem Plan, die dieser Harmonie oder Symmetrie der Struktur zuwider läuft, richtet sich gegen die natürliche Harmonie, gegen die Natur, die sogleich zur Tätigkeit wachgerüttelt wird und jetzt oder zu einer späteren Zeit durch ihre Reaktionen tätig wird.

Die Geheimlehre enthält hinsichtlich der Natur und der Folgen karmischer Tätigkeit eine Stelle, die solch einen Reichtum an Weisheit beinhaltet und in so hervorragender Klarheit des Ausdrucks geschrieben wurde, dass es, auch wenn sie bereits zitiert wurde, gewiss keiner Entschuldigung bedarf, wenn sie hier wiederholt wird. H. P. Blavatsky sagt:

> Aber fürwahr, es ist kein Zufall in unseren Leben, kein missratener Tag und kein Missgeschick, die nicht auf unsere eigenen Taten in diesem oder in einem anderen Leben zurückgeführt werden könnten. Wenn man die Gesetze der Harmonie bricht, oder, wie ein theosophischer Schriftsteller es ausdrückt, die „Gesetze des Lebens", so muss man darauf gefasst sein, in das Chaos zu stürzen, das man selber bereitet hat.
>
> *Die Geheimlehre,* Bd. I, S. 705

Hier könnte noch hinzugefügt werden, dass es weder Freude noch das, was man eine Glückssträhne nennt, gibt, für die wir die Ursachen ihres Eintretens nicht irgendwo, irgendwann in der Gegenwart oder in der nahen oder fernen Vergangenheit selbst gelegt haben.

Wie schon in den vorhergehenden Abschnitten dieses Kapitels ausführlich erklärt wurde, leiden wir aufgrund der außerordentlich verwickelten und verworrenen Natur der Schicksalsgewebe, in die wir alle eingeschlossen sind. Sie veranlassen uns, auf Andere eine Wirkung auszuüben oder auf sie zurückzuwirken, je nach Fall entweder schwach oder stark. Dennoch empfinden wir das uns treffende Ungemach oft als ungerecht, da unsere Augen geblendet sind und wir keine erkennbare Erinnerung an die ursprünglichen Ursachen unseres Leidens haben. Da sich unser Charakter veredelt hat und besser geworden ist, weil neue Ströme spiritueller Energie, wie schwach sie auch sein mögen, in uns eingeströmt sind, haben wir oft das starke Gefühl, dass das Leiden und der Schmerz, die wir durchmachen, „unverdient" sind. Für den „neuen Menschen", der wir in der späteren Inkarnation geworden sind, sind sie es auch tatsächlich. Nicht dieser „neue Mensch“ hat die Fehler begangen, die üblen Taten vollbracht, das selbstsüchtige und vielleicht unwürdige Leben des „alten Menschen“ gelebt. Folglich ist das Karma des „neuen Menschen“ in der gegenwärtigen Inkarnation – dessen Charakter sich veredelt hat, dessen spirituelle Energie zugenommen hat, der eine umfassendere gedankliche Reichweite hat und der Leid und Schmerz erdulden muss – streng genommen nicht sein Karma. Jedoch ist es eng mit dem Karma des „alten Menschen“ verbunden, weil es strenge karmische Gerechtigkeit ist, die auf die kausalen Tätigkeiten des „alten Menschen“ folgt, der er war, der er aber nun nicht mehr ist, da er der „neue Mensch“ geworden ist.

Das folgende Beispiel mag als Erläuterung dienen: Ein junger Mann begeht mit zwanzig Jahren ein Verbrechen. Es gelingt ihm, dieses erfolgreich zu verbergen. Indem er zur Reife heranwächst und durch die Stufen von dreißig, vierzig, fünfzig und sechzig Jahren hindurchgeht, verändert sein reinkarnierendes Ego durch das ständige Einströmen einer größeren Flut seiner eigenen monadischen Weisheit und Intelligenz in sein Gehirngemüt fortschreitend sein Leben zum Besseren hin. Bereits in seinem sechzigsten Lebensjahr ist er in seiner Gemeinde nicht nur als guter Mensch, sondern auch als ehrenwerter Bürger, liebevoller, treuer Vater und Freund und im Großen und Ganzen als Beispiel eines aufrechten Menschen bekannt. Dies geschieht, weil sich seine „Seele“ in einem umfassenderen Maße inkarniert hat.

In seinem sechzigsten Lebensjahr wird sein Verbrechen, veranlasst durch irgendeine karmische Ursache, bekannt. Er sieht alles, was ihm lieb war, einstürzen. Sein Ruf steht auf dem Spiel. Seine Freunde und seine Familie sind stark betroffen, und er selbst leidet die Qualen eines Verdammten. Ist dieser Sechzigjährige nun mit dem neu inkarnierten Sinn für Moral, dem erweiterten Herzensleben und dem Empfinden eines Kameradschaftsgefühls Anderen gegenüber verantwortlich für das Verbrechen des launischen, eigenwilligen und quasi unwissenden Jugendlichen von zwanzig? Menschliche Rechtsprechung sagt „Ja". Die Theosophie hingegen sagt „Nein", jedoch mit einer kleinen Einschränkung: In diesem Fall macht der „neue Mensch" „unverdientes Leiden" durch für die Sünde des unglücklichen, gedankenlosen „alten Menschen", die er mit zwanzig Jahren verübte.

Selbst menschliche Gerechtigkeit, so schwankend und schwach sie auch ist, erkennt zumindest einen Teil dieser Wahrheit an. Nur wenige Richter und Durchschnittsgeschworene würden die gesetzliche Strafe für den Sechzigjährigen fordern, die für den Zwanzigjährigen angemessen und dem Gesetz nach gerecht gewesen wäre. Der Hauptpunkt ist hier, dass der Sechzigjährige nicht derselbe ist wie der Zwanzigjährige, wenn auch das reinkarnierende Ego von der Geburt bis zum Tode dasselbe ist. Das reinkarnierende Ego erleidet, karmisch gesprochen, Vergeltung durch das Leiden, das von dem Zwanzigjährigen verursacht wurde.

Übertragen wir die Schilderung auf das reinkarnierende Ego bei seinem Durchgang durch mehrere Geburten. In jedem neuen Erdenleben, in jeder neuen Reinkarnation, ist der „neue Mensch", obgleich er das karmische Kind des „alten Menschen" des vergangenen Lebens ist, dennoch die „neue" Wesenheit, in die von der Monade mehr Weisheit und Licht einströmt, in welch geringem Grade dies auch geschehen mag. In einem früheren Leben ihres reinkarnierenden Egos wurde irgendein schreckliches Verbrechen von dem „Menschen" jenes Lebens begangen, dessen karmische Ursachen anhalten. Erst in der vierten Reinkarnation danach, um ein Beispiel zu nennen, sieht sich der „neue Mensch" dieser vierten Wiedergeburt unter den Handlungen Anderer unerklärbar leiden, und er kann in alledem keine kausale Gerechtigkeit erkennen. Die Leiden in dem vierten Leben sind für diesen „neuen Menschen" tatsächlich „unverdient", aber das reinkarnierende Ego ist der Sitz für die weit zurückliegenden Ursachen des „alten Menschen". Der „neue Mensch" leidet daher unter unverdienten Schwierigkeiten, Kummer und Not, deren Ursachen in einem großen Maßstab mehrere Leben vorher geschaffen wurden.

Das Grundprinzip dieses subtilen Gedankens ist an dem Beispiel eines wahren Mahâtman, eines menschlichen Halbgottes, erkennbar. Er ist die karmische Frucht des „alten Menschen" längst vergangener Leben. Sollte selbst dieser edle „neue Mensch" in seinem gegenwärtigen Leben Leiden irgendwelcher Art durchmachen, die der karmischen Frucht üblen Tuns des nun längst vergangenen „alten Menschen" zuzuschreiben sind? Kann gesagt werden, der Mahâtman trage in seinem derzeitigen Leben seinen Anteil karmischer Vergeltung ab, den er gemäß der unendlichen Gerechtigkeit der Natur „verdient" hat? Nein, auch wenn dies tatsächlich karmisch bedingt ist – und niemand kennt die hierin liegende Gerechtigkeit besser als dieser große „neue Mensch". Dennoch beging nicht der Mahâtman die Torheiten und Schlechtigkeiten seines karmischen Vorfahren längst vergangener Zeiten, des „alten Menschen", der er war.

Das gegebene Beispiel wurde absichtlich übertrieben, um den Kernpunkt dieses subtilen Gedankens klar und anschaulich herauszuschälen. Der Unterschied zwischen dem Mahâtman, der er jetzt als der „neue Mensch" ist, und dem, was er in längst vergangenen Inkarnationen als der „alte Mensch" war, ist so selbstverständlich, dass selbst bei demjenigen Leser, der dies nur flüchtig oder oberflächlich studiert, die Aufmerksamkeit gefesselt wird. Das Beispiel ist übertrieben im Hinblick darauf, dass der Mahâtman jene niederen Reaktionen karmischen Schicksals als „unverdientes Leiden" durchmacht, die für den normalen Menschen so geläufig sind. Tatsächlich aber ist es nicht übertrieben, sondern eher untertrieben, wenn die unverdiente, ungeheure Last karmischer Verantwortung in Betracht gezogen wird, die die gesamte Hierarchie des Mitleids, die von den Buddhas des Mitleids angeführt wird, freiwillig zum Wohle der Menschheit auf sich nimmt.

Diese erhabene Wahl ist der spirituellen und intellektuellen Schulung dieser Großen zuzuschreiben. Ihre Schulung hat sich über viele vergangene Leben erstreckt und ist sozusagen auf den angehäuften karmischen „Verdienst" vieler kleiner Entscheidungen zurückzuführen, die in jenen vergangenen Leben getroffen wurden, um sich mit der Lichtseite der Natur, der Hierarchie des Mitleids, zu verbinden. So ist in einem anderen Sinn, ja fast im umgekehrten Sinn, wenn von „unverdientem Leiden" die Rede ist, dieses Gebundensein einer großen Seele an karmische Verantwortung – die sich vielleicht während vieler Leben wiederholter Inkarnationen zum Wohle der Menschheit entwickelt hat – seinem Ursprung nach dennoch karmisch. Das Karma ist jedoch „unverdient", weil der Verzicht auf jeglichen individuellen Fortschritt seitens des Mahâtmans zum Wohle der Menschheit keinem Fehler oder Mangel des Charakters zuzurechnen ist, sondern allein den erhabenen Intuitionen unendlichen Mitleids. Hier ist der Unterschied zwischen den Pratyeka-Buddhas und den Buddhas des Mitleids deutlich zu erkennen, und er sollte sorgfältig beachtet werden.

V

Es gibt demzufolge kein unverdientes Leiden außer in dem aufgezeigten Sinn. Nichts, was uns je widerfährt, ist ungerecht in dem Sinne, dass es nie kausal erzeugt worden wäre. Das Wort „unverdient" kann daher im vorliegenden Zusammenhang nicht in dem althergebrachten Sinn angewandt werden. Karma wird niemandem von einer außenstehenden Kraft auferlegt, ob diese außenstehende Kraft „Gott" oder „Natur" genannt wird oder ob sie der gänzlich irrigen Idee der Fatalisten zugeschrieben wird, es existierten Glück oder Zufall. Es gibt nichts „Unverdientes" im Sinne dieser drei Ansichten, die ja besagen, es gäbe keine dem Menschen innewohnende erzeugende Ursache. Entspräche diese Vorstellung der Tatsache, könnten wir uns in keinem Augenblick in unserer Existenz sicher fühlen, denn im nächsten Augenblick könnten wir uns in schrecklich ungerechten, disharmonischen und schlimmen Verhältnissen befinden, die wir niemals in der Vergangenheit verursacht haben. Somit wären wir in ein unerklärliches Geschick verwickelt, in das uns eine außenstehende Kraft mit der grausamen Geißel, die das Schicksal dann wäre, hineingepeitscht hätte.

Es sollte zudem nicht außer Acht gelassen werden, dass es verschiedene Arten von Karma gibt, denen alle Wesenheiten und Geschöpfe in der universalen Natur mehr oder weniger unterworfen sind. So gibt es zum Beispiel das eigene individuelle oder persönliche Karma, das Familienkarman, das nationale Karman, das Karman unserer Erde und das Karman, das unseren Planeten als einen der sieben Planeten des Sonnensystems beeinflusst, die zusammen eine Familie bilden. Das Sonnensystem wiederum ist ein Bestandteil unseres Heimatuniversums, der Milchstraße, und so geht es weiter ad infinitum: Alles ist die wunderbare Betätigung von Wirkung und Rückwirkung, von Wirkung und Wechselwirkung zwischen und unter allen Wesenheiten, die mit den Gesetzen und Tätigkeiten sowie mit der Struktur des Universums unauflöslich verbunden sind. Sie alle wirken aufeinander ein, sind miteinander verwoben und beeinflussen sich gegenseitig – ein wahrhaft wunderbares Bild!

Jeder Mensch hat natürlich sein eigenes individuelles Karma, doch ebenso untersteht er gleichermaßen auch dem Karman seiner Nation. Hierin liegt zumindest zum Teil der Schlüssel zu dem sogenannten „teilweise unverdienten Karma". Das individuelle Karma veranlasst einen Menschen dazu, in einer besonderen Nation zu einer besonderen Zeit zu inkarnieren, wodurch er allen verwickelten Umständen und allen Ereignissen der Nation unterworfen ist, von der er einen sehr kleinen Teil bildet. Hierdurch wird er in einen größeren Schicksals- und Tätigkeitsablauf gedrängt. Sein Karma wäre sicherlich anders beschaffen, hätte ihn sein individuelles Karma oder Schicksal zu irgendeinem anderen nationalen Bereich geführt. So wird er von dem Strom der Umstände – wenn auch letzten Endes aufgrund seiner eigenen Saat karmischer Ursachen – zusammen mit dem Karman der Nation, von der er jetzt einen Teil bildet, mitgerissen. Es bricht zum Beispiel eine Flut, eine Hungersnot oder ein Erdbeben über seine Heimat oder das Land, in dem er lebt, herein.

Viele Tausend Menschen kommen bei der Katastrophe um. Was ist der Grund für die Schicksale, die Menschen, Familien oder Gemeinschaften in derartigen Fällen erleiden und dabei nicht nur ihr Eigentum, sondern vielleicht auch ihr Leben verlieren? In jedem Fall hat sich der Mensch, der sich in der entsprechenden Umgebung befindet, selbst dorthin gestellt. Es war die karmische Wirkung oder die Folge früherer karmischer Tätigkeit in diesem oder in einem anderen Leben – und diese Tätigkeit umfasst Gedanken, Wünsche, Instinkte, Gemütsbewegungen und Sehnsüchte.

Der Verlust an Leben, der durch Erdbeben und durch Flutwellen verursacht wurde, die von seismischen Aktivitäten begleitet sein können, ist oft erschreckend. Die folgenden Zahlen wurden aus einigen offiziellen Angaben über bedeutende Erdbeben zusammengestellt, die sich innerhalb der letzten Jahrhunderte ereignet haben. Der Verlust an Leben war nicht nur den Erdbeben selbst zuzuschreiben, sondern auch den sie begleitenden Gefahren wie Flutwellen und Feuer:[1]

Jahr	Ort	Opfer
Jan. 1693	Italien, Sizilien (Ätna) – Vulkanausbruch	60 – 70 000
Dez. 1703	Japan, Boso – Erdbeben	10 – 110 000
Dez. 1730	Japan, Hokkaido – Erdbeben	130 – 140 000
Nov. 1755	Portugal, Lissabon – Tsunami	30 – 70 000
Feb. 1783	Italien, Kalabrien – Erdbeben	30 – 40 000
Feb. 1797	Ecuador, Quito – Erdbeben	40 – 50 000
Aug. 1868	Ecuador, Ibarra und Peru, Arica – Erdbeben	40 – 100 000
Aug. 1883	Indonesien, Java, Krakatau – Tsunami	30 – 40 000
Juni 1896	Japan, Sanriku-Küste – Tsunami	25 – 30 000
Apr. 1902	Kleine Antillen, Mont Pelée – Vulkanausbruch	30 – 40 000
Dez. 1908	Italien, Sizilien, Messina – Tsunami	70 – 110 000
Jan. 1915	Italien, Avezzano – Erdbeben	30 – 40 000
Dez. 1920	China, Gansu – Erdbeben	180 – 200 000

[1] Die nachfolgende Tabelle wurde um aktuelle Zahlen ergänzt. Die Zahl der Todesopfer gibt lediglich einen Aspekt der Stärke des Bebens wieder, sie kann, wie besonders in jüngster Zeit deutlich wird, Folge einer Kettenreaktion anderer Naturkatastrophen sein (d. Hrsg.).

Sep. 1923	Japan, Kanto, Yokohama, Tokio – Tsunami	140 – 150 000
Mai 1935	Indien, Quetta (heute Pakistan) – Erdbeben	30 – 50 000
Jan. 1939	Chile, Chillan – Erdbeben	25 – 40 000
Dez. 1939	Türkei, Anatolien, Erzincan – Erdbeben	30 – 40 000
Okt. 1948	Turkmenistan, Asgabat – Erdbeben	100 – 120 000
Feb. 1960	Marokko, Agadir – Erdbeben	15 – 20 000
Mai 1970	Peru, Chimbote – Erdbeben	60 – 70 000
Juli 1976	China, Tangshan – Erdbeben	250 – 800 000
Sep. 1978	Iran, Tabas – Erdbeben	20 – 30 000
Sep. 1985	Mexiko, Michocan – Erdbeben	10 – 50 000
Juni 1990	Iran, Rasht – Erdbeben	40 – 50 000
Aug. 1999	Türkei, Izmit – Erdbeben	15 – 20 000
Jan. 2001	Indien, Gujarat – Erdbeben	20 – 50 000
Dez. 2003	Iran, Bam – Erdbeben	30 – 40 000
Dez. 2004	Indonesien, Sumatra – Tsunami	220 – 250 000
Okt. 2005	Indien und Pakistan, Kaschmir – Erdbeben	40 – 80 000
Mai 2008	China, Sichuan – Erdbeben	70 – 90 000
Jan. 2010	Haiti, Port-au-Prince – Erdbeben	320 – 500 000
Mrz. 2011	Japan, Tohoku – Tsunami	20 – 25 000
Apr. 2015	Nepal, Barpak – Erdbeben	10 – 15 000

Der Leser wird sich vergegenwärtigen, dass das Universum, weil es ein Aggregat von buchstäblich zahllosen Schicksalsgeweben ist, aus ungeheuer vielen aufeinander einwirkenden, miteinander verknüpften und untereinander vermischten großen wie auch kleinen Hierarchien zusammengesetzt ist. Jede dieser Hierarchien ist ein Individuum für sich, doch sie alle sind mit der Oberseele des Universums – unseres eigenen Heimatuniversums in diesem Beispiel – karmisch verbunden und in ihr eingeschlossen. Daher sind sie letzten Endes alle dem fundamentalen Swabhâva dieser Oberseele karmisch untergeordnet, mit anderen Worten dem charakteristischen kosmischen „Gesetz“ oder Gewebe von „Gesetzen“.

Da nun jeder von uns in seiner innersten Essenz mit der Oberseele des Universums identisch ist, so ist folglich auch die fundamentale Essenz unseres Wesens identisch mit der fundamentalen Essenz des

Universums. Ihr Ursprung ist der unsrige, ihr Schicksal ist das unsrige und ihre „Gesetze“ sind die unsrigen. Was daher in irgendeinem Teil des Universums vor sich geht, beeinflusst jeden anderen Teil ohne Ausnahme zu dessen Vor- oder Nachteil. In gleicher Weise wird ein krankes Herz, eine kranke Leber, ein krankes Gehirn, ja selbst ein verbrannter Finger oder eine kleine Verletzung am Fuß den gesamten Körper nachteilig beeinflussen, bis die Krankheit oder die Verletzung geheilt ist. Somit sind wir, ob wir es wollen oder nicht, bewusste oder unbewusste Mitarbeiter des Universums. Jeder erfreut sich seines eigenen Maßes an freiem Willen, und doch sind wir alle dem Universum, dem großartigen Schwingen seiner Harmonie und seiner kosmischen Impulse unterworfen, die aus dem edlen fundamentalen Klang und der Essenz unseres gemeinsamen Wesens aufsteigen.

Das, was der äußere oder Natur-Aspekt Karmans genannt wird, ist das stets höchste und meist vorrangige Wirken oder Tätigsein der Oberseele. Sie wirkt sowohl durch alle Dinge hindurch als auch von innen heraus. Auch wirkt sie sozusagen von außen auf uns herab aufgrund unserer ewigen und engen Vereinigung und Verbindung mit allen anderen nur möglichen Wesenheiten. Hieraus ist ersichtlich, dass sogenanntes „unverdientes Karma“ – ausgenommen jener Teil, der in vorhergehenden Abschnitten erläutert wurde – das ist, was wir durch die Einwirkung der Kräfte und Wesenheiten dieser Welt, in der wir leben, erleiden. In einem noch größeren Maßstab erfahren wir sogenanntes „unverdientes Karma“ durch die Einwirkung der Kräfte und Wesenheiten des uns umgebenden Universums, in dem wir uns bewegen, leben und unser Dasein haben. Seine fundamentale Essenz und seine fundamentale Harmonie sind unsere fundamentale Essenz und unsere fundamentale Harmonie.

Gemäß dem beschriebenen hierarchischen Grundprinzip leben wir innerhalb des vitalen und ätherischen wie auch psychischen, intellektuellen und spirituellen Lebens größerer, ja, weitaus größerer Wesenheiten, als wir es sind. Das bedeutet, dass wir ihnen innerhalb ihres eigenen weit ausgedehnten Bereichs kosmischer Denkweise und Tätigkeiten sklavisch folgen müssen. Genauso sind die Lebensatome, die unseren Körper bilden, gezwungen, den von uns vorgegebenen Richtungen zu folgen, ob sie wollen oder nicht. Sie müssen unserem persönlichen Willen folgen, wenn wir zum Beispiel unseren Standort von einer Stadt zu einer anderen wechseln oder in ein anderes Land umziehen, sie haben keine andere Wahl. Dennoch handelt es sich in keiner Weise um Fatalismus.

Während jedoch ein individuelles Ego in dem Leben, in dem es inkarniert ist, viel „unverdientes Leid" erfährt, erhält es auch mitmenschliche Hilfe. Diese entspringt dem Geiste intuitiven Mitleids und dem bewussten oder unbewussten Erkennen unserer gemeinsamen Bruderschaft und unserer spirituellen Quasi-Identität. Im Devachan erhält das Ego dann unfehlbar die ihm zustehende karmische Entschädigung für all die Prüfungen und das Leid, die es in dem beendeten Leben erfahren hat.

Aufgrund der komplexen Konstitution des Menschen, die geistig-göttliche, spirituelle, intellektuelle, psychische, astrale und physische Teile umfasst – und gerade deshalb, weil er eine zusammengesetzte Wesenheit ist –, wirkt das Bündel von Kräften und Substanzen, die den Menschen ausmachen und seine Konstitution bilden, oft sozusagen in zeitweilig disharmonischer Weise. Diese Disharmonie verursacht scheinbar unverdientes Leiden, da sie aus früheren Zeiten stammt und somit streng genommen nicht das Karma der jetzt verkörperten Wesenheit oder Kshetrajña ist. Könnte eine Analyse letzter Ursachen und Wirkungen richtig vollzogen werden, käme man trotz alledem logischerweise wieder zu der Erkenntnis, dass es der Mensch selbst ist, das heißt seine zusammengesetzte Konstitution, die diese Leiden verursacht, da das Karma eines Menschen der Mensch selbst ist. Das Karma einer Wesenheit ist die Wesenheit selbst, und zwar in jedem Augenblick bis ins Unendliche – in Vergangenheit, Gegenwart und Zukunft, den drei Zeitabschnitten, die sich in einem ewigen JETZT vereinigen.

Dieselbe philosophisch subtile und logisch so vollkommene Idee hatte auch der Verfasser des Römerbriefes (siehe *Römer* 7 – 8) im Sinn (hier sinngemäß wiedergegeben): „Ich tue nicht das, was ich tun sollte, sondern ich tue das, was ich nicht tun sollte. Herr, gib du mir Wohlergehen." Diese Worte, wenn richtig verstanden, enthalten den Kern der Idee und ebenfalls den Kern des Christus-Mysteriums. Er ist wirklich sehr subtil, und wir müssen versuchen, unser Denken zu verfeinern und bloße Worte oder Lehren nicht zu wörtlich zu nehmen. Eine weitere Illustration mag helfen, die Idee zu verdeutlichen: Im Menschen ist eine spirituelle Wesenheit vorhanden, nennen wir sie den inneren Buddha oder den immanenten Christus. Ebenfalls ist im Menschen eine menschliche Wesenheit vorhanden, nennen wir sie die menschliche Seele. Nun wird die Christus-Wesenheit, die durch die menschliche Wesenheit hindurch wirkt, diese tatsächlich auch in schwierige Situationen bringen, damit sie durch Leid lerne. Die rein menschliche Wesenheit trug dennoch zur Verursachung des Leids bei, teils bewusst, teils unbewusst durch ihre eigene Haltung und durch unpersönliche Sehnsucht nach Wachstum, jedoch wählte sie selbst das Leid nicht selbstbewusst aus. Die Folgen sind für die rein menschliche Wesenheit in vielen Fällen streng genommen unverdient, doch ist es letzten Endes zu ihrem Besten. Dies ist nicht allein auf das Wirken des immanenten Christus oder des inneren Buddhas zurückzuführen. Ihr Wirken wird erst möglich, wenn die menschliche Wesenheit – als wäre sie blind wie ein Kind, das im Dunkeln tastet – nicht in der Position eines Vehikels steht, das als Vermittler oder Überträger der spirituellen und unpersönlichen Impulse dient. Diese Impulse sind es, die die Tätigkeit der immer wachsamen und nie irrenden karmischen Gesetze erwecken. Karman wirkt auf beiden Seiten. Diejenigen, die nur eine Seite dieser Gleichung sehen, werden „unverdient" sagen, da die menschliche Wesenheit leidet, weil die Göttlichkeit durch sie hindurch wirkt. Jene, die nur die andere Seite sehen, sagen: nein, völlig „verdient", weil die menschliche Wesenheit selbst tätig war. Beide Ansichten sind teils richtig, teils falsch. Die Lösung dieses subtilen Problems liegt in der Verbindung beider Ansichten – und der Erkenntnis, dass sie lediglich zwei Seiten eines Bildes sind.

Kehren wir nun das Bild um, das die Grundlage des christlichen theologischen Systems bildet. Dieses wurde ungefähr seit der Zeit des Todes des Avatâra Jesus schrecklich missverstanden: Danach verursacht der Mensch durch seine Unvollkommenheiten, seine Schwächen und seine absichtliche Wahl des Bösen und unvollkommenen Guten, dass der immanente Christus oder der innere Buddha in ihm fortgesetzt leidet und dadurch „unverdientes" Leid durchmacht. Dennoch wirkt der innere Buddha oder immanente Christus in seinem unsagbaren Mitleid zum Besten des Menschen freiwillig als sein Rettungsanker. Er tut dies zum Segen und zum Wohl des unvollkommenen menschlichen Instrumentes, das er überwacht und durch das er wirkt.

Diese beiden sehr geheimnisvollen und wunderbaren Vorgänge spielen sich ständig in uns ab. Hierin liegt wiederum ein Grund dafür, warum unser Karma so verwickelt und kompliziert ist und warum ein Philosoph der einen Schule, der lediglich einen einzigen Lichtstrahl empfängt, obwohl es viele Strahlen gibt, von Fatalismus spricht, während der Philosoph einer anderen Schule, der ebenfalls nur einen einzigen Lichtstrahl auffängt, von einem völlig freien Willen und einem fast inaktiven kosmischen Gesetz spricht. Beide Philosophen haben bis zu einem gewissen Grade gleichzeitig Unrecht und Recht. Der Mensch wirkt durch wesentlich mehr als durch seinen unvollkommenen menschlichen Willen und durch seine Intelligenz, weil er ein zusammengesetztes Wesen ist. Als innerer Kern seines Wesens wirkt durch ihn hindurch die unbeschränkte und majestätische Kraft des brâhmischen Âtman, die relativ gänzlich freien Willen und relativ vollständige Weisheit von kosmischem Charakter in sich schließt. Diese âtmische Kraft ist es, die dem Menschen so viel freien Willen gibt, wie er bis jetzt unvollkommen entfaltet hat; so viel entwickelten und relativ unbehinderten Verstand, wie er jetzt besitzt, und einen solchen Spielraum an Urteilsvermögen, Reichweite und Sicht des Genius, wie durch ihn hindurch wirken kann. In allen Fällen wird diese Kraft jedoch durch das unvollkommen entwickelte niedere Wesen des Menschen, das sein Gehirn, seine Gefühle, seinen Astralkörper und so weiter umfasst, gehindert und gelähmt.

Die Worte „unverdient“ und „verdient“ dürfen daher nicht zu wörtlich genommen werden. H. P. Blavatsky und ihre Lehrer lehrten die Lehre von Karman vom buddhistischen Standpunkt aus, weil sie im Buddhismus vielleicht am besten ausgearbeitet wurde und daher für westliche Gemüter am leichtesten zu verstehen ist – so schwierig sie auch ist. Der buddhistische Standpunkt muss erfasst werden, um die Worte „unverdient“ und „verdient“ verstehen zu können. Die buddhistische Lehre besagt, dass jeder Mensch in jedem Augenblick seiner Existenz nur die karmische Frucht des vorhergehenden Augenblicks sowie aller vorhergehenden Augenblicke ist; dass er nur das Resultat der karmischen Folgen des vorangehenden Augenblicks sowie aller vorangehenden Augenblicke ist. Dass ferner jeder Augenblick und *a fortiori* (erst recht) jedes neue Erdenleben einen „neuen Menschen“ hervorbringt mit „neuem“ Zuwachs an Intelligenz, Willen, Urteilskraft, Unterscheidungskraft und Gewissenhaftigkeit wie auch an Bewusstheit, sodass in jedem neuen Erdenleben ein „neuer Mensch“ erscheint, der anders ist als der „alte Mensch“ des letzten vorhergehenden Erdenlebens; dennoch ist er das karmische Kind oder Produkt jenes letzten Erdenlebens und der vorhergegangenen Erdenleben. So kommt es, dass ein Mensch in jedem Augenblick der langen Reihe von Verkörperungen das Karma aller vorhergehenden Verkörperungen ist. Folglich ist der Mensch in jedem Augenblick seiner langen Pilgerfahrt sein eigenes Karma.

In einer alten buddhistischen Schrift, *Dhammapada* genannt, sind die folgenden Worte Buddhas, des Herrn, enthalten:

> Alles, was wir sind, ist das Resultat dessen, was wir gedacht haben: es gründet sich auf unsere Gedanken, es besteht aus

> unseren Gedanken. Wenn ein Mensch mit bösen Gedanken spricht oder handelt, folgt ihm der Schmerz, wie das Rad dem Fuße des Ochsen folgt, der den Wagen zieht.
>
> Alles, was wir sind, ist das Resultat dessen, was wir gedacht haben: es gründet sich auf unsere Gedanken, es besteht aus unseren Gedanken. Wenn ein Mensch aufgrund eines reinen Gedankens spricht oder handelt, folgt ihm das Glück wie ein Schatten, der ihn nie verlässt.
>
> Kap. I, Vers 1 – 2

Dies sind die überlieferten Worte des edelsten Weisen und Sehers historischer Zeiten. In diesen wenigen gehaltvollen Sätzen liegt – sofern man in der Lage ist, sie zu entschleiern – die Offenbarung dessen, was Karman in all seiner majestätischen und geheimnisvollen Vielfältigkeit ist.

Wird ein Mensch wie zufällig von einer Lawine begraben, denkt er, bevor er stirbt, in seiner Unwissenheit: Ach, was für ein trauriger, unverdienter Tod! Dies ist vom Standpunkt jenes „Körpers" aus ganz richtig, da der Körper den Tod nicht verursacht hat. Aber das Ego, das reinkarnierende Ego als Kette unausweichbarer karmischer Ursache und Wirkung, die von allen vorhergehenden Leben ausgeht und durch diese hindurchläuft, brachte jenen „Körper" zu der entsprechenden Zeit zu der Stelle, an der ihn die Lawine begrub. Das Ego ist in seiner eigenen Sphäre, in der physischen Sphäre der Manifestation, quasi-allmächtig und brachte somit karmisch den Tod seines eigenen Körpers zuwege.

Diese Illustration sollte jedoch nicht dahingehend missverstanden werden, als bedeute sie, das reinkarnierende Ego hätte Freude daran, den Körper, durch den es wirkt, zu zerstören. Eine derart falsche Auffassung wäre nicht nur lächerlich, sondern, was weitaus schlimmer ist, unmoralisch. Die spirituelle Monade, die durch das reinkarnierende Ego hindurch wirkt, ist ein Diener des kosmischen Gesetzes und ein Vermittler seiner geheimnisvollen und verwickelten

Wirkungsweisen. Sie handelt streng nach dem, was für alles innerhalb der Sphäre ihrer eigenen wirksamen Tätigkeit letzten Endes am besten ist. Ebenso mag es ein Mensch nach seiner eigenen Wahl für nötig halten, sich ein Körperglied amputieren zu lassen.

VI

Karman ist kein Fatalismus, weil das, was auch immer einem Menschen in jedem Augenblick zustößt, das strikte karmische Resultat der eigenen Wahl des reinkarnierenden Egos in diesem, einem anderen oder in anderen Leben ist, auch wenn der „Mensch" dies nicht weiß und sich nicht vergegenwärtigen kann; daher kann für diesen „Menschen" ein Ereignis zu Recht „unverdient" genannt werden. Auch wirkt Karman nicht von außerhalb auf uns ein, während wir, Geschöpfe eines unbehinderten und absolut freien Willens, aufgrund dieser falschen Auffassung unseren Kopf ständig gegen das uns umgebende Universum stoßen, etwa wie eine Fliege, die gegen ein Fenster stößt und hinauszukommen versucht. Diese Auffassung ist gänzlich irrig und entspricht nicht der Bedeutung von Karman. Natürlich leiden wir durch die Fehler Anderer und oft auf „unverdiente" Art und Weise, aber in dem bereits erklärten Sinn. Wir befänden uns jedoch nicht in der Lage, irgendwann oder irgendwo durch Fehler Anderer zu leiden, hätten wir dieses Karma nicht selbst kausal zuwege gebracht. Karmische Anziehung zog uns zu dem entsprechenden Milieu hin. In dem vorher erklärten Sinne können wir die Leiden tatsächlich „unverdient" nennen, da die jetzige Inkarnation, der jetzige Körper, die jetzige *astrale Monade* sie nicht selbst zuwege gebracht hat, aber das reinkarnierende Ego hat ursprünglich die Ursachen eingeleitet, und dies brachte das Ego bei dessen Geburt in diese neue Umgebung auf Erden. Daher ist alles, was auch immer wir in unserem jetzigen Leben erleiden, letzten Endes karmisch bedingt, da wir selbst es sind. Karma kommt zu uns und ergreift uns als Freude oder

Schmerz, weil wir selbst diese Freude oder diesen Schmerz erfahren. Wäre es nicht unser Karma, könnten wir diese Freude oder diesen Schmerz nicht erleben. Die Ereignisse oder Umstände würden unerkannt und ungefühlt an uns vorüberziehen, geradeso wie ein Mensch über eine Ameise gehen mag, die zu ihrem Nest läuft, aber nichts von dem Halbgott, der über sie hinwegschreitet, weiß; der Mensch geht aber dennoch über die Ameise hinweg.

Wird die Tatsache berücksichtigt, dass der Mensch ein untrennbarer Teil des Universums ist, der die Unendlichkeit als seinen eigenen Wesenskern enthält und mit großer Unvollkommenheit auf verschiedenen Plänen als Vehikel existiert, werden sich die Probleme von Karman zum großen Teil von selbst lösen. Die Frage des sogenannten „unverdienten" oder „verdienten" Leidens oder Glücks erweist sich in Wirklichkeit als eine unglückliche Wortklauberei, die einem Missverstehen der Lehre entspringt.

Zu Beginn des Studiums kann Karman nicht in all seinen außerordentlich tiefen, ja kosmisch unermesslichen Bereichen verstanden werden, doch sollte die allgemeine Lehre in ihrem weiten Umriss verstanden werden. Wir weben das Gefüge unseres eigenen inneren und äußeren Wesens, wodurch wir uns in unser eigenes individuelles Schicksalsgewebe verstricken, das unser zukünftiges Selbst ist. Im absoluten Sinn ist niemand aufgrund unserer Sorgen zu tadeln, und niemand ist verantwortlich für unsere Freuden, nur wir selbst. Dies bedeutet, dass jede mit Willen und Intelligenz begabte tätige Wesenheit, jede Monade, einer der Erbauer des Universums selbst ist. Daher ist sie einer der Schöpfer der harmonischen Einstimmigkeit im Universum, die in ihrem ungeheuren Aggregat die Struktur der universalen Natur bildet oder, mit anderen Worten, die Natur der Dinge, so, wie sie sind.

Wenn wir unsere eigenen inneren spirituellen Fähigkeiten und Kräfte aus unserem Inneren heraus entwickelt haben, sodass sie in unserem Leben wirksam werden und wir unseren Willen selbstbewusst anwenden können, dann haben wir den edelsten Teil des Schicksals, das vor uns liegt, erreicht – zumindest für dieses Manvantara. Wir sind dann eins geworden mit dem Universum, in dem wir uns bewegen, leben und unser Dasein haben.

Doch wir bleiben dort nicht für immer stehen. Jenseits davon liegen immer neue Schicksalsgefilde. Sie sind verschleiert in dem magischen Licht der Zukunft, das einen noch helleren Glanz verbirgt als den, den wir bis jetzt erkennen können. Das Leben ist endlos; die Evolution verläuft ohne Ende, da sie ohne Anfang ist. Als evolvierende und revolvierende und sich ständig entwickelnde Monaden steigen wir immer höher und höher auf den wunderbaren Pfaden des Schicksals.

Die Schicksalsgewebe in ihrem ungeheuren Aggregat sind das Universum selbst. Die individuellen Gewebe bilden jenes Universum und sind somit im wahrsten Sinne des Wortes in ihrem Ursprung dasselbe und in ihrem Schicksal identisch und essenziell eins mit ihm. Sie geben dem Universum, das durch Evolution wächst, die unbeschreibliche Schönheit des sich in Mannigfaltigkeit immer entfaltenden Mysteriums, das wir das kosmische Leben nennen.

Kapitel 5

Himmel und Höllen – I

Theosophie ist weder eine Philosophie des Pessimismus, noch lehrt sie irgendetwas, das dem Menschen Angst oder Verzweiflung bringt. Sie erklärt vielmehr die Natur des Universums und alles in ihm Enthaltene. Aus diesem Grunde wirft sie ein erhellendes Licht nicht nur auf die Natur des Menschen, seinen Ursprung und seine Bestimmung, sie enthüllt ebenfalls vieles aus seiner längst vergangenen Geschichte. Diese Geschichte umfasst sowohl die Früchte menschlicher Tätigkeit, die den Charakter von Zivilisationen prägen, als auch das Wirken der höheren menschlichen Natur, das die großen Weltreligionen und Weltphilosophien alter Zeiten hervorgebracht hat.

Theosophie fördert die Unterscheidungsfähigkeit und führt zu der Erkenntnis, dass hinter den Hauptlehren der großen Weltreligionen und Weltphilosophien eine ihnen allen gemeinsame Grundwahrheit liegt. Aus dieser Grundwahrheit, der theosophischen Tradition, die das Thema des vorliegenden Werkes bildet, wurden von den Gründern der philosophischen und religiösen Systeme, den großen Weisen der Zeitalter, edle Gedankensamen entnommen und den philosophischen und religiösen Systemen eingepflanzt.

Bei Prüfung der alten religiösen und philosophischen Systeme wird außerdem sehr bald erkennbar, dass diese ursprünglich getreuen Echos der archaischen Weisheit der Götter im Laufe der Zeit mehr oder weniger entstellt wurden und von ihrer ursprünglichen Bedeutung abgelenkt wurden. Dies ist ein Beispiel für die auch sonst überall in der Geschichte erkennbare Tatsache, dass alles, was menschlicher Herkunft ist, so großartig es anfänglich auch war, infolge der Schwachheit menschlichen Verstehens und Wollens dem Alterungsprozess, dem Verfall und schließlich der Vergessenheit anheimfällt.

Diese Tatsache wiederholt sich in der Geschichte fast ausnahmslos: War einer der großen Weisen, der einem bestimmten Volk die neualte, alt-neue Botschaft von der spirituellen Befreiung gebracht hatte, aus dem Leben geschieden, so waren ihre Nachfolger Menschen mit geringeren spirituellen und intellektuellen Fähigkeiten. Sie waren entweder weniger geschult als ihre Vorgänger oder sogar ungeschult, sodass sie weniger stark von der Weisheit der Zeitalter und dem Geist der Erkenntnis geleitet wurden. Die Folge war Degeneration. Durch das Abweichen von der alten, ursprünglichen Wahrheit enthalten die meisten Religionen oder Philosophien zuletzt größtenteils nur noch eine Anzahl anerkannter und allgemein akzeptierter oder auch abgelehnter Formeln religiösen, vielleicht auch quasi-philosophischen Charakters. Ihren ehemals tiefgehenden Appell, der die Herzen der Menschen und ihr Gemüt ergriff, und den machtvollen moralischen Einfluss, den sie einst ausübten, haben sie in einem sehr hohen Maße verloren.

Als natürliche Folge der Degeneration, die ein wachsendes Missverstehen der fundamentalen Lehrsätze der betreffenden Systeme in sich schließt, sind die inneren oder spirituellen und sehr wichtigen Bedeutungen der meisten ihrer ursprünglichen Lehren oder Grundprinzipien in Vergessenheit geraten. Was also einst als Naturtatsache verstanden und erkannt wurde, ist allzu oft zu einer theologischen Doktrin oder Lehre verfallen, die nicht nur nicht mehr mit den Ereignissen des menschlichen Lebens im Einklang steht, vielmehr wurde sie auch um ihren Appell an die intellektuelle und ethische Natur des Menschen beraubt.

Unter diesen Lehren der archaischen Religionen und Philosophien stand an erster Stelle jener Teil der jeweiligen Theologien, der die zusammengesetzte Natur des Menschen und dessen Schicksal nach der Auflösung des physischen Körpers schildert. Insbesondere aufgrund der unvermeidlichen Tendenz derartiger Systeme, zu degenerieren und den Einfluss auf Herz und Gemüt der Menschen zu verlieren, wurden in fernen Zeitaltern jene geheimen und sorgfältig gehüteten Ausbildungszentren eingerichtet, die später als Mysterienschulen bekannt waren. In diesen Schulen wurden in jedem Land, in jedem Volk die Geheimnisse des Lebens und der Bestimmung des Menschen jenen gelehrt, die als qualifiziert und würdig befunden wurden, Empfänger dieses tiefgehenden Systems von Lehren zu sein. Sie mussten sich nicht nur als würdig und qualifiziert in Bezug auf intellektuelle Fähigkeiten erweisen, sondern ebenso sehr ein hoch entwickeltes moralisches Gespür besitzen. Es könnte eine faszinierende, ja, ergreifende Geschichte über Ursprung, Führung und die Schließung dieser Mysterienschulen in jedem Land geschrieben werden. Der Verfasser dieses Buches wünscht sich, eines Tages, wenn Zeit und Kraft es erlauben, eine Abhandlung hierüber schreiben zu können, um damit einen einführenden Beitrag zu leisten, der der Geschichtsforschung als eine stimmige und logische Abfassung der Geschichte zu diesem sehr schwierigen Thema dienen möge. Schon H. P. Blavatsky hatte dies im Sinn. Ihr Wunsch war es, ihr großes Werk *Die Geheimlehre* um Band III und IV zu erweitern, aus verschiedenen Gründen blieb ihre Absicht jedoch unausgeführt, und diese beiden Bände erschienen nicht.[1]

I

Jedes Volk auf Erden, vom höchsten zivilisierten bis zum unkultiviertesten, und zwar sowohl in der Gegenwart als auch in der Vergangenheit, hat oder hatte eine Sammlung von Lehren oder Glaubenssätzen in Bezug auf das nachtodliche Schicksal der menschlichen „Seele". Diese Glaubensinhalte umfassen zwei allgemeine Formen: zum einen nachtodliche Belohnung oder vergeltender Ausgleich für ein auf Erden gutes und in hohem Grade moralisch geführtes Leben und zum

[1] Band III der späteren Ausgabe von *Die Geheimlehre* ist eine Zusammenstellung von H. P. Blavatskys schriftlichem Nachlass, bei Band IV handelt es sich um den Index (d. Hrsg.).

anderen Bestrafung, Vergeltung oder ausgleichende Gerechtigkeit für ein auf Erden übel gelebtes Leben. Diese beiden Zustände oder Bedingungen der sogenannten „Seele" nach dem Tode werden – wie praktisch universell angenommen wird – in entsprechenden charakteristischen oder korrespondierenden Sphären zugebracht, die für die erste Klasse exkarnierter Seelen „Himmel" und für die zweite Klasse entkörperter menschlicher Wesen „Hölle" genannt werden. Die Vorstellungen in Bezug auf das nachtodliche Schicksal dieser beiden Klassen exkarnierter Menschen variieren stark, sowohl was die Arten vergeltender Belohnung oder vergeltender Strafe als auch was die Länge der Dauer betrifft, die diesen beiden Arten nachtodlicher Existenz zugeschrieben wird. Die Vorstellungen in Bezug auf Lage oder Örtlichkeiten, wo sich die sogenannten „Himmel" oder „Höllen" vermutlich befinden, variieren ebenfalls in den verschiedenen religiösen und philosophischen Systemen. Dennoch bestehen gewisse sehr auffallende und starke Ähnlichkeiten unter allen diesen differierenden Vorstellungen, und in vielen Fällen gehen diese Ähnlichkeiten in Übereinstimmung oder nahezu in Übereinstimmung über.

Wie schon gezeigt, haben die vielen und verschiedenartigen Vorstellungen oder Lehren in Bezug auf die sogenannten Himmel und Höllen in nahezu allen Religionen und in fast allen Philosophien das traurige Schicksal der Degeneration erlitten. Sie wurden fast ohne Ausnahme zu stark ausgeschmückten Missdeutungen der ursprünglichen Lehre herabgewürdigt, die zunächst von dem großen Gründer eines jeden Systems verkündet und zumindest teilweise gedeutet worden war bei dem Versuch, den Menschen die unausbleiblichen Resultate schlechten Lebens einerseits und eines guten und moralisch geführten Lebens andererseits zu erklären. Alle diese Abänderungen der ursprünglichen Lehren wurden im Laufe der Zeit wörtlich genommen anstatt symbolisch und figürlich; und bei einigen Religionen haben diese buchstäblichen Missdeutungen den Menschen unaussprechliches Leid und Elend gebracht.

Andererseits waren es die ursprünglichen Bedeutungen, die sich hinter den vielen Missdeutungen verbargen und weltweit die Menschen vergangener Zeiten inspiriert und angeregt haben. Von großer Tragweite ist es daher, nach diesen ursprünglichen Wahrheiten zu suchen, denn sie führen die Menschen nicht nur auf die Pfade der Rechtschaffenheit, sondern sie räumen auch mit vielfältigem Aberglauben auf. Sie rotten die abergläubische Furcht der Menschen aus und zerstreuen ihr angstvolles Denken; an deren Stelle treten Wissen und Hoffnung. Ursprüngliche Wahrheit ist grenzenlos, weil sie auf der Natur basiert. Daher ist sie unveränderbar, liegt allem zugrunde und ist so zeitlos wie die Natur selbst. Wahrheit hilft, Licht und Trost zu bringen sowie Verwirrung und religiöse Unsicherheit zu beseitigen.

Gleichzeitig mit dem Gewinn, den das Studium des tiefen ursprünglichen Wissens über die Himmel und Höllen mit sich bringt, erweitert und vertieft der Studierende sein Verständnis. Er gelangt zu der Erkenntnis oder Überzeugung, dass es in den Gesetzmäßigkeiten und Funktionen des Universums tatsächlich noch ungeheure Bereiche zu entdecken gibt, die der Mensch selbst, trotz seines unvollkommen entwickelten Denkvermögens, entschleiern kann. Es mag noch hinzugefügt werden, dass diese Bereiche der Naturwahrheiten bis zu den Grenzen der Möglichkeiten und Intelligenz des Forschenden gefunden werden können. Er benötigt einen wissbegierigen und unermüdlichen Verstand und einen unerschütterlichen und unpersönlichen Willen.

Die Veröffentlichung der Naturwahrheiten über die nachtodlichen Zustände dient auch dem Verständnis von Gerechtigkeit und ist somit eine wichtige Hilfe für Geist und Seele des Menschen, die sie von altem und modernem Aberglauben befreit. Jedweder Aberglaube lähmt durch unnötiges Erzeugen von Furcht das Bemühen, hinter Allegorie und Gleichnissen zu dem Kern ursprünglicher Aussagen vorzudringen. So wird den Gemütern der Menschen die fatale Vorstellung von der Ungerechtigkeit und Launenhaftigkeit der Natur eingeflößt.

Je weiter wir auf der Suche nach dem ursprünglichen Sinn und der Bedeutung dieser so faszinierend interessanten Lehren in Bezug auf „Himmel“ und „Höllen“ zeitlich zurückgehen, desto mehr nähern wir uns der ursprünglichen Formulierung der diesbezüglichen Naturwahrheiten, wie sie von ihrem Verkünder vorgetragen wurde. Je mehr wir uns hingegen unseren eigenen modernen Zeiten nähern, umso deutlicher werden die Degeneration und die beklagenswerten Auswirkungen, die sie auf die Menschen hatte und noch hat, und umso weiter entfernen wir uns von der ursprünglichen, primären Wahrheit.

Aller Wahrscheinlichkeit nach sind es nur die verschiedenen Formen der akzeptierten westlichen Religion – weil sie, relativ gesprochen, als Weltbewegung eine der beiden jüngsten ist –, die eine ewige Hölle lehren. Ihnen zufolge sind jene Menschen, die ihr *eines* Leben auf Erden übel gelebt haben, dazu bestimmt, die Ewigkeit hindurch in immerwährender Qual zu verbringen.

Das moderne sensible Gemüt wird sich mit wohlbegründetem Abscheu von den exoterischen religiösen Beschreibungen, die die Torturen und Quälereien der mutmaßlichen „Verdammten“ wiedergeben, abwenden. Dennoch sind die folgenden wenigen Zitate lehrreich und interessant. Sie geben wieder, was zwölf oder mehr Jahrhunderte hindurch die orthodoxe Anschauung über die Art der Peinigungen jener war, deren übles Tun während des Erdenlebens sie zu ewiger Verdammnis in „endlosem Feuer“ gebracht hat. Die folgenden drei Zitate sind typisch für derartige Ansichten.

Das erste Zitat gibt die Ansicht eines sehr orthodoxen englischen baptistischen Geistlichen wieder, des berühmten Spurgeon:

> Wenn du stirbst, dann wird allein deine Seele gepeinigt werden; das wird Hölle für sie sein. Aber am Tage des Gerichtes wird sich dein Körper mit deiner Seele vereinigen, und du wirst zwei Höllen erleben. Deine Seele wird Blutstropfen schwitzen und dein Körper von Todesangst durchdrungen sein. In wildem Feuer, dem gleich, das wir auf Erden haben, wird sich dein Körper befinden, asbestähnlich, ewig unverzehrt; alle deine Adern

> werden Wege sein, auf denen die Füße der Pein einhergehen; jeder Nerv wird eine Saite sein, auf welcher der Teufel für ewig seine diabolische Weise der unaussprechlichen Höllenklage spielt.

Ein weiterer Prediger und Zeitgenosse Spurgeons findet noch drastischere Worte für die Qualen der Hölle:

> Die Welt wird wahrscheinlich in einen großen See oder eine flüssige Kugel von Feuer verwandelt werden, darein die Schlechten versenkt werden und auf der immer ein Sturm herrschen wird, in dem sie hin und her gestoßen werden und Tag und Nacht keine Ruhe haben [...] Ihre Häupter, ihre Augen, ihre Zungen, ihre Hände, ihre Füße, ihre Lenden und ihre Organe werden für immer voll von glühendem, schmelzendem Feuer sein, das heftig genug ist, selbst Felsen und Elemente zu schmelzen. Auch werden sie stets mit dem lebhaftesten und lebendigsten Gefühl zur Empfindung der Qualen erfüllt sein, nicht für eine Minute, nicht für einen Tag oder ein oder zwei Zeitalter, auch nicht für zehntausend Millionen Zeitalter, eins nach dem anderen, sondern für immer und ewig.

Das dritte Zitat schließlich ist einem römisch-katholischen Buch für Kinder entnommen, das von dem hochwürdigen Priester Furniss verfasst worden ist:

> Der vierte Kerker ist der siedende Kessel. Horcht, da ist ein Ton, wie der eines siedenden Kessels. Das Blut siedet in dem verbrühten Gehirn jenes Knaben; das Gehirn siedet in seinem Kopfe und wirft Blasen; das Mark siedet in seinen Knochen. Der fünfte Kerker ist der rotglühende Ofen, in dem ein kleines Kind ist. Hört, wie es schreit, um herauszukommen; seht, wie es sich in dem Feuer dreht und windet; es stößt mit dem Kopf gegen das Dach des Ofens; es stampft mit den Füßen auf den Boden des Ofens.

Dies sind tatsächlich abergläubische Albtraumgeschichten – wenngleich sie von ernsthaften Männern herrühren. In welch einem Kontrast stehen sie zu der in allen großen archaischen philosophischen und religiösen Systemen enthaltenen Lehre über die nicht substanzielle Natur aller manifestierten Existenzen des einzig Wirklichen, die göttliche Grundlage und den göttlichen Hintergrund des kosmischen Lebens. Und diese Tatsache der Nichtstofflichkeit zeigt selbst ein so später Schriftsteller wie Shakespeare in folgender Stelle aus *Der Sturm,* 4. Akt, 1. Szene:

> [...] Diese unsere Spieler,
> wie ich Euch sagte, waren Geister und
> sind aufgelöst in Luft, in dünne Luft.
> Wie dieses Scheines lock'rer Bau, so werden
> die wolkenhohen Türme, die Paläste,
> die hehren Tempel, selbst der große Ball,
> ja, was daran nur teilhat, zergeh'n
> und, wie dies leere Schaugepräng' erblasst,
> spurlos verschwinden. Wir sind solchen Stoff's
> wie des der Träume, und dies kleine Leben
> umfasst einen Schlaf [...]
>
> (Nach der Übersetzung von A. W. Schlegel)

Doch während der dunklen Zeitalter und eines bestimmten Teiles der frühesten „modernen" Periode, bevor die Idee einer ewigen Hölle unpopulär wurde, hatte auch das westliche Christentum für lange Zeit ziemlich vage und unausgereifte Vorstellungen davon, dass „Hölle" nur ein verallgemeinender Ausdruck sei, was auch tatsächlich zutrifft. Die Vorstellung ging von verschiedenen Höllen unterschiedlicher Arten und Grade aus. Diese Kategorien seien mehr oder weniger passend für die verschiedenen Arten und Abstufungen menschlicher Seelen, die von unterschiedlicher Schlechtigkeit durchtränkt seien. Selbst noch zur Zeit des großen Dante, der im dreizehnten und vierzehnten Jahrhundert lebte, waren derartige Ideen mehr oder weniger vorherrschend und wurden allgemein angenommen, wie Dante selbst in seinem Meisterwerk *La Divina Commedia (Die göttliche Komödie)* zeigt.

Gleichermaßen scheinen während derselben Perioden der christlichen Ära weitverbreitete Anschauungen und sogar Lehren bestanden zu haben, die besagen, dass auch „Himmel" nur ein verallgemeinernder Ausdruck sei, der in Wirklichkeit verschiedene Sphären oder

Reiche der Glückseligkeit oder Wonne bezeichnet. In ihnen fänden menschliche Seelen, die auf Erden ein gutes Leben geführt haben, in sorgfältig abgestuften Abteilungen ihre entsprechenden nachtodlichen Lebensräume. Auch hierfür gibt es Beispiele in Dantes großem Werk.

Andererseits scheinen die westliche Religion in ihrer nachmittelalterlichen Phase und auch der Mohammedanismus – Letzterer in seinen orthodoxeren Formen – die einzigen beiden großen Religionssysteme zu sein, die die Existenz nur eines allgemeinen Himmels lehren. Sie verkünden, dass diejenigen, die auf Erden ein mehr oder weniger tugendhaftes und edles Leben führen und sich hohem Denken mehr oder weniger widmen, nach dem Tode endlose Ewigkeit in irgendeiner Art unbeschreibbarer Glückseligkeit verbringen werden, dennoch aber anscheinend jene völlig vergessend, die in der Hölle die Schmerzen ewiger Qual erleiden.[1]

Wird den Ansichten vieler früher Kirchenväter, zum Beispiel denen Tertullians, Glauben geschenkt, so wird die „Glückseligkeit" der „Heiligen" durch den Anblick der unaussprechlichen Qualen der „Verdammten" tatsächlich noch gesteigert![2] Doch wie kann es unter derartigen Umständen für eine wahrhaft mitleidsvolle Seele einen „Himmel" geben, wenn die Kenntnis und das Bewusstsein hinsichtlich des furchtbaren Schicksals ihrer unglücklichen Gefährten, der Anblick derer, die ewige Qualen leiden, die eigene vermeintliche Glückseligkeit begleiten? Diese haarsträubenden Lehren bauen auf Lügen auf, sind purer Aberglaube. Was aber ist Aberglaube? Das lateinische Wort *superstitio* (Aberglaube) bedeutet in seinem ursprünglichen Sinn, dass einer Sache etwas „hinzugefügt" wird, wodurch sie verfälscht wird. Es ist allerdings kein Aberglaube, an einen wahrheitsgetreuen Sachverhalt zu glauben, einerlei wie fremd er zunächst erscheinen mag – denn viele Wahrheiten muten in der Tat ohne nötiges

---

1 *Lukas* 16, 19 – 26.
2 Tertullian, *De spectaculis,* Abs. 30.

Hintergrundwissen sehr seltsam an. Die Annalen europäischer religiöser, philosophischer und wissenschaftlicher Geschichte sind voll von Beispielen, in denen Naturtatsachen oder philosophische und religiöse Wahrheiten zunächst als „Aberglaube" bezeichnet, später jedoch stillschweigend als in der Natur vorkommende Tatsachen akzeptiert wurden.

Alle großen Religionen, insbesondere diejenigen archaischen Ursprungs, haben oder hatten erhabene Lehren, die allein auf der Entdeckung und dem Verständnis einiger der verborgensten Mysterien der Natur basieren. Beispielgebend seien hier genannt: der Brahmanismus; der Buddhismus; die Lehren des großen chinesischen Weisen Lao-tse; die besten philosophischen Lehren der griechischen und römischen Kultur; die ursprüngliche Religion der germanischen Völker Nordeuropas; und selbst viele der altersgrauen Lehren sogenannter wildlebender Völker, die durchaus nicht jung sind, denn: in Wirklichkeit handelt es sich um degenerierte Nachkommen einst mächtiger Ahnen, die in Zeiten hochstehender Kulturen gelebt haben, von denen alle Spuren von der Erde verschwunden sind.

Es ist notwendig, diese Mysterien zu verstehen, bevor wir uns erlauben, das zu kritisieren, was wir nicht verstehen. Diese selbstverständliche Regel wird von allen gerecht denkenden und verständnisvollen Menschen befolgt – oder sollte befolgt werden! Zu kritisieren, ohne die Hintergründe verstanden zu haben, ist in erster Linie pure Dummheit. Wir stolzen und hochmütigen selbstzufriedenen Abendländer sind in diesem Sinne zu lange unwissend gewesen, und der Strom des Flusses neuen Wissens und neu entdeckter Tatsachen strömt uns jetzt zu unserer Beschämung und verwirrenden Bestürzung stark entgegen.

Der Brahmanismus zum Beispiel enthält in seinen Lehren bezüglich der nachtodlichen Erlebnisse der menschlichen „Seele", wie im Westen allgemein gesagt wird, viele Lehren, die denen der Theosophie sehr stark ähneln, wenn nicht sogar identisch mit ihnen sind. Das Gleiche kann von dem Buddhismus, einer der anderen großen

Weltreligionen, gesagt werden. Möglicherweise ist der Buddhismus[1] gegenwärtig die am reinsten erhaltene Religion, da am wenigsten von den ursprünglichen Aussagen ihres großen Gründers abgewichen wurde. Was in Bezug auf den Brahmanismus und den Buddhismus gesagt wurde, gilt auch für den Taoismus und den Konfuzianismus. Das Gleiche kann ohne Ausnahme in Bezug auf alle archaischen Religions- und Philosophiesysteme der Vergangenheit gesagt werden, wo auch immer ihre Überbleibsel oder heutigen Überreste auf dem Erdball zu finden sein mögen.

Einige Lehren dieser alten Religionen oder Philosophien, die den jeweiligen Zeitabschnitten des Mohammedanismus und des Christentums um viele Zeitalter vorausgingen, sind so, wie sie heute vorliegen, mehr oder weniger degeneriert. Aufgrund dieser inneren Entartung wurden sie zudem als individuelle Systeme von westlichen Gelehrten grob missverstanden und daher auf verheerende Weise falsch interpretiert. Dennoch blieb allen diesen archaischen Religionen und Philosophien im Allgemeinen die ursprüngliche Quelle erhalten.

Jesus, der syrische Weise und Avatâra, lehrte zumindest seinen unmittelbaren Jüngerkreis dieselben grundlegenden Wahrheiten der Natur, die auch in anderen großen Systemen zu finden sind. Als einer der großen Weisen, die von Zeit zu Zeit als Avatâras auf Erden erscheinen, musste er zuerst durch Einweihung und dann vermittels der direkten und innigen Verbindung mit der ihn inspirierenden Göttlichkeit lernen. Anschließend gab er so viel von der Lehre der Alten Weisheit weiter, wie er verständlich machen konnte – jener Lehre, die in ihrem Kern Millionen Jahre hindurch auf der gesamten Erde und zu allen Zeitaltern immer dieselbe blieb. So ging sein System gleich allen früheren Systemen ursprünglich aus der großen Bruderschaft der zuvor erwähnten großen Weisen hervor.

---

[1] Der heutige Buddhismus ist in zwei Zweige geteilt: Der südliche vertritt die „Augenlehre“, der nördliche bewahrt noch immer seine Herzenslehre, d. h. das Verborgene, die Lehre des inneren Herzens. Gottfried von Purucker: *Esoterische Philosophie – Wörterbuch*, S. 62 (d. Hrsg.).

Das Christentum hat sich jedoch in seinen Lehren – und hier wird hauptsächlich auf die Lehren Bezug genommen, die Himmel und Hölle betreffen – sehr weit von dem ursprünglichen spirituellen Denken seines großen Gründers, Jesus Christus, entfernt. Der Grund hierfür liegt unter anderem darin, dass nach der Zeit des großen Weisen tieferstehende und weniger taugliche Männer die Lehren Jesu auslegten und verkündeten, ohne jedoch ausreichend Kenntnis von der Alten Weisheit zu haben, sie wurden weder durch sie geführt, noch waren sie geschult. Während zweifellos viele von ihnen durchaus aufrichtig waren, so waren doch einige unter ihnen inhaltlich unaufrichtig, indem sie versuchten, etwas als universale Wahrheiten der Natur zu verkünden, was jedoch lediglich mehr oder weniger flüchtige Ideen ihres eigenen intellektuellen Denkvermögens waren – missverstandene und falsch ausgelegte Hinweise und Gedankenblitze, die sie zuvor empfangen hatten. Auf diese kurz umrissene Weise gingen die ursprünglichen Lehren Jesu, des Avatâras, entweder verloren oder wichen in Form und Inhalt von dem ab, was er verkündet hatte.

II

Damit es nicht zu einem Missverständnis des Lesers in Bezug auf das Thema der „Himmel" und „Höllen" kommt, mag es angebracht sein, darauf hinzuweisen, dass die Theosophie – der moderne Vertreter der alten Weisheitslehren in der heutigen Welt – die volkstümlichen Auslegungen, die alle großen Weltreligionen und -philosophien zu diesem Thema enthalten, als unzureichend und sehr häufig als gegenstandslos zurückweist. Dies gilt in besonderer Weise für die Lehren von „Himmel" und „Hölle" in den jüngsten großen Religionen. Das bedeutet jedoch nicht, dass die Theosophie deren Aussagen als völlig unzutreffend, unbegründet oder bar aller inneren Aussagekraft ablehnt. Das Gegenteil ist der Fall. Die populären, öffentlichen und stark ausgeschmückten Interpretationen gründen sich jedoch nicht auf die Tatsachen der Natur. Sie basieren auf einem Missverstehen des ursprünglichen Gedankengutes der überlieferten und verborgenen Weisheitslehren, die sich – gleich einem geistigen Strom – über die Welt ergießen.

Die Theosophie hat ein sehr weitreichendes und mannigfaltiges Grundmuster von Sphären der Glückseligkeit einerseits und der Reinigung andererseits. Ihre Lehren zeigen deutlich, dass die verschiedenen Sphären durchaus nicht und in keinem Sinne lediglich die Wohnorte oder Welten toter Menschen oder ihrer „Seelen" sind. Genau genommen sind sie vielmehr tatsächliche und integrale Teile und daher Bestandteile der Struktur der universalen Natur selbst. Der Leser wird sich erinnern, sofern er die vorausgehenden Kapitel sorgfältig gelesen hat, dass die universale Natur oder der universale Kosmos ein vollständiger und sehr differenzierter Organismus ist. Als Beispiel sei unser eigenes Heimatuniversum, die Galaxie, herangezogen, alles das, was die ungeheuer große, weitumspannende Zone der Milchstraße umschließt. Diese Struktur der universalen Natur ist durch und durch lückenlos und wird von einer alles beherrschenden hierarchischen Intelligenz kosmischer Größe durchdrungen, inspiriert und geleitet. Sie ist eine unter unzähligen gleichartiger anderer, die die Räume des grenzenlosen Raumes erfüllen. Der größte Teil der universalen Natur besteht somit aus unzählbaren ineinandergreifenden und miteinander verwobenen Hierarchien, die die ungeheuren Reiche des Unsichtbaren bilden, sie tatsächlich *sind.* Sie umfassen somit alle Bereiche der kosmischen Struktur – vom Übergöttlichen durch alle Zwischenstadien bis herab zu unserer eigenen physischen Sphäre, die nur die Schale oder äußere Haut von allem ist. Die bei Weitem wichtigsten Teile des Kosmos sind jene ungeheuren Reiche, Welten oder Sphären, die von uns nicht gesehen und wahrgenommen werden können. Daher sind es diese unsichtbaren Welten, die in ihren jeweiligen verschiedenen Hierarchien und in deren Bewohnern jene Sphären des Aufenthalts und der karmischen

Konsequenzen umfassen, die auch von der Theosophie als „Himmel" und „Höllen" bezeichnet werden.

Aus dem Vorangehenden ist sogleich ersichtlich, dass weder „Himmel" noch „Höllen", werden sie als integrale Reiche der Natur verstanden, Lokalitäten sind, die von einem kosmischen Schöpfer „gebildet" wurden. Sie sind vielmehr tatsächlich Teile und Glieder von Leben und Substanz der unsichtbaren, unfassbaren und übergöttlichen Göttlichkeit, deren alldurchdringendes Leben, deren Geist, Wille und Substanz das Universum nicht nur erfüllen, sondern es tatsächlich sind. Diesen Gedanken hatte der Christ Paulus im Sinn, der selbst ein Eingeweihter in zumindest einigen der niederen Grade der alten Mysterien war, wenn er verkündete: „In ihm leben wir, bewegen wir uns und haben wir unser Dasein" (*Apg.* 17, 28), womit er den griechischen Dichter Aratos (3. Jh. v. Chr.) zitiert.

Welch ein gewaltig verändertes Blickfeld gibt dieses kosmische Bild! Anstatt die unglücklichen, hilflosen Geschöpfe eines unerforschlichen „Schöpfers" zu sein, die er mit einem solchen Quantum an Intelligenz und Willen „schuf", das sie entweder in einen törichten Himmel der Glückseligkeit einzugehen befähigt oder sie in einer Hölle ewiger Qualen der Verdammten enden lässt – beides Albträume mönchischer Einbildungskraft –, sehen wir vor uns eine Vision buchstäblich unzähliger Sphären, Welten und Reiche, die das unendliche kosmische Leben bilden und von derselben Substanz sind wie dieses Leben selbst. Somit sind sie die wunderbaren Häuser oder Wohnsitze, in denen die wandernden Monaden ständig evolvieren und revolvieren und Erfahrungen sammeln.

Die majestätische archaische Weisheit der Götter betrachtet diese Abteilungen oder Welten des Universums also als Häuser der Erfahrungen. In ihnen vollzieht sich der ständige Fortschritt eines jeden Individuums aus den unzählbaren evolvierenden Heerscharen von Wesenheiten während des gesamten kosmischen Manvantaras. In dem glänzenden Licht dieser wunderbaren Lehre sind daher die „Himmel" als jene spirituellen Erfahrungsreiche erkennbar, durch die alle

Monaden zu irgendeiner Zeit auf ihren zeitalterlangen Wanderungen hindurchgehen, ja hindurchgehen müssen und in denen sie für eine Zeit verbleiben, wenn sie mit dem erreichten oder gewonnenen karmischen Verdienst in Einklang stehen. Die sogenannten „Höllen" sind jene Sphären oder Reiche der Reinigung, in die alle Monaden während gewisser Perioden ihrer zeitalterlangen Wanderungen gehen müssen, um die stoffbeladenen und somit schwer belasteten Seelen reinzuwaschen, damit sie sich, einmal gereinigt, auf dem aufsteigenden Bogen kosmischer Erfahrung wieder erheben können.

Auf diese unzählbaren Welten oder Häuser kosmischer Erfahrung spielt der große Avatâra Jesus in seiner wohlbekannten und so gröblich missverstandenen Aussage an: „In meines Vaters Hause sind viele Wohnungen" (*Joh.* 14, 2).

Indem die Theosophie die Fachausdrücke aus dem Sanskṛit, wie sie auch im alten Brahmanismus angewandt werden, übernimmt – weil sie passend und aussagekräftig sind –, gruppiert sie die unzähligen hierarchischen Welten oder Reiche der kosmischen Struktur in Lokas und Talas. Sobald die tiefere Lehre bezüglich dieser Lokas und Talas richtig verstanden wird, ergießt sich für den Leser ein blendendes Licht auf die innere Bedeutung der archaischen Wahrheiten, die über lange Zeitalter hinweg durch falsches Verstehen und falsche Interpretationen zu den exoterischen theologischen Vorstellungen von „Himmeln" und „Höllen" geworden sind.

In einem meiner früheren Werke habe ich den Umriss der Lehre bezüglich der Lokas und Talas wie folgt gegeben[1]:

> Tala (Sanskṛit). Ein Wort, das in den metaphysischen Systemen Indiens häufig sowohl als Gegensatz zu als auch in Verbindung mit *loka* angewendet wird. Da die allgemeine Bedeutung von *loka* „Platz" oder vielmehr „Welt" ist, so ist

---

[1] Gottfried von Purucker: *Esoterische Philosophie – Wörterbuch.* Hannover, 1991, S. 237 f. (d. Hrsg.).

die allgemeine Bedeutung von *tala* „niedere Welt“. Jeder Loka hat als Gegenstück oder mit ihm korrespondierend seinen dazugehörigen Tala. Wo ein Loka ist, ist auch ein exakt mit ihm korrespondierender Tala, und tatsächlich ist der Tala der niedere Pol seines korrespondierenden Loka. Lokas und Talas können daher in einer Hinsicht als die spirituellen und die materiellen Aspekte oder Substanz-Prinzipien der verschiedenen Welten angesehen werden, die das kosmische Universum bilden und es in der Tat sind. Es ist nicht möglich, einen Tala von seinem korrespondierenden Loka zu trennen – wie es ebenfalls nicht möglich wäre, die beiden Pole der Elektrizität voneinander zu trennen.

Die Zahl der Talas wird in den exoterischen Philosophien Hindustans im Allgemeinen mit sieben angegeben, wonach es sieben Lokas und sieben Talas gibt, tatsächlich schwankt diese Zahl jedoch. Wenn wir von einem Loka als von dem spirituellen Pol sprechen können, so können wir ihn gleichfalls das „Prinzip“ irgendeiner Welt nennen. Dementsprechend kann der Tala als der negative oder niedere Pol das „Element“ seines korrespondierenden Loka oder Prinzips genannt werden. Infolgedessen können die Lokas einer Hierarchie ihre „Prinzipien“ genannt werden, und die Talas können auf dieselbe Weise als „Elemente“ oder substanzielle oder materielle Aspekte der Hierarchie bezeichnet werden. Es sollte zugleich auch beachtet werden, dass alle sieben Lokas und alle sieben Talas kontinuierlich und unentwirrbar ineinander übergehen und miteinander wirken und dass die Lokas und Talas in ihrem gemeinsamen Zusammenwirken das Universum mit seinen verschiedenen untergeordneten Hierarchien bilden, die uns umgeben. Die höheren Lokas mit den höheren Talas sind die Kräfte oder Energien und substanziellen Teile der spirituellen und ätherischen Welten, und die niedersten Lokas bilden mit ihren

> korrespondierenden Talas die Kräfte oder Energien und substanziellen Teile der physischen Welt, die uns umgibt. Die dazwischenliegenden Lokas mit ihren korrespondierenden Talas bilden die jeweiligen Energien und substanziellen Teile der Zwischen- oder ätherischen Reiche.
>
> Zusammengefasst kann daher von einem Tala als von dem materiellen Aspekt der Welt, in der er vorherrscht, gesprochen werden, ebenso wie ein Loka als der spirituelle Aspekt der Welt angesehen werden kann, in der er vorherrscht. Jeder Loka, dies sollte stets im Gedächtnis behalten werden, besteht nur in Verbindung mit seinem korrespondierenden Tala auf derselben Ebene und kann von diesem nicht getrennt werden.
>
> Eine wichtige Schlussfolgerung aus den vorangegangenen Darlegungen ist die folgende: Da die eigene individuelle Konstitution des Menschen von der höchsten bis zur niedersten Stufe eine Hierarchie ihrer eigenen Art bildet, wird auch der Mensch als solch eine untergeordnete Hierarchie, als eine zusammengesetzte Wesenheit von Lokas und Talas gebildet, die unentwirrbar zusammenwirken und ineinander verwoben sind. In dieser untergeordneten Hierarchie Mensch leben und entwickeln sich auf dieser unteren Stufe ihrer langen evolutionären Wanderschaft gewaltige Heere, Scharen und Gruppen lebender Wesenheiten – Monaden, die zum leichteren Verständnis in die allgemeine Klasse der „Lebensatome“ eingereiht werden können.

Diese Beschreibung enthält nicht nur den Kerngedanken der echten, tieferen Bedeutung der ursprünglichen brahmanischen Lehre in Bezug auf die Lokas und Talas, sondern auch den der Esoterischen Tradition. Der Leser wird dringend ersucht, den darin kurz dargelegten

Grundgedanken mit einiger Sorgfalt zu studieren, da er in unmittelbarer Beziehung zu dem Thema dieses Kapitels steht.[1]

Diese weit ausgedehnten inneren Welten und Reiche wurden durch exoterische Frömmigkeit und religiösen Fanatismus fälschlich in Sphären der Glückseligkeit und in Sphären der Reinigung und Qual für verstorbene Menschen verwandelt. Doch sie sind weder das eine noch das andere, wie aus dem Obigen ersichtlich wird, sondern sie sind tatsächlich die strukturellen Teile und Bestandteile des Universums selbst. Dieser Sachverhalt ist so wichtig und von einer so weitreichenden philosophischen und religiösen Bedeutung, dass es schwierig ist, ihn mit genügend Nachdruck zu betonen. Daher sollte all der verschimmelte Aberglaube in Verbindung mit diesen gänzlich exoterischen und daher entstellten und falschen Ideen aus unserer Vorstellungswelt getilgt werden.

Vollkommen richtig ist jedoch, dass die spirituellen Welten – ganz allgemein gesprochen – Reiche, Häuser, Wohnsitze oder Globen echter Glückseligkeit sind, im Gegensatz zu den grobmateriellen Sphären, den materiebeladenen oder in Materie versunkenen Welten, Reichen, Häusern oder Globen. Zu diesen gehören zum Beispiel unser eigener Planet Terra sowie die anderen Planeten und Sphären des Sonnensystems, die auf demselben kosmischen Plan existieren wie unser Globus Erde. Der Grund hierfür liegt darin, dass in den feinstofflichen spirituellen Welten alle Dinge von spiritueller Charakteristik sind; sie sind unvergleichlich ätherischer, lichter und durch ihre charakteristische Natur dem spirituellen Herzen des Universums näher. Hingegen haben alle materiellen Welten, Sphären, Pläne oder Globen eine größere Distanz zu dem spirituellen Herzen des Seins – um in der Sprache der Mystiker aller Länder zu reden –, sie befinden sich in größerer Entfernung von ihm.

Durch alle diese verschiedenen Welten, seien sie nun spirituell oder materiell oder von dazwischenliegender Charakteristik, wandern die

---

[1] Siehe auch: Gottfried von Purucker: *Esoterische Philosophie – Wörterbuch.* Hannover, 1991, S. 102 f.: „Himmel und Hölle“ (d. Hrsg.).

Monaden hindurch. Sie gehen und kommen auf ihren wunderbaren zyklischen Reisen und gewinnen dabei Erfahrung und das Gefühl des Einsseins mit dem Universum als einem Organismus oder einer gänzlich von Leben und Intelligenz durchpulsten organischen Wesenheit. Während des Verlaufs dieser Wanderschaften, der großen und wundervollen Abenteuer, weben die Monaden ihre Schicksalsgewebe, sodass sich diese Gewebe – die in Wirklichkeit die individuellen Monaden selbst sind – nicht nur durch die fast unzählbaren Welten, sichtbare und unsichtbare, erstrecken, sondern tatsächlich mit der Substanz und dem Gewebe eben dieser strukturellen Welten verwoben sind.

Gleichwohl sollte sich der Leser daran erinnern, dass ausgleichende Gerechtigkeit eine sehr reale Existenz hat. Menschen freuen sich über ein wohlgelebtes Leben ausgleichender Glückseligkeit, weil diese Glückseligkeit mit ihrem eigenen Charakter, ihrer eigenen Natur übereinstimmt und ihr entspricht. Nach derselben Regel logischer und universaler Symmetrie müssen hingegen jene Menschen in Sphären der Reinigung oder vergeltenden Erfahrung eingehen, deren zuletzt gelebtes Leben durch materielle Befleckung und leidenschaftliche Bindung so sehr beschwert wurde, dass sie unfähig sind, sich in die spirituellen und ätherischeren Sphären zu „erheben"; sie wären hier nicht am richtigen Platz. Sie können nicht in sie eingehen, *weil ihre psycho-magnetische Natur keine Anziehung zu ihnen hat.*

In diesen letzten kursiv gedruckten Worten liegt der Schlüssel zu dem Geheimnis, warum exkarnierte „Seelen" in ihre devachanische Ruhe eingehen, in der sie sich aufgrund der Drangsale des Erdenlebens unaussprechlicher ausgleichender Glückseligkeit erfreuen, und warum im Gegensatz dazu andere „Seelen" – glücklicherweise gewöhnlich nur wenige – in niedrigere Zustände hinabsinken. Diese Vorgänge beruhen im Allgemeinen wie auch im Besonderen auf Anziehung. Exkarnierte „Seelen" finden ihre passenden und geeigneten Wohnplätze in genau den Umgebungen, Zuständen und Bedingungen, für die sie ihre innere Entfaltung geeignet macht.

III

Auch wenn Theosophie aus Gründen der Zweckmäßigkeit die Welten spiritueller Glückseligkeit nach dem Tode unter dem einen tibetischen Ausdruck Devachan zusammenfasst, so handelt es sich dennoch nicht um eine Lokalität oder einen „Ort". Devachan ist vielmehr ein Zustand, eine Bedingung – oder genauer gesagt, es sind Zustände oder Bedingungen. Diese erstrecken sich über den gesamten Bereich von niedrigeren oder quasi-materiellen devachanischen Zuständen über alle Zwischengrade aufwärts bis hin zu den Reichen relativ reinen Geistes, in denen es die höchsten oder ätherischsten devachanischen Bedingungen oder Zustände gibt. Ähnlich gibt es in den niederen Bereichen Bedingungen, Grade oder Zustände, die für die „Seelen" angemessene und geeignete Wohnungen bereithalten, wenn während des gerade beendeten Erdenlebens die materielle Anziehung vorherrschend gewesen ist. Derart „sündenbeladene" und befleckte „Seelen" werden daher unvermeidlich zu diesen materielleren und weniger ätherischen Sphären hingezogen.

Die niedrigsten Bereiche dieser Zustände oder Bedingungen bilden insgesamt den sogenannten Avîchi – ein verallgemeinernder Ausdruck für die verschiedenen Stufen dieser Zustände und Bedingungen, in denen sich Seelen der niederen Art befinden. Es muss also sorgfältig beachtet werden, dass weder das Devachan in all seinen Graden noch Kâma-loka oder die Zwischenreiche, noch der darunterliegende Avîchi Orte oder Lokalitäten sind. Jeder dieser Bereiche ist eine Reihe von Zuständen oder Bedingungen, in die Wesenheiten aufgrund der entstandenen Ursachen, die sie im soeben beendeten Erdenleben gelegt haben, hineingezogen werden. Natürlich kann es weder einen Zustand noch eine Bedingung für eine Wesenheit außerhalb einer Lokalität, eines Ortes geben. Das ist offensichtlich, doch weder Devachan noch Kâma-loka, noch Avîchi in all ihren Abstufungen sind Orte: Sie sind vielmehr Zustände oder Bedingungen, die normalerweise von exkarnierten Menschen nach dem Tode erlebt werden – beziehungsweise von exkarnierten menschlichen Seelen. Diese Zustände entsprechen dem „Himmel", dem „Fegefeuer" und der „Hölle".

So gibt es also höhere Zustände oder Bedingungen, die unter dem allgemeinen Ausdruck *Devachan* gruppiert werden; ferner Zwischenzustände oder -bedingungen im *Kâma-loka* und schließlich die niedrigsten nachtodlichen Zustände oder Bedingungen im *Avîchi.* Diese Zustände oder Bedingungen dürfen natürlich nicht als in sich hermetisch abgeschlossene Sphären betrachtet werden. Jede der drei Gruppen von Zuständen oder Bedingungen verschmilzt mit den nächstangrenzenden und geht in unmerklichen Graden in sie über. Die devachanischen Zustände erstrecken sich also von den höchsten oder quasi-spirituellen über viele Zwischenstufen, -zustände oder -bedingungen bis hinab zu den niedrigsten oder quasi-ätherischen Stufen und Zuständen, die unmerklich in die höheren Zustände des Kâma-loka übergehen. Die kâma-lokischen Zustände ihrerseits gehen von den ätherischeren abwärts durch ihre Zwischenstufen zu den gröberen und materielleren der kâma-lokischen Reihe, wo sie unmerklich mit den höheren oder weniger materiellen Stufen der Avîchi-Zustände verschmelzen oder in sie übergehen. Diese reichen ihrerseits abwärts in ständig zunehmende Materialität, bis der niedrigste Avîchi-Zustand und damit die Stufe erreicht ist, die in der theosophischen Literatur als das Reich „absoluter Materie" beschrieben wird. Sie stellt die gröbste materielle Substanz dar, die unsere gesamte kosmische Hierarchie enthält.

Wie aus dem Text hervorgeht, ist also die einzige von der Theosophie anerkannte „Hölle" die Stufenfolge von Bedingungen oder Zuständen, die das Bewusstsein erfährt – sie sind unter dem Begriff Avîchi zusammengefasst. Auch muss beachtet werden, dass – gerade weil Avîchi eine bestimmte Aufeinanderfolge oder Reihe von Bewusstseinszuständen ist, die von Wesenheiten erlebt werden – es sogar für Menschen im Erdenleben vor dem Tode Avîchis geben kann und dass es sie auch tatsächlich gibt.

Was im vorigen Abschnitt über Avîchi gesagt wurde, bezieht sich in verallgemeinernder Weise auf Avîchi in seiner schlimmsten und intensivsten Form, nämlich dann, wenn es sich um fast „absolute Materie" und die darin lebenden, sehr unglücklichen Wesen handelt.

Doch höher als das Devachan in der einen Richtung und niedriger als Avîchi in der anderen Richtung befinden sich noch andere Welten, Pläne oder Sphären im endlosen kosmischen Kontinuum. In jeder Richtung gibt es zudem ein Grenzgebiet, eine Trennungslinie, bevor rechter Hand das strukturelle Gerüst in die kosmische Hierarchie oberhalb unserer eigenen und linker Hand in die kosmische Hierarchie unterhalb der unsrigen übergeht. Hier aber betreten wir unerlaubtes Terrain oder streifen zumindest seinen Anfang; daher spricht der Verfasser notgedrungen mit großer Zurückhaltung und starkem Zögern. Dennoch mag so viel gesagt werden: Über dem Devachan, höher als seine höchsten Bedingungen oder Zustände und ohne erkennbare Grenze oder Trennungslinie, beginnen die ständig ansteigenden und unbeschreibbaren Stufen spiritueller Bedingungen oder Zustände des Seins, die allgemein als Nirvâṇa bezeichnet werden. In der anderen Richtung, unterhalb des niedrigsten Avîchi und ebenfalls ohne erkennbare oder weitausgedehnte Trennungslinie, liegen jene gewissen Grade absoluter Materie, die das gefürchtete und schreckliche Schicksal derer sind, die in der Theosophie technisch „verlorene Seelen" genannt werden. Hier werden diese unglücklichen „verlorenen" Wesenheiten in die sie zusammensetzenden Lebensatome aufgelöst und „in dem großen Laboratorium der Natur zermahlen". Diese letzte und niedrigste Stufe des Seins in unserer kosmischen Hierarchie ist die „Achte Sphäre", oder anders ausgedrückt, der „Planet des Todes".

In einem Brief, den Mahâtma K. H. im Spätherbst des Jahres 1882 an einen seiner beiden Laienschüler, A. P. Sinnett, schrieb, nimmt er mit folgenden ernsten und warnenden Worten darauf Bezug:

> Schlecht, hoffnungslos schlecht muss das *Ego* sein, das von seinem fünften Prinzip nicht ein kleines Scherflein zu bringen hat und vernichtet werden *muss,* um in der *Achten Sphäre* zu verschwinden. Ein winziges Scherflein, vom persönlichen Ego gesammelt, genügt, es von dem düsteren Geschick zu erretten. Nicht aber nach Vollendung des großen Zyklus: da gibt es entweder ein langes Nirvâṇa der Glückseligkeit (obgleich es nach euren groben Auffassungen unbewusst sein mag), dem ein Leben als ein Dhyân-Chohan für ein ganzes Manvantara folgt, oder aber es gibt „Avîchi-Nirvâṇa", ein Manvantara des Elends und des Schreckens als ein ... Sie *dürfen* das Wort weder hören, noch darf ich es aussprechen oder schreiben. „Jene" aber haben nichts zu tun mit den Sterblichen, die durch die sieben Sphären hindurchgehen. Das *kollektive* Karman eines zukünftigen Planetengeistes ist ebenso lieblich, wie das kollektive Karma eines ... schrecklich ist. Genug. Ich habe schon zu viel gesagt.
>
> *The Mahâtma Letters to A. P. Sinnett*
> (engl. Ausg. von A. T. Barker, S. 171)

In diesem Zitat wird die Aufmerksamkeit des Lesers auf den Ausdruck „Avîchi-Nirvâṇa" gelenkt. In diesen beiden Worten liegt eines der furchtbaren Geheimnisse oder Mysterien der Natur – falls der Schüler intuitiv genug ist, es zu verstehen, oder in die Mysterien eingeweiht wurde. Hier mag nochmals darauf hingewiesen werden, dass sowohl Avîchi als auch Nirvâṇa Bewusstseinszustände oder -bedingungen einer Wesenheit sind, die diese erlebt oder sich in ihnen befindet. So ist Nirvâṇa, mit all seinen mystischen Bedeutungen als ein Wort, in gewissen – glücklicherweise außerordentlich seltenen – Fällen oder Vorkommnissen passend für den Ausdruck Avîchi, wie er geeignet ist, den oberen oder spirituellen Bewusstseinspol zu bezeichnen. Es ist hier von bestimmten, außerordentlich seltenen Arten von Wesenheiten die Rede, deren Bewusstsein sowohl spirituell als auch boshaft ist. Infolgedessen finden sie ihren einzig angemessenen Aufenthalt unter einer Bedingung oder in einem

Zustand, der zugleich Avîchi und ein Nirvâṇa in Avîchi ist. Diese Bedingungen oder Zustände währen ein ganzes Manvantara hindurch. Doch selbst dies ist nicht eine „Hölle" in der christlichen Bedeutung des Wortes, tatsächlich handelt es sich hier um etwas noch Grauenvolleres und Schrecklicheres.

Kein exoterischer Himmel, der jemals der schöpferischsten Imagination eines mönchischen Einsiedlers entsprungen ist, kann der unaussprechlichen Glückseligkeit gleichkommen, in die wahrhaft spirituelle exkarnierte Seelen eingehen, weil sie diese ausgleichende Seligkeit im letzten Leben verdient haben, und auch deshalb, weil ihre relativ hohe spirituelle charakterliche Entfaltung und ihre inneren Kräfte sie dazu berechtigen. Im Gegenteil ist mönchische Vorstellungskraft niemals über die Auffassung von „Qualen" hinausgegangen, die physischem Empfinden mehr oder weniger entsprechen, ob diese in einem ätherischen Körper empfunden werden oder an einem „asbestartigen", wie ihn die christliche Theologie einst so gern predigte. Daher ist keine exoterische „Hölle" auch nur im Entferntesten eine Annäherung an die Bewusstseinszustände, die von jenen glücklicherweise außerordentlich seltenen Wesenheiten erfahren werden, die in die Achte Sphäre sinken. Diese letzteren werden nicht „gequält", auch nicht von grotesken Teufeln mit oder ohne Huf, sie erleiden vielmehr Zeitalter hindurch eine Bewusstseinsqual, die die genaue, bis ins Kleinste abgestufte karmische Vergeltung für Ursachen ist, die diese Wesenheiten selbst in die Waagschale karmischer Vergeltung geworfen hatten, während sie sich in der Sphäre der Verursachung befanden.

So wird von der Theosophie eine scharfe und klare Unterscheidung zwischen Tatsache und Fantasie gemacht, zwischen den exoterischen „Himmeln" und „Höllen" einerseits, die zum großen Teil imaginär und mit Sicherheit keine Orte oder Lokalitäten sind, und den tatsächlichen Zuständen oder Bedingungen ausgleichender Glückseligkeit und strafender karmischer Vergeltung andererseits. Diese verschiedenen Bewusstseinszustände oder -bedingungen der betreffenden wandernden Monaden befinden sich sowohl nach dem Tode als auch vor der Geburt auf Erden in den hierarchischen Welten, Plänen, Sphären oder Globen. Unser eigener Globus Erde ist tatsächlich, technisch und populär gesprochen, eine „Hölle", wenn mit der unnachgiebigen Logik und Metaphysik der Theosophie betrachtet. Dies ist aus dem Grunde so, weil unsere Erde eine Sphäre von relativ dichter Materie ist und die Bedingungen und Bewusstseinszustände der sie bevölkernden Wesenheiten relativ stark in das magische Gewebe Mâyâs, der Illusion, verwoben sind. Aus diesem Grunde spricht H. P. Blavatsky in *Die Stimme der Stille* von den „Menschen von Myalba". Myalba ist ein tibetischer Ausdruck, der in der Philosophie des nördlichen Buddhismus für eine der Höllen verwendet wird; und Myalba ist unsere Erde.

Für menschliche Wesen während der Periode ihrer manvantarischen Existenz auf oder in den verschiedenen Globen der Planetenkette, von der unser Globus Erde der vierte und materiellste ist, sind es eben diese Globen unserer Erdenkette, die die „Orte" oder „Lokalitäten" liefern, in denen unsere menschliche Hierarchie sowohl ihre „Himmel" als auch ihre „Höllen" findet. Das bedeutet, die Wesen der menschlichen Hierarchie finden hier ihre Orte vergeltender Gerechtigkeit, entweder als ausgleichende Glückseligkeit im Devachan oder aber als vergeltende Strafe im niedrigeren Kâma-loka und im Avîchi. Die Lebens- und Existenzbedingungen auf den höheren Globen unserer Erdenkette sind außerordentlich schön und beglückend im Vergleich zu den stark illusorischen und oft schrecklichen Bedingungen, in die das menschliche Bewusstsein hier auf Erden verwickelt ist. Und zur Betonung wiederhole ich: Für die sich wiederverkörpernde menschliche Seele sind devachanische Glückseligkeit und strafende Vergeltung in den Zuständen und Bedingungen zu finden, die die verschiedenen Globen der Planetenkette unserer eigenen Erde liefern. Dabei sollte sorgfältig beachtet werden, dass sich dies auf die „menschliche Seele" bezieht. Was das wunderbare nachtodliche Schicksal der „spirituellen Seele" eines Menschen ist, wird an anderer

Stelle in diesem Werk berührt. Viel kann jedoch nicht darüber gesagt werden, weil die Lehren von ausgesprochen spirituellem Charakter sind und in einem veröffentlichten Werk nicht gegeben werden können.

IV

Bevor dieser Teil des Studiums verlassen wird, ist es ratsam, noch kurz das Thema der Lokas und Talas[1] zu berühren, um die Gedanken abzurunden. Sieben ineinandergreifende Lokas und Talas sind tatsächlich die hierarchischen Bedingungen oder Zustände aller zuvor schon erwähnten Welten, Sphären, Pläne, Wohnräume oder Häuser. Mit anderen Worten: diese verschiedenen Welten basieren auf Substanzen oder Stoffen, die in diesen besonderen Phasen der Substanzhaftigkeit oder Ätherhaftigkeit existieren und mit den unterschiedlichen Namen der Lokas und Talas beschrieben werden. Allgemein gesprochen sind Lokas die spirituellen und weniger illusorischen Bedingungen oder Zustände in einer jeden solchen Welt oder Sphäre, auf einem jeden Globus. Talas hingegen sind jene besonderen Zustände oder Bedingungen, deren Substanzen und Stoffe von gröberer und materiellerer Art sind. Dennoch sind die Lokas und Talas untrennbar. Jeder Loka hat seinen untrennbaren und korrespondierenden Zwillingstala, und zwar die ganze Reihe hindurch: der höchste Loka hat als seinen niederen Pol oder sein „Alter Ego“ den spirituellsten oder ätherischsten der Talas, und so geht es die ganze Stufenleiter hinunter, bis das Niedrigste oder am wenigsten Spirituelle eines jeden Paares erreicht ist.

---

[1] Die Natur der Lokas und Talas wird in dem Werk des Verfassers *Grundlagen der Esoterischen Philosophie,* Hannover, 2003, S. 466, sehr eingehend beschrieben.

Da sich die Struktur der Natur immer wiederholt, so wiederholt jede untergeordnete Hierarchie, jede Welt in ihrem Strukturgefüge getreulich das, was die höheren Hierarchien und Welten sind und enthalten, sodass jede untergeordnete Hierarchie oder Welt ihrerseits aus ihrer eigenen Reihe von Lokas und Talas zusammengesetzt ist, aufgebaut ist und sie tatsächlich ist, wobei jeder mit jedem in der soeben beschriebenen Weise korrespondiert.

Im *Padma-Purâṇa* werden die Lokas und Talas in der nachfolgenden Weise aufgezählt. Sie werden hier in zwei Spalten und mit den Namen aufgeführt, die anscheinend einer jeden Reihe am häufigsten beigelegt werden. Dabei sollte jedoch erwähnt werden, dass die Namen der Talas als bloße Namen in den Aufstellungen verschiedener Schriften variieren[1]:

	Lokas		Talas
1.	Satya-loka	1.	Atala
2.	Tapar-loka	2.	Vitala
3.	Janar-loka	3.	Sutala
4.	Mahar-loka	4.	Talâtala
5.	Svar-loka	5.	Mahâtala
6.	Bhuvar-loka	6.	Rasâtala
7.	Bhûr-loka	7.	Pâtâla

Diese Talas sind allerdings keine „Höllen“, sie sind *Zustände.* Weit davon entfernt, dass diese Zwillingspaare in irgendeinem Sinne wirkliche Höllen beziehungsweise tatsächliche „Himmel“ seien, wird über einen der großen Weisen, Nârada, eine seltsame Geschichte erzählt,

[1] Die Talas können in der Ordnung, wie sie im obigen Text wiedergegeben werden, im *Padma-Purâṇa,* außerdem im *Bhâgavata-* und im *Skanda-Purâṇa* gefunden werden. Im *Vishnu-Purâṇa,* Buch II, Kap. V, weichen die Namen von denen in den drei erwähnten Purâṇas stark ab, obwohl sie auch sieben an der Zahl sind. Es sind jedoch nicht die Talas und ihre verschiedenen Attribute oder Qualitäten, die variieren, vielmehr variieren oft die ihnen gegebenen Namen.

die eine tiefe Wahrheit in sich birgt. Es wird von ihm gesagt, er habe einst „diese Regionen“ besucht und bei seiner Rückkehr zur Erde einen „enthusiastischen Bericht“ über sie gegeben, der besagte, dass sie in mancher Hinsicht, wenn auch nicht in jeder, mit mehr Wonnen angefüllt seien als der Himmel Indras und dass sie Überfluss hätten an Luxus und Sinnesfreuden aller Art. Diese seltsame Geschichte zeigt deutlich, dass die Talas und ihre korrespondierenden Lokas nur jeweils die materiellen beziehungsweise die quasiätherischen Sphären sind, die den kosmischen Raum erfüllen, wohingegen die höchsten Lokas und Talas natürlich rein spirituell sind. Während die ersteren oder materiellen den Rûpa- oder „geformten“ Welten angehören, sind die letzteren oder spirituellen die Arûpa- oder die „nicht geformten“ Sphären.

Die Theosophie, die Weisheit der Zeitalter – hierin stimmen die Vorstellungen vieler ihrer philosophischen und religiösen „Abkömmlinge“ in Bezug auf dasselbe Thema überein – betrachtet alle diese hierarchischen Lokas und Talas als untrennbar miteinander verbunden und seit manvantarischer „Ewigkeit“ untereinander verwoben, in keinem Fall aber als „geschaffen“. Sie werden weder als das Produkt des Zufalls in irgendeinem Sinne dieses törichten Wortes angesehen, noch als manvantarisch in Form oder Raum begrenzt außer insofern, als sie eindeutig zu verschiedenen Universen oder in zusammengesetzten hierarchischen kosmischen Körpern angehäuft oder angesammelt sind. Lokas und Talas sind nicht voneinander getrennt oder abgesondert, sondern während des gesamten kosmischen Manvantaras miteinander verwoben und in die sie umgebende Unendlichkeit eingeschlossen. Diese Unendlichkeit ist weder „Leere“ noch „leerer Raum“, noch ist sie leer an Leben und Intelligenz – alle derartigen Vorstellungen laufen den Aussagen der Theosophie zuwider –, sondern jedes zusammengesetzte Universum ist eines von einer zahllosen, ja unendlichen Heerschar von Universen, die das unbegrenzte universale ALL zusammensetzen.

Es sei darauf hingewiesen, dass Stellen wie die obige nicht „Pantheismus" im modernen westlichen philosophischen Verständnis des Wortes bedeuten. An Stellen wie der obigen wird sehr deutlich auf die allumfassende Unendlichkeit oder das alles in sich schließende und alles durchdringende GÖTTLICHE angespielt. Sie bedeuten daher nicht, dass das Göttliche nur das Aggregat manifestierter Universen sei und dass es nicht nach innen und oben darüber hinausginge.

Die Theosophie ist zwar grundlegend pantheistisch. Sie ist dies jedoch in dem ihr eigenen Sinne und gemäß der ihr eigenen Interpretation. Diese besagt nicht nur, dass das Göttliche, kosmisch gesprochen, während der grenzenlosen Dauer alles durchdringt und in alles eindringt, sondern dass es außerdem alle aggregierten manifestierten Universen übersteigt und daher über ihnen steht. Es ist die unaussprechliche Quelle, der Ursprung aller Geschöpfe, Wesenheiten und Manifestationen und somit das letzte Ziel, zu dem sie alle zurückkehren werden.

Der Gedanke wird, wenn auch in kleinerem Maßstab, sehr gut in der *Bhagavad-Gîtâ,* der berühmten philosophischen Abhandlung der Hindus, wiedergegeben. Kṛishṇa, die Manifestation des kosmischen Logos, sagt darin über die Göttlichkeit, von der er ein avatârisches Beispiel ist, im Wesentlichen Folgendes: „Ich errichtete dieses ganze grenzenlose Universum aus Teilen von mir, und dennoch verbleibe ich getrennt und oberhalb von allen."[1]

Die pantheistische Bedeutung ist daher nicht, dass jeder Stock und jeder Stein „Gott" sei, was eine lächerliche Entstellung der inneren Bedeutung ist. Sie besteht vielmehr darin, dass sich nichts im grenzenlosen Raum und in der endlosen Dauer wesentlich von dem ewig Göttlichen unterscheidet und dass dieses ewig Göttliche sowohl das Geringste des Geringen als auch das Größte des Großen umfasst, seine essenzielle Quelle ist und dennoch über alle hinausgeht. Die tiefe philosophische Bedeutung der hier getroffenen äußerst wichtigen Unterscheidungen entzieht sich

[1] William Q. Judge übersetzt diese Aussage Kṛishṇas analog, wodurch sie weitere tiefgründige Aspekte enthält: „Ich errichtete dieses ganze Universum mit einem einzigen Teil von mir, ohne meine selbstständige Existenz dadurch aufzugeben." Siehe: William Q. Judge: *Bhagavad-Gîtâ – Studienausgabe.* Hannover, 2014, Kap. X, Vers 42, S. 97 (d. Hrsg.).

jedoch vielleicht gerade aufgrund ihrer Einfachheit häufig der Aufmerksamkeit und findet daher bedauerlicherweise wenig Beachtung.

Ferner entstehen – und der Gedanke ist von allergrößter Wichtigkeit – diese vielen Hierarchien von Lokas und Talas, das heißt von Welten, Sphären und Plänen, durch einen Prozess emanationeller Evolution. Dieser Prozess kann kurz wie folgt beschrieben werden: Die höchsten Welten emanieren die höheren, und die höheren entfalten ihrerseits die geringeren und die geringeren ihrerseits nach derselben Verfahrensweise die niedrigsten, bis auf diese Weise ein typisches Universum oder besser eine typische universale Hierarchie emanationell für das kosmische Manvantara ins Sein hervorevolviert ist, in dem sich dann jenes Universum selbst zum Ausdruck bringt. Die beiden Ausdrücke „höchst" und „niedrigst" sind, wie man sieht, also keine absoluten Superlative. Sie beziehen sich vielmehr nur auf die betreffende Hierarchie und sind damit auf jede aus den zahllosen Mengen solcher universaler, kosmischer Hierarchien anwendbar.

Dieser Prozess wird von praktisch allen größeren philosophischen und religiösen Systemen auf Erden angenommen und gelehrt. Er ist ein fundamentaler Teil der Lehre der großen Religionen und Philosophien des indischen Subkontinents, Chinas, Babylons, Persiens, Ägyptens und zumindest einiger der großen philosophischen Schulen Alt-Griechenlands und Roms, zum Beispiel der der Stoiker und selbst der platonischen und neuplatonischen, der pythagoreischen und neupythagoreischen Systeme. Alle diese verschiedenen Systeme, in welchem Teil der Welt und wann auch immer sie blühten, waren „Kinder" der einst universal verbreiteten Weisheitsreligion des Altertums – der Weisheit der Götter, Theosophie, der Esoterischen Tradition in heutiger Zeit.

Es scheint notwendig, hier noch einmal darauf hinzuweisen, dass die Theosophie strikt evolutionistisch ist, was den Ursprung, das entfaltende Wachstum, den Verlauf und das Schicksal des Kosmos und von allem in ihm Enthaltenen betrifft. Dennoch sollte das Wort „Evolution“ nicht dahingehend missverstanden oder missinterpretiert werden, als bedeute es „Evolutionismus“, so wie dieses Wort in moderner europäischer Wissenschaft angewandt wird. „Evolutionismus“ dieser Art ist wenig mehr als materialistischer Transformismus, und diesen lehnt die Theosophie nachdrücklich und uneingeschränkt ab. Die Zeit und das sich in den Annalen moderner Wissenschaft langsam anhäufende fortschreitende Wissen werden beweisen, dass die Evolution, so wie sie von der Theosophie gelehrt wird, die einzig mögliche und völlig befriedigende Erklärung der Entstehung, der Existenz und des Schicksals aller Wesenheiten ist.

Die Theosophie lehrt ebenso Emanation wie Evolution, vordergründig vielleicht sogar mehr Emanation, sodass von emanationeller Evolution gesprochen werden könnte. Auch die darwinistische, quasidarwinistische oder neodarwinistische Idee von der „Epigenese“, des vermeintlichen Eindringens neuer biologischer und anderer Einflüsse in den Evolutionsprozess, widerspricht entschieden dem Geist der theosophischen Lehre. Ein solches Eindringen neuer Einflüsse, bestimmter Neigungen, Attribute oder Eigenschaften in den Evolutionsprozess, über deren Herkunft nichts bekannt ist, wird als zufälliger und daher regelloser Vorgang zurückgewiesen, auch weil dies lediglich eine neue Facette der alten materialistischen Hypothese ist. Unzweifelhaft besteht der Evolutionsprozess im fortgesetzten Entfalten immer „neuer“ Attribute und Eigenschaften in dem Leben eines Organismus oder einer organischen Wesenheit, ob es sich um ein Universum oder um den Bewohner eines Universums handelt, einen Gott, einen Halbgott, einen Dämon, einen Menschen, ein Tier, eine Pflanze, ein Mineral oder ein Elemental. Solche „neuen“ Erscheinungen sind jedoch nur insofern „neu“, als sie in ihrem Umfeld zuvor nicht wahrnehmbar waren. In allen Fällen aber gehen sie aus der evolvierenden Wesenheit selbst hervor, als relativ notwendige Erzeugnisse der emanationellen Ausdrucksformen der spirituellen und quasi-spirituellen Kräfte und Substanzen, die die kausalen oder antreibenden, intelligent geleiteten unsichtbaren Teile einer solchen evolvierenden Wesenheit sind. Einfacher ausgedrückt: Solche Neuerscheinungen sind nur Ausdrucksformen dessen, was bereits latent und noch nicht zum Ausdruck gebracht in der Konstitution oder Substanz der evolvierenden Wesenheit liegt. Sie treten dann auf, wenn die Zeit für das Erscheinen reif ist und der Drang zu innerem Selbstausdruck sie auf diese Weise hervorbringt.

Mit dem richtigen Verstehen dieser Zusammenhänge wird deutlich, dass die verschiedenen „Himmel" und „Höllen" der „Alten" und auch der neueren religiösen Systeme in Wirklichkeit populäre Darstellungen sind. Sie bringen zum Ausdruck, dass das Universum sowohl aus Sphären, Welten oder Globen des Geistes als auch aus Sphären, Welten oder Globen von mehr oder weniger dichter Materie zusammengesetzt ist. Doch selbst in den Tagen ihrer Degeneration bewahrten die alten Religionen und Philosophien nachklingende Erinnerungen an ihre ursprüngliche spirituelle Lehre: Sie hatten noch die vage Erkenntnis der Tatsache, dass es für exkarnierte menschliche Wesenheiten Zustände oder Bedingungen der Glückseligkeit sowie Zustände oder Bedingungen strafender Vergeltung gibt – wie bereits beispielhaft als Devachan und Avîchi beschrieben. Diese vagen Erinnerungen wurden zeitalterlang mit der umfangreicheren und grundlegenderen Tatsache der hierarchischen Struktur der spirituellen und materiellen Welten, Pläne, Sphären und Globen durcheinandergebracht. Daher sollte klar unterschieden werden einerseits zwischen den Zuständen oder Bedingungen der Wesenheiten, die in diesen Welten und durch diese Welten wandern, und andererseits zwischen diesen Welten, Plänen und Sphären selbst.

V

Während der letzten fünfzehn oder sechzehn Jahrhunderte waren in westlichen Ländern immer wieder seltsame Ideen zur Natur des allgemein akzeptierten *einen* Himmels verbreitet. Es wurde angenommen, er sei von immerwährender Dauer. Auch von der einen Hölle wurde allgemein angenommen, sie habe die endlose Zeit hindurch Bestand. So herrschte zum Beispiel vor ungefähr zweihundert Jahren in etwa die Vorstellung, dass, bevor das Universum vom „allmächtigen Gott", gemäß göttlichem Befehl erschaffen wurde, außer diesem unendlichen Gott nichts existiert hätte. „Er" war nicht von physischer Beschaffenheit, „Er" war ein Geist. Zwar wusste niemand genau, was ein Geist ist, doch die Lehre besagte, dass „Gott ein Geist ist". Allgemein wurde daher angenommen, der Himmel sei die Wohnung Gottes und seiner dienenden, schweigsamen Engel. Ja, sogar die Engel waren Gottes Schöpfung.

Zu einer unbestimmten Zeit wurde dann – vermutlich, nachdem Gott die Erde und alles auf ihr Existierende erzeugt hatte – die „Hölle" geschaffen. Sie wurde zur Heimat für den Rebellenengel, der im Westen später „Satan" genannt wurde, wie auch für jene Engel, die damals oder später gegen ihr Oberhaupt rebellierten und ihn bei seinem Sturz vom Himmel begleiteten. Sie betraten diesen irgendwo im All existierenden Aufenthaltsort – vermutlich eine „spirituelle" Region oder Kammer der Natur –, die Hölle genannt wird. Dort wohnen der Teufel und seine Engel. Gleichfalls ist die Hölle der Bestimmungsort aller üblen menschlichen Seelen, die nicht so von diesem Schicksal errettet wurden, wie dies die populäre Theologie lehrte und lehrt.

Theologen jener Periode hatten diesbezüglich tatsächlich sehr bestimmte Ideen. Alles wurde zu ihrer eigenen Zufriedenheit zusammengestellt, teilweise aus dem jüdischen und dem christlichen Testament und teilweise aus dem, was Theologen früherer Zeiten erdacht und gelehrt hatten. Für sie bestand das Universum aus Himmel und Hölle, aus der Erde sowie aus den kristallinen Sphären, die die Erde umgeben und mit den himmlischen Lichtern übersät sind, die zur Ergötzung und Erbauung der Menschen von dem allmächtigen Gott dahin gesetzt worden waren. Einige dieser alten Theologen wussten sogar genau, wann das Universum und alles in ihm Enthaltene erschaffen worden war: das Jahr, der Monat, der Tag und die Stunde! Zeugnis dessen gibt Dr. John Lightfoot[1], ein berühmter britischer Bibelgelehrter und Hebraist, der in der ersten Hälfte des siebzehnten Jahrhunderts gelebt hat. Dieser gelehrte und hochwürdige Herr hatte zu seiner eigenen vollkommenen mentalen und emotionalen Befriedigung genau das Jahr, den Monat, den Tag und die Stunde ausgerechnet, wann Gott das Universum gemäß seinem göttlichen Befehl geschaffen hat.

Lightfoot schrieb:

> Himmel und Erde, Mittelpunkt und Umfang, wurden zum selben Zeitpunkt gemacht, und Wolken voller Wasser und der Mensch wurden von der Dreieinigkeit am 23. Oktober 4004 v. Chr. morgens um 9 Uhr geschaffen.[2]

Es ist anzunehmen, dass als bestimmte Tageszeit, die der allmächtige Gott zur Schöpfung der Welt für geeignet ansah, die Morgenzeit um 9 Uhr nach unserer eigenen Erdenberechnung gewählt wurde!

Wir Abendländer sind über Jahrhunderte hinweg so von Ideen aus vielen Richtungen beeinflusst worden, dass sie sich in unser Bewusstsein eingenistet haben. Unbewusst stellen wir uns „Himmel“ und

---

[1] John Lightfoot (1602 – 1675): Pfarrer und College-Rektor (d. Hrsg.).

[2] Ussher-Lightfoot-Kalender, Versuch der Datierung der Schöpfung nach dem Alten Testament (d. Hrsg.).

„Höllen“ als irgendeine Art Plätze oder Örtlichkeiten vor: den oder die Himmel als „über“ und die Hölle oder die Höllen als „unter“ der Erde existierend, vielleicht in irgendwelchen uns unbekannten und undefinierbaren Regionen des Raumes. Es sollen Orte sein, an denen einerseits schlechte, unverbesserliche Menschenseelen die Ewigkeit hindurch in unaussprechlicher Qual verbringen, und andererseits Orte, in denen verjüngte und „gerettete“ Menschenseelen die Ewigkeit hindurch in unaussprechlicher Glückseligkeit verbringen – „in Abrahams Schoß“, um eine beliebte alte Ausdrucksweise der westlichen Welt zu gebrauchen.

Die bloße Tatsache, dass heute die meisten westlichen Menschen einen derartigen Aberglauben nicht mehr akzeptieren, ist einerseits ein gutes Zeichen, doch andererseits sind sie zu weit in die entgegengesetzte Richtung gependelt, was das fast allgemeine Verneinen vergeltender Gerechtigkeit einschließt – außer in dem unvollkommenen menschlichen Bereich –, und das ist eindeutig ein Fehler, denn es steht im Gegensatz zu dem, was in der Natur selbst existiert. Das Verneinen vergeltender Gerechtigkeit verletzt – ebenso wie die verschiedenen Formen des Aberglaubens – die Intuitionen des menschlichen Geistes, die moralischen Instinkte des Menschen sowie das unvergängliche Verständnis und die Einsichten des gesunden Verstandes, der dem Gemüt innewohnt. Der verstehende Mensch hingegen bemerkt allenthalben entsprechende Wirkungen, die, je nach Fall, schneller oder langsamer auf die Ursachen folgen, die in Gang gebracht worden sind. Vergeltung ist nichts anderes als die minutiös gerechte und unbeirrbar exakte Auswirkung von Ursachen, das heißt von jenen Kräften oder Energien, die einmal in Bewegung gesetzt wurden. Gehen die auf diese Weise wirkenden Energien aus moralischem Denken und folgerichtigem Handeln hervor, so folgen die entsprechenden Resultate im Einklang mit ihnen. Entspringen sie aber aus üblem und engherzigem Denken und Handeln, dann folgen die entsprechenden Resultate mit der gleichen und unausweichlichen Intensität dem Handelnden – und zwar früher oder später, in diesem oder in einem späteren Leben auf Erden. Die Konsequenzen sind jedoch entweder der devachanische Zustand oder in den schlimmsten Fällen Avîchi.

Die ältesten bekannten Religionen und auch andere, die zwar jünger sind, aber dennoch aus alter Zeit stammen, sprechen nicht von nur einem „Himmel". Es gibt viele „Himmel" in den Lehren dieser alten Religionen – gewöhnlich werden neun gezählt, manchmal sieben, es werden aber auch andere Zahlen erwähnt. Ebenso kennen sie verschiedene Zustände, in denen strafende Vergeltung wirksam wird. Diese Zustände oder Bedingungen sogenannter „toter Menschen" wurden im Westen als die „Höllen" jener alten Systeme übersetzt. Sie vergaßen dabei, dass wir heutzutage den Worten „Himmel" und „Höllen" – da wir die ursprünglichen Bedeutungen in diesen alten Religionen oder ihren vollständigen Sinn nicht verstehen – die im Westen populären und daher uns wohlbekannten abendländischen Bedeutungen beilegen.

Zudem wurden im Altertum – wie auch heute noch – die „Himmel" und „Höllen" dieser älteren und ältesten Religionen und Philosophien in allen Fällen als Zustände oder Bedingungen von zeitweiligem Charakter, als Orte zeitweiliger Glückseligkeit oder zeitweiliger Läuterung, betrachtet. Und jene, die entweder in diesen „Himmeln" oder in den „Höllen" leben, verbleiben dort für eine Zeit, deren Länge von der ursprünglichen Energie ihrer kausalen Gedanken und Handlungen abhängt, sodass sie sich entweder in dem einen oder in dem anderen Zustand befinden.

Außerdem wurden die „Himmel" und „Höllen" – die nur zeitweilige Wohnplätze waren – in keinem Fall als Sitze oder Örtlichkeiten betrachtet, in denen sich exkarnierte Seelen aufgrund einer göttlichen Anordnung befanden, woran sie keinen Anteil hatten außer als hilflose Opfer ohne Wahlmöglichkeit und wo sie folglich eine richterliche Belohnung für gutes Leben auf Erden ernteten oder eine richterliche Strafe für ein übles Leben in der letzten Inkarnation auf Erden erlitten. Keine außenstehende Gottheit hat jemals zu dem exkarnierten Ego gesagt: „Seele, du hast während deines Aufenthalts auf Erden ein gutes, spirituelles und hochherziges Leben gelebt. Komm herauf in den Himmel, ruhe in Frieden und ewig währender Glückseligkeit!" Oder: „Seele, du hast während deines Aufenthalts auf Erden ein Leben absichtlicher Entwürdigung und perverser Sünde gelebt. Geh hinab zur Hölle und lebe dort in ewiger Qual!" Derartige gefälschte Anordnungen einer außerkosmischen Gottheit sind bloße Vorstellungen uninitiierter Gemüter mit theologischer Neigung. Sie erkannten zwar, obwohl in falscher Weise, die tatsächliche Existenz von Zuständen der Glückseligkeit und der strafenden Reinigung, missverstanden aber diese Intuitionen oder interpretierten sie falsch. Sie entstellten sie zu den verschiedenen Varianten der exoterischen Lehren über „Himmel" und „Höllen", die den verschiedenen formalen und größtenteils von Menschen erfundenen Theologien der unterschiedlichen Systeme angehören.

Gemäß den archaischen Religionen erlangen die exkarnierten „Seelen" in allen Fällen aufgrund von Verdienst oder Unverdienst – wofür sie selbst im letzten Erdenleben verantwortlich waren – die Himmel einerseits oder die Höllen andererseits. So empfangen sie die in dem genauen Verhältnis stehende vergeltende Gerechtigkeit für das, was sie im Erdenleben gedacht, gefühlt und getan haben.

Die „Himmel" waren bei den alten Völkern nicht Orte ewiger Seligkeit und die „Höllen" nicht Orte ewiger Qual. In beiden Fällen betraten die exkarnierten Wesen sie für eine Weile als notwendige Stufe auf der wunderbaren nachtodlichen Reise der „Seele", wie sie im Westen gewöhnlich genannt wird. Unser Leben auf Erden, so lehrten jene weisen alten Philosophen, ist lediglich eine zeitweilige oder zyklisch bedingte Phase. Ihrer Ansicht nach ist dies wie das Einkehren in ein Gasthaus für einen Tag und eine Nacht, wie Dichter es so oft beschrieben haben. Aus den unsichtbaren Welten kommen wir auf diese Erde. Wir leben hier für eine kleine Weile und schreiten dann fort zu anderen Stufen in den unsichtbaren Sphären. So verfolgen wir die Bahnen unserer Wanderungen, die alle zusammen einen Teil der wunderbaren Abenteuer des Lebens bilden.

Da die „Himmel" und „Höllen" als nur vorübergehend betrachtet wurden, waren sie ebenfalls dazu bestimmt, zu vergehen und zu verschwinden, wenn das Universum, in dem sie enthalten sind, seinen Lauf evolutionärer Manifestation vollendet hat und alle Wesen wieder in die Substanz des Göttlichen eintreten, aus dem sie sich im Anbeginn emanationell hervorevolviert hatten.

> So steigen in dem größeren Prozess der Welt die primären Ursachen hinab in die Elemente und die Elemente in Körper; dann werden die Körper wieder in Elemente aufgelöst und die Elemente in die primären Ursachen.
>
> Eriugena: *The Division of Nature* (*Die Teilung der Natur*) 866, 696 B (ins Engl. übersetzt von Bett, S. 85: *Johannes Scotus Eriugena*)

So findet sich sogar in den Schriften eines mittelalterlichen neuplatonischen, christlichen Theologiephilosophen ein deutliches Echo der archaischen Weisheitsreligion und ihrer Lehren von der fortlaufenden Evolution und Entfaltung des Universums sowie seiner abschließenden Rückkehr zu seiner ursprünglichen göttlichen Quelle.

Doch sollte bedacht werden, dass Eriugenas Werk im dreizehnten Jahrhundert von der offiziellen Kirche ausdrücklich verdammt und auf den Index gesetzt wurde, obgleich es das gesamte mittelalterliche christliche Denken für mehr als zwei Jahrhunderte beherrscht hatte.

Theosophie lehrt viel von dem oben Gesagten, wie zum Beispiel, dass die Erde weder der einzige Wohnort denkender und fühlender Wesenheiten ist noch der einzige Maßstab, nach dem sie mittels religiöser und philosophischer Spekulationen versuchen sollten, das Universum einzuordnen oder abzuschätzen. Die Erde ist sozusagen nur ein kosmisches „Gasthaus" auf einer Reise, die die endlose Zeit hindurch fortdauert, ein Ereignis in einem immerwährenden Abenteuer. „Immerwährend" bedeutet so lange, wie die Manifestationsperiode des Universums, in dem wir gegenwärtig leben, in seinem gegenwärtigen Zyklus oder seiner Periode manvantarischer Manifestation währt.

Wenn die Manifestationsperiode des Universums ihr Ende erreicht hat, tritt auch das Universum (ebenso wie ein Mensch, wenn der Tod den physischen Körper übermannt) in seine Periode der Ruhe und erholsamen Rast ein. Diese währt so lange, bis seine Zeit kommt, einen neuen Zyklus emanationeller Evolution in der Manifestation zu beginnen, wenn alles in ihm und alles von ihm aufs Neue wieder erscheint, aber auf einem etwas höheren Plan, in etwas höheren Welten, auf etwas höheren Stufen des Selbstausdruckes oder des Lebens. Somit bewegt sich das Universum auf seiner neuen Bahn einem höheren Ziel zu als dem vorausgegangenen. Höher aus dem Grunde, weil das Universum selbst emanationell höher entwickelt oder mehr „gereift" ist. So wurden die „Himmel" und „Höllen" zu Recht als nur zeitweilige und vorübergehende Wohnorte oder Häuser betrachtet, wie die archaischen Religionen und Philosophien sie darstellen: als Wohnorte, die in und mit dem Universum, zu dem sie gehören, schließlich in Über-Geist oder Göttlichkeit übergehen, „sich darin auflösen" und damit wieder in die Substanz von Brahmâ eingehen – wie die Hindus es zweifellos ausdrücken würden –, um dort zu ruhen, bis Brahman das Universum und alles von ihm und in ihm wieder ausatmet.

Kapitel 6

Himmel und Höllen – II

Die Angaben über „Himmel" und „Höllen", die in den verschiedenen großen Weltliteraturen, den Volkssagen oder mythologischen Geschichten alter Völker – zivilisierter, unzivilisierter oder wildlebender – gefunden werden können, sind weder wörtlich noch im oberflächlichen Sinn zu verstehen. Im Allgemeinen kann zwar gesagt werden, dass Aussagen oder Anspielungen dieser Art, wo immer sie gefunden werden, auf Naturtatsachen zurückzuführen sind; fast immer jedoch haben Zeit und menschliche Einbildungskraft ihr Werk der Degeneration und folglich des Missverstehens der ursprünglichen Wahrheiten und Realitäten verrichtet, die den verschiedenen Völkern der Erde direkt von den großen Weisen der Vergangenheit überliefert wurden.

Einige Vorstellungen der Völker in Verbindung mit den „Himmeln" und den „Höllen" sind recht merkwürdig. Die Guaycurú, Indianer im nördlichen Südamerika, verlegten ihren Himmel in den Mond. Ihre großen Heroen und Weisen gingen nach dem Tode für eine Zeitlang zum Mond, bis sie wieder zur Erde zurückkehrten. Die Saliva-Indianer, die auch im nördlichen Südamerika beheimatet sind, meinten, der Himmel wäre ein Ort, an dem es keine Moskitos gäbe!

Andere Völker hatten ebenfalls ihre eigenen kuriosen Ideen. Mehr als ein Volk hat zum Beispiel seine Hölle in die Sonne verlegt, sie war auch in der Fantasie einiger englischer Schriftsteller vor nicht allzu langer Zeit eine recht beliebte Örtlichkeit für die „Hölle" – zweifellos aufgrund der damals neuen astronomischen Ideen, nach denen die Sonne eine in heftiger Verbrennung befindliche Sphäre sei. Die „Hölle" wurde auch in den Mond verlegt, wie zum Beispiel von den südamerikanischen Ureinwohnern. Es kam auch vor, dass in der Vorstellung einiger der „Himmel" in die Sonne verlegt wurde; im Allgemeinen wurde er jedoch in einen unbekannten Teil des blauen Lichthimmels verlegt.

Überdies sind nicht alle „Höllen" in Legende und Erzählung Orte oder Lokalitäten des Leidens, der Pein oder der Qual; einige werden sogar als Orte des Vergnügens oder relativer Schönheit beschrieben, so wie es unsere Erde für uns ist. Die „Hölle" oder die „Höllen" wurden zuweilen in den Mittelpunkt unserer Erde verlegt, was in mittelalterlichen europäischen Zeiten allgemein gelehrt wurde und auch das Thema Dantes in seiner *Divina Commedia* war. Dante übernahm diese Vorstellung von einer sehr oft missverstandenen alten griechischen und auch lateinischen Lehre, denn die Römer hatten in alten Zeiten von den Griechen sehr viel an religiösen und philosophischen Inhalten entlehnt wie auch vieles aus der Rechtswissenschaft. Wenn Dante, wie gesagt werden kann, von dem geografischen Charakter seines *Inferno* schreibt, teilt er dieses in neun Stufen oder vielmehr in neun Grade von zunehmender Qual ein. Diese „Höllenkreise" verlegt er in die Nähe des Mittelpunktes der Erde. Oberhalb seines *Infernos* beschreibt er sieben Stufen des Fegefeuers (Purgatoriums); diese ergeben zusammen mit dem Vorfegefeuer und dem irdischen Paradies, das auf die höchsten der sogenannten Fegefeuerregionen folgt, weitere neun Stufen oder Mittelsphären, oder wenn man so will, höhere Höllen. Dann kommen, noch ätherischer und noch weiter von seinen „infernalen" Regionen entfernt, die neun Sphären oder Welten des „Himmels". Gekrönt werden diese von dem Lichthimmel (Empyreum), wo Gott und seine dienstbaren Engel mit der zahlreichen Gesellschaft der Gesegneten wohnen. Dieses hierarchische System, das die Höllen, die Regionen des Fegefeuers und die Regionen des Himmels umfasst, beruht ebenfalls auf alten, aber oft missverstandenen griechischen Lehren, die aus der neuplatonischen Schule hauptsächlich durch die Schriften des Pseudo-Dionysius Areopagitus in die christliche theologische Betrachtung eingeflossen sind.

Homers *Ilias* stellt in mystischer Weise das dar, was die Bibel der Griechen genannt werden könnte. Auf sie bezogen sich die Griechen hinsichtlich der wahren Bedeutung ihrer mythologischen Lehren – ebenso wie sich die Christen bezüglich der wahren Bedeutung christlich-theologischer Lehren auf das Alte und auf das Neue Testament berufen. In der *Ilias* sind vier grundlegende Stufen der kosmischen Hierarchie zu finden: der Olymp oder Himmel; die Erde; der Hades oder die Unterwelt, die oft im Mittelpunkt der Erde angenommen wird, und der düstere Tartaros, die niedrigste Stufe von allen.[1] In dieser Mythologie soll Tartaros die Region sein, in die jene Titanen gestürzt wurden, die sich gegen Zeus, den Vater der Götter und der Menschen, erhoben hatten; nun sind sie eingekerkert und in Ketten gelegt, bis sie in künftigen Zeiten erlöst und befreit werden.

Der Tartaros stellt in dieser Mythologie offensichtlich die Elementalwelten dar, in denen die titanischen Kräfte der sich entfaltenden Natur in den strengen Banden gehalten werden, die im Westen allgemein „Gesetze" genannt werden. Freigelassen richten diese schrecklichen Naturkräfte Verwüstung auf Erden an, und so verstanden dann auch die griechischen Mythenschreiber die geheime Bedeutung dieses Teiles ihrer Mythologie. Daher sagten sie von den eingekerkerten Titanen, dass sie durch ihre Bewegungen im Tartaros die Erdbeben, die Sturmfluten und andere Phänomene hervorrufen, die die Natur zeigt, wenn ihre schrecklichen Kräfte zeitweilig freigelassen und entfesselt zu sein scheinen.

---

[1] Weitere Informationen hierzu finden sich in: Gottfried von Purucker: *Grundlagen der Esoterischen Philosophie.* Hannover, 2003, Kap. XV (d. Hrsg.).

I

Auf die „Himmelswelten“ beziehungsweise die „Höllenwelten“ beziehen sich viele Stellen in den alten Literaturen, die von den „Pfaden“ zu den „Göttern“ oder zu den „Dämonen“ handeln; denn natürlich werden in den Literaturen, in denen die Lehren oder Lehrsätze dieser alten Religionen und Philosophien enthalten sind, Ausdrücke oder Redensarten benutzt, die populär waren, als diese Literaturen zusammengestellt wurden. Selbst ihre großen Verfasser mussten den Mangel an spirituellen Fähigkeiten und die intellektuellen Vorurteile jener Völker, unter denen sie auftraten, in Betracht ziehen; sie mussten eine vertraute Sprache sprechen, um verstanden zu werden.

Auf folgende Weise wird dies im *Mahâbhârata* wiedergegeben:

> Zwei Pfade sind bekannt: einer führt zu den Göttern, und einer führt zu den Vätern.
>
> Kapitel XII, Śloka 525

In demselben Werk findet sich auch Folgendes:

> Es heißt, die Sonne ist das Tor zu den Pfaden, die zu den Göttern führen; und der Mond soll das Tor zu den Pfaden sein, die zu den Vätern führen.
>
> Kapitel XIII, Śloka 1082

In diesen beiden Zitaten sind die Ausdrücke „Götter“ und „Väter“ technische Bezeichnungen, die der Religion des alten Hindustan angehören. „Väter“ bedeutet das, was die Christen weit weniger klar „verstorbene Geister“ genannt haben. Auf „Götter“ hingegen bezogen sich die Griechen und Römer, wenn sie von göttlichen Wesen sprachen, von denen viele „vollkommen gewordene Menschen“ waren – göttliche Wesen, die bereits vor langer Zeit durch das menschliche Stadium hindurchgegangen sind und Göttlichkeit erlangt haben: sie sind mit ihrem eigenen inneren Gott eins geworden.

So sind die höheren Welten oder die „Himmelswelten" die Regionen der Götter, während die niedrigeren oder materiellen Welten die Regionen der sogenannten „Dämonen" sind. Die Dämonen sind jene Wesenheiten, deren Karma oder Schicksal sie in Sphären und Pläne geführt hat, die, wie bereits dargelegt wurde, noch grobmaterieller sind als unsere Erde.

Die alten Mysterien, wie zum Beispiel die griechischen, enthielten natürlich Lehren, die mit dem oben Skizzierten identisch sind. Die grundlegenden Bemühungen in den antiken Einweihungsriten und -zeremonien im alten Griechenland bestanden darin, das menschliche Bewusstsein zur Erkenntnis seines untrennbaren Einsseins mit der „universalen Natur" und seiner essenziellen Verwandtschaft mit den Göttern zu bringen.

„Zweck und Ziel aller Initiationen", sagte Sallust[1], der neuplatonische Philosoph, „ist es, den Menschen zur bewussten Erkenntnis seiner untrennbaren Einheit mit der Ordnung des Universums und mit den Göttern zu bringen." Und Proklos[2], ein anderer berühmter neuplatonischer Philosoph etwas späteren Datums, sagt praktisch dasselbe; er schreibt im Wesentlichen:

> Wer weiß nicht, dass die Mysterien und alle Einweihungen als einziges Ziel das Abwenden unserer Seelen vom materiellen und sterblichen Leben haben, um uns mit den Göttern zu vereinigen und die Dunkelheit in den Seelen zu zerstreuen, indem sie dort das göttliche Licht der Wahrheit verbreiten?
>
> Kommentar zu Platons *Timaios*

Diese alten griechischen Lehren und Einweihungsmethoden waren im Wesentlichen mit den Lehren, die im Fernen Osten gelehrt,

---

1 Gaius Sallustius Crispus (Sallust) (86 v. Chr. – 35 oder 34 v. Chr.): römischer Geschichtsschreiber und Politiker (d. Hrsg.).

2 Proklos (412 – 485): spätantiker griechischer neuplatonischer Philosoph (d. Hrsg.).

und den Systemen, die dort angewandt wurden, identisch. Das war notwendigerweise so, denn ursprünglich wurden alle von der Weisheitsreligion des längst vergangenen Altertums hergeleitet. Die Ausdrucksweise unterschied sich natürlich in den verschiedenen Ländern, doch die Wurzelgedanken waren universal dieselben. Der Pfad zu den „Göttern" einerseits und der Pfad zu den „Vätern" andererseits, von denen der Hindu spricht, sind nur eine Art, die Aktivitäten der evolvierenden und revolvierenden menschlichen Seelen in Worte zu fassen. Einerseits lenken sie auf den Pfad, der zu den Göttern oder zu den höheren Sphären führt, und andererseits auf jenen Pfad, der zu den niederen Reichen führt. Diese Pfade sind mit den „Zirkulationen des Universums" identisch, von denen andere Teile dieses Werkes handeln.

Dieser gedankliche Kernpunkt erinnert stark an eine schöne Textstelle, die der berühmte neuplatonische Philosoph Plotin[1] hinterlassen hat. Seine Zeitgenossen nannten ihn *Theiotatos,* was der „Göttlichste" bedeutet. Der Inhalt und die Gedanken, wenn nicht sogar die Worte, die in dem folgenden Auszug wiedergegeben werden, stammen von dem großen Neuplatoniker selbst:

> Den scheidenden Seelen eröffnen sich ungeheuer große und sehr verschiedenartige Regionen. Das göttliche Gesetz kann nicht umgangen werden, und es ist nicht möglich, dass ein Mensch jemals der Qual und Angst entgeht, deren Ursache üble Taten sind [...] Die befleckte Seele wird, gewissermaßen sich selbst unbewusst, ihrem Verhängnis entgegengetrieben, stets angespornt von den inhärenten Impulsen vergangenen üblen Tuns. So geht es fort, bis die Seele, die auf diese Weise kontinuierlich erschöpft und zermürbt wird, ihren angemessenen Platz findet. Sie erreicht die Bestimmung, die sie wissend nie gesucht hat, die ihr aber durch die Zügellosigkeit ihres eigenen Wollens zuteil wird. Auf diese Weise

[1] Plotin (205 – 270): Begründer des Neuplatonismus (d. Hrsg.).

bereitet die Natur die Länge und Intensität der Pein vor und regelt ebenfalls die Beendigung der Strafen. Sie gibt der Seele die Fähigkeit, sich von den Orten des Leidens wieder zu erheben. Dies geschieht durch die göttliche Harmonie, die den universalen Plan durchdringt. Seelen, die zu Körpern hingezogen werden, werden zur Strafe zu Körpern hingezogen, während edlere Seelen, die reiner sind und geringe, wenn überhaupt eine Anziehung zum Körperlichen haben, sich außerhalb der Anziehungskraft der materiellen Sphären befinden. Und dort, wo sich die göttliche Essenz befindet, das Göttliche des Göttlichen und die Wahrheit selbst, dorthin gelangt eine solche befreite Seele.

Enneaden, Über die Seele, IV, iii, 24

Diese Ausführungen halten sich auffallend getreu – zumindest im Kern – an die essenzielle und tatsächlich verborgene Bedeutung der Lehren der Esoterischen Tradition, die von den verschiedenen Welten und Sphären handeln. Die Aufmerksamkeit des Lesers wird in diesem Auszug Plotins auf die vielen einzelnen Gedanken gelenkt, die nicht übersehen werden sollten.

Zu sehen, wie neuplatonisches Denken, das in vielem das Beste der Lehren Platons darstellt, bei modernen metaphysischen Denkern wieder zur Geltung kommt, ist außerordentlich erfreulich. Diese „Wiederkehr" trifft jedoch aufgrund unbegründeter Vorurteile gegen antikes mystisches Denken auf Schwierigkeiten, die mangelhafter religiöser und wissenschaftlicher Erziehung und Bildung entspringen. Dennoch gibt es in heutiger Zeit ebenso couragierte wie nachdenkliche Menschen, die anerkennen, was sie in metaphysischer und intellektueller Hinsicht dem neuplatonischen Denken schulden. Allem Anschein nach verdanken sie im Besonderen Plotin, einem seiner letzten Vertreter während des römischen

Kaiserreichs, dieses Wissen. So schreibt der berühmte englische Kleriker und Philosoph Dean Inge[1] über Plotin Folgendes:

> Kein anderer geistiger Führer kommt Plotins Aussagekraft, Einsicht und tiefer spiritueller Durchdringung der Dinge auch nur nahe. Ich habe mich in seine Schriften versenkt und versucht, sie nicht nur zu verstehen, wie man irgendein anderes intellektuelles System verstehen mag, sondern sie als Führer zu rechtem Leben und rechtem Denken anzunehmen [...] er besteht darauf, dass allein spirituelle Güter wirklich sind; er setzt das, was Weltgeltung hat, ebenso vollständig außer Kraft, wie die Evangelien selbst es tun [...] Ich habe fast dreißig Jahre mit ihm gelebt und ihn im Wohlergehen und auch in der Not nicht vergeblich gesucht.

II

Es erübrigt sich, noch mehr Zeit auf bloße Beschreibungen der verschiedenen „Himmel" und „Höllen", wie sie in den einzelnen religiösen und philosophischen Systemen der Vergangenheit gegeben wurden, zu verwenden. Beschreibungen dieser Art können unter der entsprechenden Rubrik in jedem umfangreicheren Lexikon gefunden werden. Der Zweck dieses Kapitels ist nicht eine nur beschreibende Abhandlung über die Besonderheiten der exoterischen Theorien in Bezug auf die „Himmel" und „Höllen". In der Theosophie werden die Worte „Himmel" und „Höllen" nicht angewandt, es sei denn in einem rein übertragenen oder historisch-literarischen Sinne.

Die hinter dem Thema „Himmel und Höllen" liegende Grundidee kann etwa folgendermaßen wiedergegeben werden: Das Universum, das vollständig von Wesenheiten auf allen evolutionären Stufen seiner hierarchischen Struktur erfüllt ist, existiert auf vielen kosmischen

[1] William Ralph Inge (1860 – 1954): englischer Schriftsteller, christlicher Platoniker, Pfarrer, Professor für Theologie in Cambridge und Dean (Dekan) der St.-Pauls-Kathedrale, was die Benennung lieferte, unter der er weithin bekannt war: Dean Inge (d. Hrsg.).

Plänen. Mit anderen Worten: Es enthält Unmengen von Welten und Sphären, von denen jede de facto vollkommen von Leben (Singular) erfüllt ist oder, gleichermaßen exakt gesagt, vollständig mit Leben (Plural) durchtränkt ist. In heutiger Zeit wird dieses „Leben" von Wissenschaftlern allgemein mit „Energie" oder seltener mit „Kraft" bezeichnet beziehungsweise mit „Energien" oder „Kräften".

Wie in diesem Werk oft gesagt wurde, bestehen keine absoluten Grenzen oder Trennungslinien zwischen Welt und Welt oder Sphäre und Sphäre. In der universalen Natur gibt es tatsächlich nichts „Absolutes" irgendwelcher Art. Daher gibt es auch kein Ende der Welt, keinen Ausgangspunkt, keine äußersten Anfänge und keine äußersten Enden der einander durchdringenden und ineinander verwobenen Abteilungen des Kosmos. Relative und tatsächlich wichtige Anfänge und Enden existieren natürlich, sie beziehen sich jedoch auf die erwähnten kosmischen Abteilungen und stehen daher in Beziehung zu den evolvierenden und revolvierenden Wesenheiten, die diese Verbindungspunkte oder -stationen als „Anfänge" oder „Enden" wahrnehmen. Das ist der Grund, warum es nicht möglich ist – das gesamte Universum steht dem entgegen –, dass irgendeine Wesenheit, wie zum Beispiel ein Globus, ein Himmelskörper, eine Welt, eine Hierarchie oder ein sonstiges Wesen, außerhalb und losgelöst vom All existiert.

Leibniz (1646–1716), der große deutsch-slawische Philosoph und Mathematiker von weitreichendem Einfluss – als Zeitgenosse des großen Isaac Newton vervollkommnete er die Philosophie und den Mechanismus der Differenzialrechnung –, vertritt fast genau die gleiche Ansicht von einer organischen Natur als einem lebenden Organismus, der die untereinander in Beziehung stehenden und ineinander verwobenen Hierarchien manifestiert und somit ein endloses Kontinuum des Seins[1] bildet.

---

[1] Im *Nouveaux Essais,* Préface, schreibt Leibniz dazu: „Nichts geschieht auf einen Schlag; und es ist einer meiner größten und bewährtesten Grundsätze, dass die Natur niemals Sprünge macht. Das nenne ich das Gesetz der Kontinuität." (d. Hrsg.)

Das Universum ist also ein zusammengesetzter Organismus, der sozusagen an dem einen Pol aus kosmischem Geist und an dem anderen Pol aus konkret gewordenem oder kristallisiertem Geist, den wir Substanz oder Materie nennen, gebildet ist sowie aus allen Zwischengraden oder -stufen. Der höchste der Pläne, Welten oder Hierarchien liefert den Kern für den ursprünglichen archaischen Gedanken, der hinter den Lehren hinsichtlich der „Himmel" steht, von denen in den alten Weltreligionen und Weltphilosophien allgemein sieben, neun, zehn oder manchmal sogar zwölf gezählt wurden. Entsprechend waren die sogenannten „Höllen" jene Sphären oder Welten von dichterer oder gröberer Substanz, doch gleicherweise voller Leben (Singular) und daher voll von Leben (Plural). Demzufolge waren sie zusammen mit den Welten des Geistes die Schauplätze für das Zusammenspiel der Kräfte und Substanzen, aus denen sie zusammengesetzt sind. Diese inneren und unsichtbaren Welten sind es, die die Natur in ihrer vielräumigen Konstitution enthält und die in der Tat die Struktur der Natur selbst bilden. Es sind diese „Sphären", durch die der Mensch und in gleicher Weise auch Wesenheiten auf anderen Planeten – selbstbewusste Wesenheiten, die den Menschen entsprechen – nach dem Tode hindurchgehen. Dabei schlagen sie die Richtung entweder nach „oben" oder nach „unten" ein, weil sie der Bahn der kausalen Wirkungen folgen, die sie während des letzten Lebens oder der letzten Verkörperung verursacht haben. Wir Menschen leben auf diesem unserem physischen Globus. Hier verbringen wir unsere physische Existenz, der Tod unseres physischen Körpers folgt zu seiner Zeit. Unmittelbar darauf verschwindet der beste Teil des Menschen von dieser Sphäre. Dieser höhere Teil ist jedoch nicht vernichtet, vielmehr verschwindet er von dieser physischen Sphäre, weil das Instrument, sein Körper, der ihn auf Erden hielt und dazu befähigte, auf diesem stofflichen Plan wirksam zu sein, von seiner Konstitution abgetrennt ist und schließlich in die ihn zusammensetzenden chemischen Elemente aufgelöst wird. Vergleichsweise verhält es sich so, als würde ein telegrafisches Instrument auseinanderbrechen: die

Botschaften von dem anderen Ende können nicht mehr durchkommen, das Empfangsgerät ist zerstört.

Der Körper stirbt dann natürlich, denn er ist eine in hohem Grade zusammengesetzte und teils empfindungsfähige Wesenheit. Tatsächlich ist er nur ein mit Lebenskraft erfülltes und in einem gewissen Sinn mechanisch konstruiertes Instrument. Das Bündel unsichtbarer Kräfte aber, das den Körper beseelt und allgemein „Leben" genannt wird, hat seine eigenen wunderbaren Bestimmungswege. Es muss daher seinen eigenen Pfad verfolgen und beginnt seine erstaunlichen Wanderungen durch die Sphären. Da es in seinem innersten Wesen reiner Geist ist, ist dieses innerste Wesen nicht zusammengesetzt in dem Sinne, wie es ein Körper ist.

Beim Tode wird der physische Körper wie ein altes, abgetragenes Gewand beiseite gelegt. Hier ist jedoch nicht vom Tod durch Unfall im Erwachsenenalter oder durch Suizid die Rede, denn hier bringt – auch wenn im Laufe der Zeit dieselbe allgemeine Regel zur Auswirkung gelangt – das Zerreißen der goldenen Lebensschnur eine Reihe von Zwischenzuständen mit sich, die jedoch gesondert behandelt werden müssen. Auch der vital-astrale Körper, der ein wenig ätherischer ist als der physische Körper, wird beim Tode abgeworfen. Er zerfällt oder löst sich auf, verschwindet zu seiner Zeit und bleibt normalerweise nur wenig länger bestehen als der physische Leichnam. Doch was geschieht mit den edelsten Teilen des gewesenen Menschen, nachdem sich der Tod des Körpers eingestellt hat, was geschieht mit dem Glanz seines spirituellen Teiles und der erhabenen Größe seiner geistigen Essenz, die er ist? Dieses gesamte Bündel feinerer Kräfte und Substanzen verlässt das physische Vehikel in dem Augenblick, in dem die sogenannte „goldene Lebensschnur" reißt; es ist frei geworden. Gradweise geht es nun wieder in die spirituelle Monade ein, die der spirituelle Kern oder das spirituelle Herz, die spirituell-geistige Essenz des auf Erden gewesenen Menschen ist. Im Schoße der Monade verbleibt dieser edelste Teil des essenziellen Menschen in und auf den höheren Plänen des inneren und unsichtbaren

Kosmos. Er verbleibt dort so lange im Frieden und in der unaussprechlichen Glückseligkeit des devachanischen Zustandes, bis aufs Neue die Zeit kommt, da die Natur ihn wieder zu einem neuen Wiedererscheinen auf Erden durch Reinkarnation hervorbringt.

Doch was geschieht mit dem Zwischenteil der menschlichen Konstitution? Wie schon oft beschrieben wurde, ist der Mensch eine zusammengesetzte Wesenheit, zusammengesetzt aus Himmel und Erde, aus Geist und Materie. Was aber wird aus jenem Zwischenteil, der die menschliche „Seele" genannt wird? Aus jenem egoischen Teil des Alltagsmenschen, der rein menschliche Wünsche hegt, persönliche Liebe, Emotionen, Sympathien und Antipathien sowie psychische und mentale Attribute manifestiert? Was wird aus diesem Zwischenteil der Seele?

Tritt nach dem Zurückziehen des höheren Teiles des Menschen der Tod ein, versinkt die menschliche Zwischennatur gewissermaßen augenblicklich in Schlaf und verbleibt während einer Periode von kürzerer oder längerer Dauer in einem traumlosen Schlaf. Weil der höhere Teil der Zwischennatur oder menschlichen Seele ein reflektierter Strahl von dem monadischen Geist ist – der jetzt an seine eigene Stätte gegangen ist und der edelste Teil des gewesenen Menschen ist –, wird folglich dieser Strahl im Laufe der Zeit immer stärker zu seiner Quelle zurückgezogen, zum Geist, der ihn ausgesandt hatte, und vereinigt sich schließlich wieder mit ihm. Dieser Strahl des Geistes wird auch das reinkarnierende Ego genannt. Seiner nachtodlichen Vereinigung mit seinem Geist folgend, tritt es nun in seine devachanische Periode ein. Devachan ist ein aus dem Tibetischen übernommenes Wort. Es bedeutet den Zustand oder die Bedingung unbeschreiblicher Glückseligkeit, erholsamer Ruhe und einer beglückenden Vorstellungswelt, an denen sich die Zwischennatur erfreut, bis die Zeit für die nächste Inkarnation auf Erden kommt.

Diese Vereinigung mit dem Geist findet statt, weil der höhere Teil der Zwischennatur ein *Strahl* des Geistes und nicht der Geist selbst ist und weil dieser Strahl rein menschliche Elemente in sich hat, anstatt rein göttlich oder gottähnlich zu sein wie sein Elter, der monadische Geist. Doch vor der Vereinigung mit dem Geist bedarf die Seele der Läuterung oder Reinigung von diesen niederen oder nur menschlichen Attributen. Erst wenn dieser Prozess vollzogen ist, kann sie in die uneingeschränkte und reine devachanische Glückseligkeit eingehen, in die offensichtlich kein nur menschliches Element, das Unvollkommenheit in sich schließt, Eingang finden kann.

Wie aber wird das Ego von seinen niederen Attributen geläutert und gereinigt? Es steigt durch die Sphären aufwärts, das heißt durch andere Welten der inneren und unsichtbaren Sphären der Natur. Wenn das vergangene Leben auf Erden edel und gut gewesen ist, sind die Sphären, zu denen das exkarnierte Ego hingezogen wird, jene sehr ätherischen Sphären, also Orte, an denen es relatives Glück, relativen Frieden und relative Seligkeit erfährt. In diesen ätherischen Reichen tritt es in den devachanischen Zustand ein. Doch bevor es dazu fähig ist, muss es notwendigerweise die verschiedenen Stufen des Kâma-loka durchlaufen. Auf jeder der ansteigenden Stufen oder Grade wirft es bei seinem Aufstieg zum devachanischen Zustand jene unvollkommenen menschlichen Attribute ab oder wird von ihnen geläutert, die diesen aufeinander folgenden kâma-lokischen Graden beim „Aufstieg" jeweils entsprechen. Nachdem es durch die verschiedenen aufsteigenden Stufen des Kâma-loka hindurchgegangen ist, was das exkarnierte Ego eines guten Menschen schnell vollbringt, versinkt es schließlich in den Bewusstseinszustand, der der niedrigste in der Reihe der devachanischen Grade ist. Es findet seinen geeigneten Ruhepunkt oder die Stufe längster devachanischer Dauer in dem besonderen devachanischen Zustand oder Grad, der ihm karmisch zukommt.

Hierin also liegt die wahre Bedeutung des ursprünglichen Gedankens, aus dem die spätere Lehre von den „Himmeln", wie sie beschrieben ist, hervorging. In jeder dieser Sphären oder Welten verbleibt der bessere Teil der menschlichen Seele, das exkarnierte Ego, für eine angemessene Zeit. Schließlich verlässt es dann diese Stufe, diesen Grad, diese Sphäre oder Welt, um zu einer höheren überzugehen. Die Ursache für eine längere oder kürzere Zeit, die auf einer jeden entsprechenden unsichtbaren Stufe oder auf derartigen Stufen der verschiedenen Welten zugebracht wird, ist die unterschiedlich stark wirkende Anziehungskraft.

Schließlich erlangt das Ego, wenn auch vollständig unbewusst, die Wiedervereinigung mit seiner monadischen Essenz, der Monade oder spirituellen Seele. In ihr verbleibt es für Jahrhunderte, bis seine innewohnenden natürlichen Neigungen und Anziehungen es zu einem Abstieg durch dieselben einst verlassenen Sphären zu einer neuen Inkarnation auf Erden treiben oder hinziehen.

Wurde das Leben auf Erden jedoch schlecht gelebt und waren die Gedanken und Gemütsbewegungen des Menschen sowie seine daraus folgenden Handlungen so voller Selbstsucht und übler Begierde, dass er ihnen willig ihren Lauf ließ und somit ein grobes und stark materialistisches Leben führte, ist das exkarnierte Ego für die Sphären spiritueller Glückseligkeit und des Glücksbewusstseins offenbar nicht geeignet.

Was geschieht also? Die mehr oder weniger materiell ausgerichteten Neigungen des Egos beginnen sofort, es zu weniger ätherischen Sphären anzuziehen oder zu lenken, zu Sphären von gröberer oder materiellerer Art als denjenigen, die es angezogen haben würden, wenn seine Neigungen und Instinkte und die sein vergangenes Leben motivierenden Kräfte von spirituellerer Art gewesen wären. Es betritt diese niedrigeren und materielleren Sphären eine nach der anderen und verbringt in ihnen eine längere oder kürzere Zeit, je nach der Anziehungskraft, die es dorthin brachte, bis sich die ursprünglich in Bewegung gesetzten Energien ausgewirkt haben. Was nach diesem Läuterungs- oder Reinigungsprozess übrig bleibt, wird gleich im Feuer geläutertem Gold bereit, seine Reise zur Wiedervereinigung mit seiner goldenen Sonne, seinem spirituellen Selbst, wieder aufzunehmen. Dies ist, kurz zusammengefasst, die ursprüngliche Bedeutung, die hinter den später entwickelten Lehren von den sogenannten „Höllen“ liegt. Diese Höllen sind, wie sie von den alten Lehren übermittelt werden, lediglich mehr oder weniger grobmaterielle Sphären. Das sich wiederverkörpernde Ego wird infolge seiner innewohnenden und bisher nicht befriedigten Begierden und aufgrund der durch sie hervorgerufenen Erfahrungen von ihnen angezogen. Dementsprechend sind die „Himmel“ die ätherischen und spirituellen Sphären oder Welten. Für uns sind sie gewisse unsichtbare Bereiche kosmischen Raumes, zu denen sich das sich wiederverkörpernde Ego durch sein innewohnendes Sehnen hingezogen fühlt.

Hier ist es angebracht nochmals zu betonen, dass diese besonderen Sphären oder Welten, zu denen das sich wiederverkörpernde Ego angezogen wird, nachdrücklichst keine „Himmel“ oder „Höllen“ *an sich* in dem Sinne sind, wie sie wörtlich allgemein missverstanden werden. Die Himmel und Höllen sind vielmehr integrale Teile der hierarchischen Struktur des Universums. Aufgrund ihres spirituellen und ätherischen Charakters einerseits und ihres materiellen oder gar grobmateriellen Charakters andererseits – gebildet durch die Struktur der Natur – liefern sie den Ort, die Szenerie und Umgebung, zu denen das sich wiederverkörpernde – oder auch exkarnierte Ego – aufgrund seiner Tendenz oder Neigung zu der einen oder anderen Art der Existenz angezogen wird.

„Wiederverkörperndes Ego" wird hier als ein verallgemeinernder Ausdruck gebraucht. An anderen Stellen wurde es auch das „wandernde Ego" oder die „wandernde Monade" genannt. Unmittelbar nach dem Tode des physischen Körpers kann es auch als „exkarniertes Ego" bezeichnet werden, doch aufgrund seines wandernden Wesens ist es ebenfalls das „sich wiederverkörpernde Ego".

In alten Zeiten wurde unsere Erde, fachlich gesprochen, als eine der „Höllen“ angesehen, da sie ein Globus von mehr oder weniger dichtem und grobem Stoff ist. Und tatsächlich, wer die Dinge so sieht, wie sie sind, die Auswirkungen menschlicher Selbstsucht und Leidenschaft fühlt; das Elend, die Entwürdigung und das Leiden, das seelische wie auch das physische, wahrnimmt, das so offenkundig ist, wird die Erde mit den auf ihr stattfindenden Greuel als Hölle empfinden. Er ist sich der physischen und seelischen Krankheiten bewusst; der blutigen Kriege, in denen viele Millionen zu Krüppeln werden, Qualen erleiden und sterben; der Erdbeben und Sturmfluten, der Zyklone und Hurrikane, die die edelsten Werke des Menschen zerstören und verwüsten. So ist unsere Erde trotz all ihrer natürlichen Schönheit und Unbeirrbarkeit in Bezug auf Gesetz und Evolution tatsächlich nur allzu oft das Beispiel einer wahrhaftigen Hölle!

Unser Planet Erde ist jedoch keineswegs der materiellste Wohnplatz bewusster menschlicher Wesenheiten, den das Sonnensystem enthält. Es gibt viele Planeten oder planetarische Welten innerhalb unseres Sonnensystems – die meisten von ihnen sind für uns unsichtbar –, die wesentlich dichter, gröber und roher sind als unsere Erde.

Die beiden vorhergehenden Abschnitte dürfen nicht dahingehend missverstanden werden, als müsse unsere gemeinsame Mutter, die Erde, lediglich als die „schlechteste aller möglichen Welten" betrachtet werden. Diese Vorstellung wäre völlig falsch, denn tatsächlich ist unsere Erde, ihre Natur, von bezaubernder Schönheit! Sie ist weder die schlechteste noch die beste aller möglichen Welten, vielmehr ist sie ein angemessenes Beispiel für eine Welt mittleren Charakters, denn Gut und Böse sind evolutionär gesehen auf den Wegen ihres Schicksals recht gut miteinander vermischt. Es ist tatsächlich der Mensch selbst, der infolge seines Egoismus und seiner unvollkommenen Intelligenz das meiste des höllischen Elends, das ihn umgibt, anrichtet. Die Aussage der Theosophie ist, dass die physische Erde mit all ihrem Naturreichtum, ihren Erzeugnissen und Früchten, wesentlich schöner wäre, als sie es ist. Selbst ihre verheerenden Kräfte gelegentlicher Zerstörung wären weniger schrecklich, würde der Mensch so im Einklang mit seiner inneren Göttlichkeit leben, dass selbst das ihn umgebende Erdenleben seinen Einfluss fühlt und entsprechend erhoben und teilweise harmonisiert werden würde.

III

Auf vorhergehenden Seiten wurde über den strukturellen Aufbau des Universums – und in Analogie jedes seiner untergeordneten Teile – gesagt, dass es aus verschiedenen Lokas und Talas gebildet und zusammengesetzt ist. Da diese beiden Linien für immer miteinander verwoben sind, wirken sie ständig aufeinander ein. Jeder Loka hat seinen entsprechenden Tala, mit dem er untrennbar und die Ewigkeit hindurch verbunden ist. Dabei mag es für den wissbegierigen Leser und den nachdenklichen Studierenden von Interesse sein, hier eine Reihe von „Korrespondenzen" aufzuzeigen, die zwischen den untrennbar miteinander verwobenen Lokas und Talas und dem, was in der quasi-esoterischen Philosophie Hindustans die hierarchische Reihe der Tattvas genannt wird, bestehen.

Nun ist तत्त्व (tattva) ein Sanskṛitwort, zu dem zu verschiedenen Zeiten unterschiedliche Etymologien angegeben wurden, die alle mehr oder weniger zutreffend sind. Eine dieser Etymologien wird hier wiedergegeben, weil sie vielleicht die am leichtesten verständliche ist. „Tattva" ist eine Wortverbindung, die aus तत् (tat) gebildet ist, einer Pronominalpartikel, die „das" bedeutet, mit der Nachsilbe त्व (tva), die ihr die Qualität eines Substantives oder Hauptwortes gibt – also entsprechend der Nachsilbe „tas" im Lateinischen, wie in „unitas", „Einheit", und „veritas", „Wahrheit". So kann das Wort streng genommen als „Dasheit" übersetzt werden beziehungsweise entspricht es exakt der spätlateinischen oder mittelalterlichen scholastischen „quidditas". Somit ist die tatsächliche Bedeutung des Ausdrucks „Tattva" die der Basis von Energie-Substanz, von der im Laufe der evolutionären Entfaltung der Natur alles abgeleitet wird, und somit entspricht er mit relativ hoher Genauigkeit dem Ausdruck „Element-Prinzip“.[1]

In der Beziehung, in der die Tattvas zum Kosmos oder zum Universum stehen, sind sie die kosmischen oder universalen Prinzipien und Elemente, aus denen das Universum aufgebaut oder gebildet ist und die es zusammensetzen. Folglich sind sie die kosmischen Elemente, aus denen die universale Skala der Existenz oder vielmehr der Existenzen zusammengesetzt ist.

Hieraus ist zu ersehen, dass die Tattvas und die entsprechenden Lokas und Talas ihrer Wurzel oder Essenz nach praktisch identisch sind. So sind diese drei verschiedenen Reihen dieselbe substanzielle kosmische und elementare Realität von verschiedenen Seiten aus betrachtet. Ebenso kann vollkommen richtig gesagt werden, dass die Lokas und Talas die entsprechenden Manifestationen ihrer korrespondierenden Tattvas sind, wenn die Tattvas in evolvierter oder hierarchischer Entwicklung betrachtet werden. Die Tattvas erzeugen die Lokas und Talas.

Es gibt sieben kosmische Tattvas, die sich auf allen untergeordneten Stufen der kosmischen Hierarchien wiederholt hervorbringen, während sich diese Hierarchien im Zuge des Prozesses der Weltbildung entfalten oder evolvieren. Diese Hierarchien, als strukturell angeordnete Welten, Sphären oder Pläne betrachtet, sind tatsächlich die untrennbar vereinigten und miteinander verwobenen Lokas und Talas. Weil es sieben kosmische Tattvas oder kosmische Prinzip-Elemente gibt, gibt es gleichfalls die sieben korrespondierenden und für immer ineinanderwirkenden und ineinander verwobenen hierarchischen Lokas und Talas. Daher korrespondiert ein jedes solches Paar von Lokas und Talas mit dem kosmischen Tattva, dem sie ursprünglich entsprangen und das das dominierende kosmische Prinzip oder Element in ihnen ist. Die drei Reihen werden nachfolgend

---

[1] Siehe auch: Judith M. Tyberg: *Die Sprache der Götter.* Hannover, 2014, S. 190 f. (d. Hrsg.).

so nummeriert angegeben, wie sie einander entsprechen, und in der Ordnung ihrer kosmischen Entfaltung oder Evolution aufeinander folgen:

1. Âdi-tattva	– hervorgehend aus dem 1. Logos
2. Anupapâdaka-tattva	– hervorgehend aus dem 2. Logos
3. Âkâśa-tattva	– hervorgehend aus dem 3. Logos
4. Taijasa-tattva	
5. Vâyu-tattva	
6. Âpas-tattva	
7. Pṛithivî-tattva	

1. Satya-loka	1. Atala
2. Tapar-loka	2. Vitala
3. Janar-loka	3. Sutala
4. Mahar-loka	4. Rasâtala
5. Svar-loka	5. Talâtala
6. Bhuvar-loka	6. Mahâtala
7. Bhûr-loka	7. Pâtâla

Ein außerordentlich wichtiger Punkt für das richtige Verstehen der Art und Weise, in der sich die kosmischen Tattvas entfalten, das heißt evolvieren, und so die Hierarchien hervorbringen, die von den entsprechenden Lokas und Talas gebildet werden, ist folgender: Beginnend mit dem ersten, Âdi-tattva, emaniert das zweite, Anupapâdaka-tattva, aus diesem oder fließt aus ihm hervor, und obgleich es das zweite in der Reihe ist, behält es einen gewissen Teil des ersten Tattvas in seiner Substanz, seinem eigenen Aggregat von Kräften zurück. Aus dem zweiten Tattva emaniert, entfaltet sich oder evolviert in fortlaufender Ordnung das dritte Tattva; dieses enthält nicht nur sein eigenes Swabhâva, seine eigenen charakteristischen Kräfte und Substanzen, sondern ebenfalls seinen Teil von seinem Elter, dem zweiten kosmischen Tattva, und ebenso von seinem großväterlichen kosmischen Tattva. Auf ähnliche Weise wird dann das vierte kosmische Tattva vom dritten kosmischen Tattva emaniert oder entfaltet, und obgleich es als Dominanten seine eigenen swabhâvischen Kräfte und Substanzen enthält, manifestiert es dennoch, weil es sie enthält, ebenfalls Teile von seinem Vater, Großvater und Urgroßvater, und so geht es hinab bis zum siebenten und letzten. Ist dieser Lauf hierarchischer Emanation oder Evolution einmal vollendet, existiert das so emanierte und evolvierte oder entfaltete Universum zeitalterlang in der Fülle seiner unbegreiflich großartigen Tätigkeiten. Wenn dann die Zeit des kosmischen Pralayas, der Periode kosmischer Ruhe herannaht, kehrt sich der ganze Prozess, der sich bei der Entfaltung des Universums vollzogen hatte, in das entgegengesetzte Verfahren des Sicheinfaltens, des Involvierens um, beginnend mit dem untersten Tattva. So wird zuerst das siebente oder niedrigste in das nächsthöhere Tattva zurück„gestrahlt", das auf diese Weise das niedrigste zu sich herauf und in sich einsammelt. Der Prozess wiederholt sich dann mit dem nächstfolgenden höheren kosmischen Tattva, in das die „Samen" oder schlummernden „Keime" des bereits eingefalteten kosmischen Tattvas eingehen. Auf diese Weise vollzieht sich der gesamte Prozess des Einfaltens, bis all die niedrigeren Tattvas – ein jedes in das nächsthöhere involviert – in das höchste oder das den Anfang machende kosmische Tattva hinaufgezogen oder zurückgezogen sind. Das Manvantara des Universums ist dann beendet. Es folgt eine lange Periode kosmischer Ruhe, bis die Zeit für das nachfolgende kosmische Manvantara kommt. Dann emaniert alles aufs Neue, wird erneut evolviert und entfaltet. Dies geschieht in gleicher Weise wie zuvor, nun jedoch auf einer etwas höheren Reihe von Plänen des größeren, umfassenderen Universums.

Das Obige war ebenfalls die Lehre der Stoiker des alten Griechenlands und Roms und insoweit ein getreuer Widerhall – wenn auch kein sehr weitführender – der Lehre der Esoterischen Philosophie, der Esoterischen Tradition. Dieselbe Lehre ist ebenfalls in der Bibel zu finden, wo auf das kosmische Drama der Auflösung des Universums Bezug genommen wird. Zum Beispiel:

> Und wird alles Heer des Himmels zergehen, und der Himmel wird zusammengerollt werden wie ein Buch [...]
>
> *Jesaja* 34, 4

Oder auch:

> Und der Himmel entwich, wie ein Buch zusammengerollt wird [...]
>
> *Offenbarung des Johannes* 6, 14

IV

Es gibt eine andere wunderbare Lehre der Alten Weisheit, die eine der verborgensten Grundaussagen der Theosophie enthält. Sie ist schwer zu verstehen, wenn nicht zuvor die Elemente und Grundlagen der Mysterienlehren studiert wurden. Worauf hier Bezug genommen wird, ist Nirvâṇa. Möglicherweise gibt es in den großen Religionsphilosophien des Orients, die Nirvâṇa in ihre Systeme einschließen, keine Lehre, die derart vollkommen missverstanden und folglich gänzlich falsch ausgelegt worden ist. Nirvâṇa ist kein „Himmel"; keine kosmische Sphäre; keine kosmische Welt; kein kosmischer Plan: es ist ausschließlich eine Bedingung, ein Zustand des jeweiligen Bewusstseins, das Nirvâṇa erlebt. Nirvâṇa ist jener Bewusstseinszustand der spirituellen Seele, der eintritt, wenn alles Gefühl der begrenzten Persönlichkeit oder selbst der unvollkommenen egoischen Identität gänzlich gewichen ist, sodass nichts anderes verbleibt als das freie Bewusstsein des spirituellen essenziellen Selbstes. Dieses Selbst ist die unteilbare und unbeschreibliche „Essenz" des Menschen, seine göttlich-spirituelle Individualität, reines monadisches Bewusstsein.

Mit anderen Worten: eine Verbindung der göttlichen Natur im Menschen mit der evolvierenden spirituellen Seele, sodass die spirituelle Seele mit ihrem inneren Gott gleich und eins mit ihm wird. Ihr Bewusstsein wird dann – hierarchisch gesprochen – kosmisch in den unbegrenzten Weiten jener besonderen kosmischen Hierarchie.

Für westliche Gemüter sehr schwierig ist die Frage der Identität oder Nicht-Identität des individuellen Geistes – zum Beispiel eines Menschen – mit dem kosmischen Geist und der Verwandtschaft, die er zu diesem hat, wenn der individuelle Geist als Monade betrachtet wird. In Bezug auf diese Frage sollte der Leser sorgfältig beachten, dass die Esoterische Tradition die Identität aller „Seelen" mit der Oberseele oder aller Monaden mit der kosmischen Monade lehrt.[1] Diese Identität bedeutet jedoch nicht den Verlust der Individualität irgendeiner jener untergeordneten „Seelen" oder Monaden. Gerade der Name „Monade" bedeutet eine Einheit, eine einheitliche Individualität, die das gesamte kosmische Manvantara, die gesamte kosmische Weltperiode hindurch fortbesteht.[2] Die schönen Worte, in die Sir Edwin Arnold in seiner *Leuchte Asiens* die alte buddhistische Lehre kleidet – „Der Tropfen Tau rinnt in ein Meer von Licht" –, geben die richtige Idee wieder. Dem westlichen Leser mag es scheinen, der ins Meer rinnende Tautropfen erleide eine gänzliche Auslöschung seiner Individualität oder seines individuellen Seins. Er ist gewohnt, in Begriffen der Mechanik und der materiellen Substanz zu denken. Tatsächlich bedeutet „der Tropfen Tau" (oder die Monade) „rinnt in ein Meer von Licht", dass die Monade in das kosmische Unermessliche versinkt, um auf diese Weise ihre eigene innerste kosmische Reichweite oder Sphäre praktisch unbegrenzten Bewusstseins wieder zu erreichen. Ihre eigene monadische Individualität behält sie jedoch – gewissermaßen in Form eines Samenkorns für die Zukunft.

[1] Helena Petrowna Blavatsky: *Die Geheimlehre.* Hannover, 2012, Bd. I, Kosmogenesis, S. 45 (d. Hrsg.).

[2] Gottfried von Purucker: *Esoterische Philosophie – Wörterbuch.* Hannover, 1991, S. 163 (d. Hrsg.).

Kommt sie zur geeigneten Zeit wieder zur Manifestation hervor, erscheint sie als eine Wiedergeburt des reinkarnierenden Egos, das sie früher war, zuzüglich aller aufgespeicherten Erfahrungen, die zur Erweckung des Bewusstseins beigetragen haben und die sie während ihrer früheren evolvierenden, das heißt entfaltenden Wanderungen eingesammelt hat.

Bei Plotin ist die folgende interessante Darlegung desselben Gedankens zu finden. Sie beweist die spirituelle Kraft des Geistes und der Intuition des großen griechischen Neuplatonikers – dieses treuen, wenn auch etwas schwachen Echos des archaischen Ostens. Plotin spricht von der Wiedervereinigung des Individuums mit dem kosmischen Göttlichen:

> Irdischer Dinge wird es sich dann nicht mehr erinnern, und zwar aus dem Grunde, weil das Gedächtnis, das ein Wandern der Gedanken von Sache zu Sache bedeutet, dort außer Kraft gesetzt ist und es folglich dort in der spirituellen Welt ein solches beschränktes Gedächtnis nicht geben kann. Ja, es wird dort nicht einmal eine Erinnerung des Individuums als Individuum geben, das heißt keinen Gedanken, bei dem das individuelle Selbst Betrachter ist, denn das bedeutet Beschränkung [...] Wenn der Geist in der spirituellen Welt ist, so tritt er notwendigerweise für diese Zeit in das vollständige Einssein mit dem Geist der Göttlichkeit ein, und zwar aufgrund eben der Tatsache seiner Verbindung mit ihm, denn diese Verbindung bewirkt die Aufhebung aller Bewusstseinsintervalle, die Funktionen und Tätigkeiten des Gedächtnisses genannt werden. Der individuelle Geist wird in vollständigen harmonischen Gleichklang mit dem Göttlichen gebracht, und er wird in diesem Gleichklang zeitweilig eins mit dem Göttlichen – jedoch durchaus nicht zu seiner eigenen Vernichtung, denn die beiden sind essenziell eins; und dennoch, weil sie zwei sind, bleiben sie auch zwei.
>
> *Enneaden*, „Über das Problem der Seele", IV, iv, 1, 2

Damit die Worte Plotins nicht zu eng ausgelegt werden, wenn sie hier mit anderen Lehren der Theosophie in Zusammenhang gebracht werden, sollte beachtet werden, dass seine Aussagen zwar in Übereinstimmung mit den Lehren der Esoterischen Tradition stehen, er jedoch, bei all seiner bemerkenswerten spirituellen und intellektuellen Fähigkeit, ein Thema zu erfassen, ein Echo der Alten Weisheit war. So sprach er notwendigerweise zu den Menschen seiner Zeit in einer philosophischen Sprache, die sie verstehen konnten. Der entscheidende Punkt ist folgender: Wenn das individuelle Selbst, so Plotins Worte, „vollständigen harmonischen Gleichklang mit dem Göttlichen" erreicht, bedeutet das nicht, dass es gänzlich über die Sphäre seiner eigenen Konstitution hinausschreitet. Es tritt nicht in ein außerhalb liegendes Bewusstsein ein, das sich in irgendeiner Weise von seinem eigenen Höchsten unterscheidet, außer vielleicht im Sinne einer umfassenderen und tieferen Intensität. Der wahre Sinn ist vielmehr der, dass sein eigenes „Höchstes" in der Essenz bereits mit dem Göttlichen identisch ist, es seit Ewigkeit ist und in Ewigkeit sein wird. Die hierin liegende bedeutsame Tragweite besteht darin, dass der höchste Teil des Menschen bereits dem Zustand nach nirvâṇisch ist. Es ist der Dhyâni-Buddha in ihm.

Dieser Punkt ist von äußerster Wichtigkeit, denn er unterstreicht sehr deutlich die untrennbare Einheit des fundamentalen oder höchsten Bewusstseins des Menschen mit dem Bewusstsein des Universums – oder dem Göttlichen. Andererseits sind die niedrigeren Teile der zusammengesetzten, komplexen Konstitution des Menschen, wie klar erkennbar ist, in die Stofflichkeit „hinabgesunken". Dies ist der Grund, weshalb der Mensch mit materiellen Welten Kontakt hat und in ihnen leben kann, durch sie Erfahrungen sammelt und so von ihnen lernen kann. Er ist in seinen niedrigsten Teilen ein integraler Bestandteil dieser materiellen Welten, wie er in seinen höchsten Teilen dem Göttlichen angehört. Seine höchsten Teile werden unter der Bezeichnung „der innere Gott" oder die göttlich-spirituelle Monade zusammengefasst, seine niederen oder materiellsten Teile hingegen fallen unter den verallgemeinernden Ausdruck „Persönlichkeit". Dieses Wort ist von dem lateinischen *persona* abgeleitet und bedeutet eine „Maske", durch die der Handelnde – der wirkliche Mensch – tätig ist und sich zum Ausdruck bringt. Die dazwischenliegenden Teile der Konstitution des Menschen bilden den „höheren Menschen" oder die menschliche Monade. So bedeutet also die Persönlichkeit die menschliche „Maske", durch die wir uns zum Ausdruck bringen. Sie besteht aus einem Gewebe aus Denken und Fühlen, das von unseren Wünschen und Begierden, unseren Gefühlen und Alltagsgedanken gewoben wurde. Unsere Persönlichkeit baut somit ein Schicksalsgewebe um uns herum auf, wie in früheren Kapiteln beschrieben wurde. Wenn daher die Persönlichkeit vollständig überwunden ist, oder mit anderen Worten, wenn sich das fundamentale Bewusstsein des Menschen über dieses konkretisierte Gewebe aus Illusion erhebt, durch den mittleren Teil der menschlichen Konstitution hindurchgeht und über ihn hinausgeht, dann erreicht es den Zustand reinen spirituellen monadischen Bewusstseins, und dieser Zustand ist das Nirvâṇa. In Nirvâṇa ist alle Persönlichkeit in reine spirituelle Individualität aufgegangen, in der das Bewusstsein relativ universal wird – das bedeutet universal in der gesamten kosmischen Hierarchie, in der die Monade lebt, webt und ihr Dasein hat. Daher nimmt sie fundamentale Ursachen wahr, lernt sie kennen und versteht mit ihnen umzugehen. Dieser Zustand oder diese Beschaffenheit schließt daher reines, unverfälschtes Wissen, unaussprechliche Weisheit, ungetrübte Glückseligkeit und somit unaussprechlichen Frieden in sich – Bewusstseinszustände, von denen der normale Mensch keine Vorstellung hat. Denn aufgrund der vernunftgemäßen Natur seines normalen Bewusstseins betrachtet der Mensch sie als verschiedene Bewusstseinsarten anstatt als – was sie tatsächlich sind – Aspekte oder Facetten seines eigenen spirituellen Bewusstseins. Dieses „spirituelle Bewusstsein" ist das „Kleinod" oder „Juwel", auf das in der bekannten tibetischen Anrufung angespielt wird: „Om mani padme hum", in wörtlicher Übersetzung: „Wahrlich, das Juwel im Lotos!" „Lotos" bedeutet hier die menschliche Konstitution, in der das spirituelle „Kleinod“ ruht, lebt oder sich befindet.

So wird im Nirvâṇa die monadische Essenz des Menschen nahezu mit der kosmischen oder universalen Oberseele unseres Kosmos zu einer Einheit verbunden.

In Bezug auf den Teil des Menschen, der in der Theosophie als die in Stofflichkeit versunkene Persönlichkeit bezeichnet wird, sagt Plotin wiederum sehr wahrheitsgetreu:

> Auch ist die Seele des Menschen nicht gänzlich in das Reich der Materie versunken, da sich etwas von ihr unaufhörlich und für immer in der spirituellen Welt befindet, obwohl jener Teil unserer Seele, der in die Bereiche der Sinne versunken ist, hier teilweise beherrscht wird und sich davon berauscht findet, wodurch er blind wird für das, was sein eigener höherer Teil in Kontemplation des Göttlichen innehat.
>
> *Enneaden,* „Das Niedersteigen der Seele in die Verkörperung“, IV, viii, 8

Der große griechische Neuplatoniker macht in diesen wenigen Zeilen die wichtige Unterscheidung zwischen dem „höchsten“ Teil des Menschen, von dem er sagt, „er befindet sich unaufhörlich und für immer in der spirituellen Welt“, und jenem Teil unserer Seele, „der in die Bereiche der Sinne versunken ist“. Damit gibt er auch hier wieder ein getreues Echo der archaischen Weisheit. Seine Lehren geben aufschlussreiche Erklärungen über die Natur des Nirvâṇas einerseits und andererseits über die alltäglichen charakteristischen Eigenschaften, die wir kennen.

So ist das göttliche Bewusstsein des Menschen für immer dem Charakter nach nirvâṇisch. Hierin liegt der wunderbare Schlüssel zu dem Mysterium, das mit der Erlangung der Buddhaschaft durch die Bodhisattvas und gleichfalls mit der Fortexistenz des Buddhas im menschlichen Leben als ein vollständiger und vollkommener Mensch verbunden ist.

Ein anderer wichtiger Punkt, der Unterschied zwischen der Glückseligkeit, der Weisheit und dem Frieden, die der Nirvâṇî erfährt, und jener Glückseligkeit, dem Frieden und der verhältnismäßigen Ruhe, die der Devachanî erfährt, ist folgender: Der Nirvâṇî ist völlig *selbst*bewusst, während sich der Devachanî in einem Zustand befindet, der mit allgemeinen Worten nur schwer zu beschreiben ist. Im Vergleich zu der spirituellen Wirklichkeit des Nirvâṇa erfährt der Devachanî lediglich einen Zustand höchst glückseligen Träumens. Der Ausdruck „Träumen“ ist jedoch etwas ungenau da er nicht den Gedanken vermittelt, dass es im Zustand des Devachanî an der selbstbewussten Wahrnehmung seiner eigenen Glückseligkeit mehr oder weniger fehlt, denn der devachanische Zustand ist lediglich, so „spirituell“ er auch sein mag, im Vergleich zu dem nirvâṇischen Zustand hinlänglich illusorisch.

Nirvâṇa ist jener Zustand, der von Menschen mit außergewöhnlicher spiritueller Kraft und hoher Entwicklung erreicht werden kann, selbst dann, wenn sie sich in physischer Verkörperung befinden. Buddha ist ein Beispiel dafür, und alle menschlichen oder Mânushya-Buddhas sind es ebenfalls. Śaṃkarâchârya, ein großer avatârischer Weiser Indiens, ist ein anderes Beispiel für jemanden, der bereits während des Erdenlebens Nirvâṇa erreicht hatte. Selbst Menschen von geringerer spiritueller Fähigkeit können Nirvâṇa in verhältnismäßig geringerem Grade erleben. Offenbar ist daher ein solcher Zustand höchster spiritueller Erhabenheit in jeder Hinsicht – sowohl dem Grad evolvierten Bewusstseins als auch der erhabenen Qualität erleuchteter Spiritualität nach – dem höchsten und edelsten spirituellen Zustand weit überlegen, der im höchsten der „Himmel“ erlebt werden kann.

Gewissermaßen in der entgegengesetzten Richtung des Nirvâṇa liegt Avîchi. Avîchi bildet, wie gesagt werden kann, den niederen Pol von Nirvâṇa und wird volkstümlich, aber unpassend „Hölle“ genannt. Zumindest im bildlichen Sinne wird Avîchi exakt genug beschrieben, wenn er der niedere Pol von Nirvâṇa genannt wird. Gewisse Zustände oder Beschaffenheiten von Wesen im Avîchi wurden aufgrund einer sie begleitenden „Spiritualität von Bosheit“ passend und richtig

Nirvâṇa-Avîchi genannt. Dennoch muss in diesem Zusammenhang im Auge behalten werden: Avîchi ist sowohl ein Zustand als auch eine Welt oder Sphäre. Nirvâṇa hingegen ist weder eine Welt noch eine Sphäre, sondern lediglich ein Zustand oder eine Beschaffenheit. Weil aber Nirvâṇa der Bewusstseinszustand bestimmter Wesenheiten ist und diese einen Platz oder eine Örtlichkeit im abstrakten Raum haben müssen, sind oder existieren die Nirvâṇîs in den spirituellen Reichen.

Ist ein Mensch voller Boshaftigkeit, und zwar *bewusst* bösartig, durch eine lange Reihe von Leben hindurchgegangen und versinkt seine Seele zunehmend in materielle Abgründe, führt dies zur Vergröberung und Vermaterialisierung des Bewusstseins dieses Menschen. Das endgültige Resultat der ungeheuren materiellen Anziehungen oder Impulse, die auf diese Weise in das Gewebe seines Bewusstseins eingefügt werden, besteht darin, dass ein Wesen dieser Art in Avîchi hineingezogen wird oder hineinsinkt. Selbst für einen Menschen des beschriebenen Charakters ist es durchaus möglich, einen solchen Avîchi-Zustand bereits während des Lebens in der Verkörperung auf Erden zu erleben.

Wird das Bewusstsein des Menschen derart grobmateriell und hat sich fast jegliches Gefühl, jede Intuition für das Göttliche sowohl aus seinem Herzen als auch aus seinem Gemüt zurückgezogen, wird dieser Mensch ein verkörperter Ausdruck schierer Selbstsucht. Vibriert ferner nicht einmal mehr ein Funke des göttlichen Feuers bewusst in dem intellektuellen Gewebe seines Daseins, so befindet sich dieser unglückliche Mensch, obgleich er noch auf Erden lebt, bereits im Avîchi-Zustand.

Werden ferner die abwärtsführenden Impulse des Menschen, der sich schon in einem Avîchi-Bewusstseinszustand befindet, ständig stärker, sodass selbst das letzte schwache Bindeglied mit seiner monadischen Sonne zerreißt, so geht er zu seiner entsprechenden Zeit selbst über die Grenze des Avîchi hinaus. Er tritt in die verhängnisvolle karmische Strömung ein, die ihn schnell einer endgültigen und unwiederbringlichen Auflösung seiner psychischen Zusammensetzung entgegenträgt. In einem derartigen Fall vergeht die unglückliche Wesenheit und ist „verloren". Die Partikel seiner auf diese Weise aufgelösten psychischen Natur werden dann in Blitzesschnelle hinabgezogen und vereinigen sich mit den Element-Atomen jener besonderen Mutterquelle elementarer Materie, zu der sein Swabhâva ihn hingezogen hat. Bei diesen Fällen wird in der Theosophie von „verlorenen Seelen" gesprochen. Beispiele von „verlorenen Seelen" sind glücklicherweise an dem einen Pol so selten, wie die Fälle des Erlangens Nirvâṇas an dem anderen oder göttlich-spirituellen Pol menschlichen Bewusstseins selten sind. Bei Erlangung Nirvâṇas wird der Mensch zu einem inkarnierten Gott auf Erden, einem Nirvâṇî. Wird die Grenze Avîchis überschritten, geht das Wesen auch aus dem Avîchi-Zustand hinaus und in elementaren Stoff über. Hier werden die Überbleibsel seiner psychischen Konstitution in die sie zusammensetzenden Lebensatome zerstreut und in den elementaren alchemistischen Laboratorien der Natur wieder und wieder zermahlen.

Avîchi selbst befindet sich tatsächlich an den unteren Grenzen „absoluter" Materie, das heißt elementarer Materie. Von allem, was die Natur bereitstellt, kommt Avîchi dem mittelalterlichen Gedanken einer „Hölle" wohl am nächsten. Es ist jedoch keine richterliche Strafe durch eine überwachende Gottheit, die einer unglücklichen und hilflosen Seele auferlegt wird. Die unglückliche Wesenheit, die diesen „Pfad zur Linken" wählt – der oft der „lunare Pfad" genannt wird –, tut dies ursprünglich aus gänzlich eigenem Willen. Sie handelt nach den Impulsen ihres relativ freien Willens. Ihr furchtbares Schicksal erlangt sie durch die unbeirrbar gerechte Folge karmischer Ursachen, die durch üble Gedanken, niedrige und selbstsüchtige Begierden, ungezügelte Leidenschaften und Triebe ihres materialistisch geprägten üblen Charakters veranlasst und in Bewegung gesetzt wurden.

Doch selbst ein derart unglückliches Wesen hat noch eine Chance, ja sogar viele Chancen, seinem furchtbaren Schicksal zu entgehen, bevor es endgültige Auflösung erreicht. Zu Recht wird gesagt, dass selbst ein einziger reiner, die Seele erfüllender Gedanke, wenn rechtzeitig empfunden, das hinabsteigende Wesen vor den karmischen Folgen üblen Lebens während vieler Leben retten wird; denn tatsächlich würde das Vorhandensein eines Gedankens dieser Art bedeuten, dass das Bindeglied mit seinem eigenen inneren Gott noch nicht endgültig zerrissen ist. Ferner kann gesagt werden, dass die Wesenheit, die den Pfad ins Avîchi hinabsteigt und vielleicht noch darüber hinausgeht, keinen Schmerz im üblichen Sinne empfindet. Sie empfindet keine ihr durch äußere Kräfte auferlegten seltsamen oder schrecklichen Qualen, die zum Beispiel der „Hölle" der westlichen Religion zugeschrieben werden. Dennoch ist immer das Gefühl einer unaufhörlich und stetig fortschreitenden Verringerung des spirituellen und intellektuellen Bewusstseins vorhanden, das mit der brennenden Intensität konzentrierter übler Impulse verbunden ist, die allen Strebens, Liebens und Hoffens beraubt sind. Das verlöschende Bewusstsein eines solchen unglücklichen Wesens wird – wie gesagt wird – mit einem Leiden heimgesucht, das kaum mit gebräuchlichen Worten beschrieben werden kann. Tatsächlich kann gesagt werden: Dies ist eine der schrecklichsten Erfahrungen, die sich menschliche Fantasie vorstellen kann, denn es ist ein mehr oder weniger bewusstes Erkennen – so „verblassend" es auch sein mag – des Zurückziehens des spirituellen Lichtes und Lebens sowie das wachsende Erkennen der nahe bevorstehenden Auflösung allen selbstbewussten Lebens vorhanden. Man kann sich wohl denken, dass die grotesken Qualen der angeblichen Erdenhöllen in nichts der psychischen, mentalen und emotionalen Marter gleichkommen, die diese Erkenntnis dem schwächer werdenden und verblassenden Bewusstsein bringen muss. Auch theatralische Qualen einer mittelalterlichen „Hölle" könnten der Herzens- und Gemütsqual nicht gleichkommen, die eine solche Wesenheit erleben muss, wenn sie erkennt, dass ihr Zustand durch ihren eigenen abartigen Willen und ihre Handlungen zuwege gebracht worden ist. Schreitet eine solche Wesenheit dann vom Schlimmeren zum Schlimmsten fort, kehrt sie zu dem Mutterquell der materiellen Natur zurück, aus dem ihre Lebensatome ursprünglich entnommen wurden – etwa wie ein Regentropfen in einer Flamme vergeht.

Die Monade, deren Verbindungsglieder mit der unglücklichen, sich auflösenden Wesenheit bereits lange vor diesem Ereignis zerrissen sind, beginnt sofort, eine neue psycho-spirituelle Emanation aus sich selbst zu evolvieren. Als ein „Gottesfunke" erscheint ein neues zukünftiges menschliches Ego, das seine lange evolutionäre Reise durch Raum und Zeit von seiner Ursprungsmonade aus beginnt. Am Ende seiner langen Wanderungen wird es schließlich wieder zu seiner Ursprungsmonade zurückkehren. Dieser neue emanationelle Strahl enthält all das Beste, was in der Wesenheit vorhanden war, die nun „verloren" ist, doch ist das Zwischenvehikel für das Zum-Ausdruck-Bringen der aufgespeicherten spirituellen Erfahrung „verloren". Menschliche Erfahrungen können daher so lange nicht gewonnen oder „akkumuliert" werden, bis eine neue Zwischennatur, ein anderes menschliches Ego, evolviert oder aufgebaut worden ist, um das neue Bindeglied zwischen dem monadischen Strahl und den Welten der Materialität zu bilden. So kann, zeitlich gesehen, fast ein ganzes Manvantara verloren sein.

Dieses Schicksal, das ein menschliches Ego einholt, das zu schwach ist, um den Versuchungen und starken Anziehungen hinab in die Materie zu widerstehen, ist tatsächlich furchtbar. Glücklicherweise sind „verlorene Seelen" aber außerordentlich selten. Im Vergleich zu den Milliarden durchschnittlicher Menschen ist ihre Anzahl unbedeutend. Das Thema umfasst jedoch offensichtlich noch viele verborgene und sehr schwierige Lehren. Es wird daher nur auf die Möglichkeit hingedeutet, dass eine Seele durch eigene üble Wahl und durch bösartig gelebte Leben „verloren" gehen kann, und ihr endgültiges Schicksal in der knappen Form, wie es hier geschehen ist, beschrieben.

Die Monade selbst, die auf diese Weise von ihrem verderbten und missratenen Vehikel befreit ist, bleibt von der Trennung relativ unberührt, außer in dem Sinne, dass sie schließlich einen wirklich schrecklichen Zeitverlust bedeutet, der in einigen Fällen mehr oder weniger ein gesamtes Manvantara umfassen kann. Bis die Monade wieder und aufs Neue ein geeignetes und angemessenes menschliches Vehikel aus sich herausevolviert haben wird, durch das sie wirken und sich in den materiellen Welten zum Ausdruck bringen kann, ist das Heer evolvierender Wesenheiten, mit denen sie vorher eine Einheit gebildet hatte, nun auf der äonenlangen evolutionären Reise weit voraus. Dennoch ist alles karmisch bedingt, selbst das, was die Monade betrifft; doch das ist wieder „eine andere Geschichte“.

Tatsächlich könnte noch wesentlich mehr über diese verborgene Lehre gesagt werden, sie ist eine der am sorgfältigsten gehüteten Lehren der Alten Weisheit. Lehren dieser Art, auch jene, die die unterschiedlichen Arten des nachtodlichen Schicksals der sich wiederverkörpernden Egos sehr ausführlich behandeln, enthalten wirklich wunderbare wahre Mysterien. Sie werden jedoch nur aus dem Grunde als „Mysterien“ angesehen, weil sich die Menschen in der Regel nicht als würdig erwiesen haben, über ihre Bedeutung unterrichtet zu werden und darüber, wo sie nach den richtigen Lösungen suchen müssen. Die meisten Menschen wissen nicht einmal, dass diese faszinierenden „Mysterien“ existieren, und dies ist wahrscheinlich gut so! Dessen ungeachtet werden all jene Lehren in den großen Philosophien und Religionen längst vergangener Zeiten mehr oder weniger klar angedeutet. In einigen Fällen werden sie sogar in den alten religiösen und philosophischen Literaturen offen erwähnt, wenn auch nur kurz und gewöhnlich in allegorischer Form. Doch selbst wenn sie gefunden werden und über ihre Bedeutung gerätselt wird, wird ein Schlüssel benötigt, der die Tür zu ihnen öffnet, und diesen Schlüssel hält allein die Esoterische Tradition bereit.

V

Überall in der Natur können Beziehungen von Ursache und Wirkung gefunden werden beziehungsweise Folgerichtigkeit in einer ununterbrochenen Kette der Verursachung, in der sie untrennbar miteinander verknüpft sind. Jede Kraft oder Energie ist eine Folgen erzeugende Ursache. Da sie eine ursächliche Aktivität ist, produziert sie folgerichtig Früchte, die ihre Wirkungen sind. Diese Früchte oder Wirkungen sind ihrerseits ebenfalls Energie und werden daher sofort zu neuen Ursachen. Diese Ursachen bringen wiederum andere folgerichtige Wirkungen oder Früchte hervor, und so fort für immer – das bedeutet den gesamten langen, langen Lauf des kosmischen Manvantaras hindurch. So folgt auf jedes boshaft gelebte Leben, auf jede Reihe übler Leben eine entsprechende Vergeltung; und ebenso erhält jedes gute, strebsam gelebte Leben seinen entsprechenden ausgleichenden Lohn. Diese in beide Richtungen wirksame vergeltende Gerechtigkeit wirkt sich teils durch Folgen aus, die vorausgehenden Ursachen entsprechen, die möglicherweise vor Äonen erzeugt wurden und sich in irgendeiner nachfolgenden Reinkarnation auf Erden manifestieren; und teils wirkt sie durch das Auf- oder Absteigen der wandernden Monaden, also dadurch, dass die Monade bei ihren nachtodlichen Abenteuern entweder eine spirituellere Welt, einen spirituelleren Plan oder eine materiellere Welt, einen materielleren Plan betritt. In beiden Fällen bringt die Monade aus ihrem Innern alle notwendigen Fähigkeiten und Kräfte der Wahrnehmung hervor oder evolviert sie. Hierdurch tritt das sich wiederverkörpernde Ego, ihr Kind, zu einer höheren oder niedrigeren Welt oder Sphäre, zu einem höheren oder niedrigeren Plan, in Beziehung und lebt zeitweilig darin. Haben sich dann in beiden Fällen die Folgen ausgewirkt, kehrt das Ego zu seiner Zeit zur Inkarnation auf dieser Erde für ein neues Erdenleben zurück.

Eine äußerst wichtige und bedeutungsvolle Lehre besagt in diesem Zusammenhang, dass der Mensch während seines Lebens und in den Zuständen seines nachtodlichen Daseins *genau das erhält, wonach er sich zuvor gesehnt hat.* Seine Sehnsüchte und sein Verlangen zeigen nicht nur die Richtung an, die sein Bewusstsein nach dem Tode einschlägt. Sie sind ebenfalls jene Energieimpulse, die die neuen Vehikel für ihn aufbauen und ihn befähigen, in ihnen und durch sie das Schicksal, das er für sich gestaltet hat, zu erleben. Strebt ein Mensch während des Erdenlebens nach spirituellem Bewusstsein, nach dem göttlichen Glanz des Geistes und der Erhabenheit spirituellen Verstehens, wirken dieses Streben und Sehnen als äußerst mächtige Anziehungskräfte, die ihn zu Sphären ähnlicher Art führen wie das, wonach er gestrebt und sich gesehnt hat – zu den sogenannten „Himmeln“. Verlangt oder sehnt sich ein Mensch hingegen nach grobmateriellen Dingen, wird er kraft derselben Regel und aufgrund derselben Ursachen stark von ihnen angezogen und geht somit nach seinem Tode auf Erden zu ihnen. In keinem der beiden Fälle aber währen die Zustände oder der Aufenthalt in der einen oder der anderen Klasse von Welten ewig.

Die erhabene, Licht gebende Lehre von Karman, so, wie sie von der Theosophie in ihren verborgenen Tiefen gelehrt wird, enthält die tatsächlichen, auf der Natur selbst basierenden Darlegungen hinsichtlich der beschriebenen Vorgänge. Gemäß dieser wunderbaren Lehre, die so tröstlich für das Herz und gleichzeitig so erleuchtend für den Verstand ist, erhält der Mensch als ausgleichende Belohnung oder als vergeltende Läuterung genau die Resultate oder Wirkungen, die von den Ursachen herrühren, die er zuvor selbst aktiviert hat. Dies bedeutet mit einfachen Worten, dass er vergeltende Gerechtigkeit empfängt *durch Früchte oder Wirkungen dessen, was er zuvor selbst gesät hat.* Hat er Übles gesät, wird er Leid und Qual ernten. Sie werden sich teils im nächsten oder in folgenden Leben auswirken, teils aber auch während des Verlaufs der nachtodlichen Reise, des nachtodlichen Abenteuers der monadischen Seele, das heißt des sich wiederverkörpernden Egos. Dies geschieht, wenn die karmischen Folgen oder die Früchte seines Wirkens gemäß Ursache und Wirkung nicht bereits während desselben Erdenlebens erscheinen, in dem die kausalen Gedanken gehegt beziehungsweise Handlungen begangen wurden.

Jeder Mensch erntet in der Tat genau das, was er selbst gesät hat. Daher ist er selbst der Gestalter seines eigenen Schicksals; er gestaltet seine künftige Laufbahn; er ist der Wegbereiter seiner erstaunlichen Wanderschaft und der „Kapitän seiner Seele". Er selbst ist der geheimnisvolle Pfad, der, sofern das Ego der Richtung aufwärts folgt, ständig weiter nach innen zu dem Glanz der unsichtbaren Reiche und Räume spirituellen Bewusstseins führt. Im entgegengesetzten Fall macht er sich selbst zu dem Pfad auf seiner Reise abwärts in die entsetzlichen Regionen oder Reiche der Unterwelt.

Die Großartigkeit unserer spirituellen Intuitionen, unseres intellektuellen Verstandes, das tiefgehende einfühlende Verstehen des besseren Teiles unserer Zwischen-, psychischen oder menschlichen Natur, fließt aus unserem innersten Teil hervor, unserer eigenen inneren Göttlichkeit. Wenn zu irgendeiner Zeit der Tod den physischen Körper ereilt, kehrt dieser höhere und erhabenere Teil zu unserem Urquell, unserem innersten spirituellen Selbst zurück. Aus ihm kamen wir zu Beginn dieses Manvantaras als eine Emanation oder als ein Strahl ursprünglich hervor, nur um nach einer langen Periode der Ruhe und spirituellen Glückseligkeit wieder hervorzukommen, um die Fäden des Erdenlebens erneut wieder aufzunehmen.

Die weitreichenden Lehren der Theosophie über die „Himmel" und „Höllen" basieren auf den von Menschen nicht veränderbaren Gesetzmäßigkeiten der Natur. Sie stehen im krassen Widerspruch zu den einseitigen und offensichtlich ungerechten exoterischen „Himmeln" und „Höllen" der verschiedenen populären religiösen Systeme. Derartige Himmel und Höllen sind Orte oder Lokalitäten unbestimmten Charakters. Die Himmel sind Orte des Friedens und der

Glückseligkeit, in denen die Gerechten die Ewigkeit hindurch wohnen werden und sich mit dem Glanz des allmächtigen Gottes in ihrer Seele in dem spirituellen Gefühl baden, eins mit ihm zu sein und in seiner heiligen Gunst zu stehen. Mit Hölle werden Orte oder Lokalitäten bezeichnet, in denen schwache und unvollkommene Seelen dazu verdammt sind, für eine längere oder kürzere Zeit unaussprechliche, grauenvolle Qualen zu erdulden. Wie begrenzt und unbefriedigend sind diese beiden Auslegungen offenkundiger Ungerechtigkeiten.

Es gibt tatsächlich unzählige „Höllen" und unzählige „Himmel", doch handelt es sich lediglich um Bedingungen oder Zustände zeitweiliger spiritueller Belohnung einerseits und zeitweiliger Läuterung andererseits. Im Vergleich zur Ewigkeit sind sie jedoch nur wie flüchtige und dahinschwindende Wolken an einem Bergeshang. Sie kommen und währen im Vergleich zur Ewigkeit nur einen Augenblick und gehen vorüber. Jeder buddhaähnliche oder christusähnliche Mensch weiß, dass weitaus erhabener als jeder dieser „Himmel", jede dieser Sphären, jeder Loka der Seligkeit und des Glückes die großartige Vision endlosen Wachstums an Fähigkeiten und Kräften ist sowie endloser Gelegenheiten, für die Welt zu wirken.

Index

Schriftenverzeichnis

Weitere Werke Gottfried von Puruckers im Verlag Esoterische Philosophie (siehe auch www.Purucker.de):

- **Grundlagen der Esoterischen Philosophie.** ISBN 978-3-924849-53-5.
- **Esoterische Philosophie – Wörterbuch.** ISBN 978-3-924849-40-5.
- **Goldene Regeln der Esoterik.** ISBN 978-3-924849-23-8.
- **Goldene Regeln der Weisheit.** ISBN 978-3-924849-63-4 (Paperback), ISBN 978-3-924849-64-1 (Hardcover).
- **Fragen, die wir alle stellen: Eltern & Kind.** ISBN 978-3-924849-42-9.
- **Spirituelles Erwachen.** ISBN 978-3-924849-67-2 (Paperback), ISBN 978-3-924849-68-9 (Hardcover).
- **Wind des Geistes.** ISBN 978-3-924849-48-1.
- **Sichtbare und unsichtbare Welten.** ISBN 978-3-924849-58-0 (Paperback), ISBN 978-3-924849-69-6 (Hardcover).
- **Der Mensch in der Unendlichkeit.** ISBN 978-3-924849-34-4.
- **Geburt und Wiedergeburt.** ISBN 978-3-924849-36-8.
- **Tod – was kommt danach?** ISBN 978-3-924849-56-6 (Paperback), ISBN 978-3-924849-57-3 (Hardcover).
- **Mysterienschulen und Lehren.** ISBN 978-3-924849-38-2.

Verweise auf die nachfolgenden Werke beziehen sich auf die genannten Ausgaben:

- **Helena Petrowna Blavatsky: Die Geheimlehre.** ISBN 978-3-924849-51-1.
- **Helena Petrowna Blavatsky: Die Stimme der Stille.** ISBN 978-3-924849-59-7 (Paperback), ISBN 978-3-924849-60-3 (Hardcover).
- **William Q. Judge: Bhagavad-Gîtâ – Studienausgabe.** ISBN 978-3-924849-71-9 (Paperback), ISBN 978-3-924849-72-6 (Hardcover).
- **Judith M. Tyberg: Die Sprache der Götter. Sanskṛit als Schlüssel zu den Mysterienlehren.** ISBN 978-3-924849-65-8 (Paperback), ISBN 978-3-924849-66-5 (Hardcover).